Baby Talk

BABYTALK PROGRAMME

평생학습 능력의 기초를 쌓아주는
만 0~4세 하루 30분 말걸기 육아

베이비 토크

샐리 워드 지음
민병숙 옮김   주현실 감수

마고북스

지은이 샐리 워드 Sally Ward

샐리 워드 박사는 영국 제일의 언어치료 전문가이다. 영국 국영의료서비스 맨체스터 지구 언어치료 책임자이기도 한 워드 박사는 취학 전 유아를 위한 클리닉을 운영하면서 아이들의 커뮤니케이션을 돕는 방법을 지속적으로 연구, 베이비 토크 프로그램을 개발했다. 그가 개발한 베이비 토크 프로그램이 언어 문제를 가진 아이들뿐만 아니라 정상 아동의 지적, 정서적 발달에도 크나큰 효과가 있다는 사실이 오랜 기간의 추적조사를 통해 입증되면서 영국을 비롯하여 세계 각국에서 주목받고 있다.

그림책 관련 도움말 제공 안현숙 / 네이버 '폴라리스의 자료찾기' 카페지기이자 아이들 책을 아이들만큼이나 좋아하는 초등학교 사서
'엄마의 정성으로 만드는 간단 장난감 & 놀이' 제공 박은선 / '이근후 열린 마음 클리닉' 미술치료 전문가

이 책을 읽는 분들께

아이 기르기가 손쉽고 즐거워지는 책

주현실

간단하다, 자연스럽다, 아기도 즐겁고 엄마도 즐겁다.

이 책이 먼저 출판된 나라의 독자 반응에서 공통분모를 뽑아보면 대체로 위와 같은 이야기로 요약된다는 것이 출판사측의 이야기였습니다. 저자의 클리닉을 통해 직접 베이비 토크, 즉 '말걸기 육아' 프로그램을 소개받아 실천했던 수많은 어머니들이 보였다는 반응과 거의 일치하는 것들이죠.

사실, 이 책을 감수하면서 즐겁기도 하고 안타깝기도 했습니다.
저자는 월령별로 아주 꼼꼼하게 아기의 발달 상황을 설명하면서 '말걸기 육아'의 원칙들을 되풀이 강조하고 있는데, 아동발달교육 현장에서 일하고 있는 저로서는 언어 발달이 늦거나 미숙하여 의사소통에 어려움을 겪고 그 결과 더 넓은 세계로 나아가는 데 곤란을 겪는 아이들을 떠올리지 않을 수 없었지요. 아이에게 적절한 방법으로 말을 걸어주는 것이 아이의 성장에 이렇게나 많은 도움을 준다는 사실을 보통의 엄마들도 알기 쉽게 일러주는 책이 진즉에 나왔더라면, 그래서 그 아이들이 일찌감치 '말걸기 육아'의 값진 세례를 듬뿍 받을 수 있었다면 하는 안타까움이었습니다.

그러나 책 소개를 거드는 입장에서는 아주 자연스러운 방법으로 아이의 성장을 힘껏 돕는 '말걸기 육아' 프로그램의 기본생각에 마음껏 맞장구칠 수 있어 즐거웠습니다. 서술방식은 평이하지만 내용만큼은 '섹시한', 정말 아기와 엄마에게 도움이 되는 책이겠구나, 혼란스러운 엄마들의 머리 속에 또 하나 짐을 보태는 내용은 아니겠구나, 하고 말입니다.

아이를 키우면서 지난 시간을 되돌아볼 때마다 때늦은 후회가 가슴을 치는 것은 거의 모든 엄마들이 겪는 일입니다. 두 번 다시 되돌아오지 않는, 앞으로만 흘러가는 아이의 시간을 내가 잘못 이끌었던 것은 아닐까 하는 불안감은 아이가 커서 독립할 때까지 혹은 그 후에까지도 엄마 된 이들에게 심리적 부채감으로 남기 일쑤이지요.

적극적으로 무언가 해 주어야 할 시기를 그냥 흘려보냈다거나, 잘 하노라고 애써 노력한 것이 아이에게 결과적으로 해를 끼쳤다는 것을 알았을 때 자식을 키운다는 것이 얼마나 어려운 과업인지 절절하게 느끼고는 합니다.

특히 오늘날처럼 온갖 정보가 넘쳐흐르는 환경에서 부모로서 중심을 잡기란 얼마나 어려운 일인지요. 이럴 때 흔히 택하게 되는 길이 '남들 하는 건 나도 하고 보자'는 쪽인 것 같습니다. 소중한 시기를 그냥 흘려보내고 말지도 모른다는 초조감이 '남들 하는' 쪽에 무조건 줄을 서게 하는 것이고, 이것이 걸음마도 채 배우기 전의 아기들을 겨냥한 각종 교재와 프로그램들이 불티나게 팔리는 배경일 테지요.

조기교육의 폐해는 비단 우리나라에서만 문제가 되는 것은 아닌 듯싶습니다. 저자는 조기교육의 피해자가 된 아이들을 자신의 클리닉에서 수없이 만나왔다고 말합니다. 아직 어려 자신이 무엇을 요구당하는지도 모르면서 온갖 지시와 질문에 시달려온 아이들 말이지요. 아이들은 결과적으로 자신이 무언가를 표현하고 전달하려 해도 받아들여지지 않는다는 메시지를 감지하고는 불안하고 슬퍼진 나머지 입을 다물어 버린다는 것입니다.

저자는 그러므로 억지로 구겨 넣으려는 시도는 절대 금물이라고 강조합니다. 아이들이 하루를 살아가는 자연스러운 생활 패턴에 기반하여 아이가 흥미를 보이는 것에 대해 말을 걸어주면 어떤 스트레스도 없이 아이의 언어 능력이 쑥쑥 자라나는 것은 물론이고 엄마와 아기 사이에 굳건한 유대감이 절로 길러진다는 것입니다.

엄마, 혹은 아이를 돌보는 다른 어른이 아이의 눈을 보면서 성심껏 천천히 말을 걸어주라고 저자는 되풀이해서 강조합니다. 그것을 아이 쪽에서 보자면 어른과 커뮤니케이션을 하고 싶다는 마음이 절로 일도록 해 주라는 이야기이기도 합니다. 아무튼 하루에 30분 시간을 내어 아이와 마주하고 커뮤니케이션을 하면 아이는 언어는 물론 지능과 감성, 사회성 등의 측면에서도 크게 성장한다는 사실을 저자는 오랜 현장 경험을 통해 확인하고 있습니다.

이 오랜 경험을 통해 저자는 적극적으로 해야 할 일과 절대로 하지 말아야 할 일을 아주 명확하게 구분하여 일러줍니다. 아이의 흥미에 맞춰 말을 걸어주되, 억지로 주의를 끌려고 하거나 지시하고 쓸데없이 질문하는 것은 절대 엄금. 하루에 30분 아기와 일 대 일로 마주하는 시간을 마련하는 것이 '말걸기 육아'의 외형을 결정짓는 조건이라면, 철저하게 아기의 자발성을 존중하라는 것은 이 프로그램의 내용을 결정짓는 조건입니다.

이 간단한 기본 조건을 지키면서 짧고 간단한 문장을 사용하라 등 나머지 세세한 사항은 저자가 성장단계별로 친절하게 안내하는 대로 따라가면 됩니다.

그래서 이 책을 읽은 독자들이 "이렇게 간단하고 돈도 들지 않는 육아법이 있다니!" 하는 반응을 보이나 봅니다. 이 책은 또한 아이의 언어 발달뿐만 아니라 일반적 발달 양상과 놀이, 책 읽어주기 등에 대해서도 월령별로 자세하게 안내하고 있어 건강 돌보기에 대한 책 한 권 정도만 보탠다면 만 4세까지의 육아서로 이 책 저 책 들춰보지 않아도 될 만큼 충실하고 종합적인 내용을 담고 있기도 합니다.

　새삼, 우리의 부모님들이 좀더 일찍 이 책을 만났더라면 좋았을 걸 하는 아쉬움을 느낍니다. 시간에 쫓기는 부모들도 아이들의 일생에 큰 도움이 될 커뮤니케이션과 학습 능력의 기초를 효과적으로 다져줄 수 있는 책이니까요.

책머리에
'말걸기 육아'는 아이의 일생을 좌우하는 뜻깊은 선물

샐리 워드

나는 '말'을 너무도 사랑하며 사람과 접하는 일 또한 매우 좋아한다. 내가 언어치료라는 일을 선택하게 된 가장 중요한 두 가지 배경이라 할 수 있다. 그럼, 언어치료사란 어떤 일을 하는 사람들일까. 언어치료사는 간단하게 말해 두뇌혈관 장애를 갖고 있는 성인부터 구개열을 갖고 있는 아기에 이르기까지 모든 커뮤니케이션 장애를 다루는 직종이다.

나는 이 분야 전문가가 되기 위해 런던에서 언어치료사 자격증을 따고 맨체스터에서는 듣기 능력의 문제를 다루는 오디올로지(청각학) 자격도 땄다.

결혼하면서 옮긴 맨체스터에서는 세 명의 아이가 태어났다. 딸아이가 한 명, 아들이 두 명이다. 이 아이들은 내게 정말이지 좋은 스승이었다. 아이들이 태어나고 몇 년 동안 언어와 커뮤니케이션 발달에 관해 나는 아주 많은 것을 배울 수 있었다.

1980년부터는 비상근 직원으로 맨체스터에서 일했다. 지금 일하고 있는 '국영 의료서비스 맨체스터 지구사업소'이다. 나는 이곳에서 언어 및 청각 장애, 학습 장애로 어려움을 겪는 아이들을 담당하는 주임 언어치료사로 활동했다. 동시에 영국 언어치료사협회의 언어발달장애 담당 상담원으로서 전국에서 조언을 구해 오는 이 분야 종사자들에게 도움을 주는 일은 지금도 계속하고 있다.

나는 그 후 1세 이하의 아이들 중 말이 늦으리라 염려되는 아이들을 정확하게 가려내는 방법을 확립했다. 북서지방 보건국의 연구비 지원 덕분이었다. 이 연구와, 청각장애, 학습장애, 자폐증 등을 갖고 있는 아이들이 소리에 반응하는 것에 관한 연구가 나의 박사학위 논문 내용이다. 학위를 받고 연구업적이 쌓이면서 국영 의료서비스 맨체스터 지구사업소에서 언어장애아를 담당하는 언어치료사 책임자가 되었다.

'듣는 힘'과 '주의를 기울이는 힘'은 언어 발달의 기초체력

연구를 거듭하면서 내가 특별히 흥미를 가졌던 주제는 유아의 '듣는 힘'과 '주의를 기울이는 힘'에 관한 것이었다. 이 두 가지가 언어발달과 어떤 관계가 있는지 해명하고자 한 것이다.

이런 관심을 소중한 자산으로 삼아 언어치료사인 디어드르 버케트와 함께 취학 전 유아를 위한 클리닉을 열었다. 디어드르는 매우 유능하며 내가 오랫동안 존경해 왔던 분이어서 정말 운이 좋았다고 생각한다.

우리는 클리닉에서 아이들의 커뮤니케이션을 돕는 가운데 참으로 많은 것을 배웠다. 아이의 발달을 촉진하는 방법, 부모가 실행하면 효과가 더 큰 방법을 고안해 냈다. 설령 말을 배우는 데 심하게 어려움을 겪거나 크게 뒤떨어져 있는 아이일지라도 부모가 하루 30분간 우리가 개발한 방법을 실행하면 아이는 눈에 띄게 좋아졌다. 그 원인이 고도난청이나 자폐증, 신경발달 장애, 전체발달 지체 등이 아니라면 그랬다.

겨우 몇 주일 혹은 몇 달 안에 제 또래가 쓰는 말을 이해하거나 쓸 수 있게 된 아이들이 많았다. 아이가 말을 시작하면 부모의 표정도 밝아진다. 그런 얼굴을 볼 수 있다는 건 우리가 일하면서 맛보는 가장 큰 기쁨 중 하나이다.

우리가 개발한 이 방법은 이후 '베이비 토크 프로그램(말걸기 육아)'으로 널리 알려지게 되었다.

'말걸기 육아'로 길러진 아기 70명에게 일어난 일

디어드르와 내가 개발한 방법은 언어지체와 장애를 가진 아이들을 위한 것이었지만 아주 어린 아이들에게도 응용할 수 없을까 하고 생각했다. 그래서 우리는 10개월 된 아기가 있는 373군데의 가정을 방문하여 조사했다.

어린 젖먹이 단계에서도 아기들은 언어발달에 관계되는 능력뿐만 아니라 전반적 발달수준에서 큰 차이를 보였다. 환경에 따라 아이들이 말걸기에 노출되는 양이나 방법도 크게 달랐다. 이 점이 언어의 발달에 영향을 미치는 요인으로 생각되었다. 조사연구가 끝날 무렵에는 말이 늦을 것 같은 아기를 정확하게 가려낼 수 있으리라는 느낌이 들었다.

또 한번 연구비를 지원받아 연구를 계속했다. 이번에는 언어 발달이 늦을 듯한 10개월 된 아기 140명을 가려냈다. 그 아기들의 지체 정도는 아주 미미한 경우부터 꽤 심각한 경우까지 다양했다. 다시 그 아기들을 언어 발달, 전반적 발달, 사회적 배경이 같아지도록 두 개의 그룹으로 나눈 다음 한 그룹에는 '말걸기 육아'를 실행하고, 다른 한쪽은 대조군으로 삼기 위해 이 방법을 쓰지 않았다.

4개월 동안 우리는 '말걸기 육아' 그룹의 가정을 네 번 방문하여 아기의 모든 생활에 대해 부모님과 이야기를 나누었다. 주변의 소음이나 텔레비전 보기, 아이들에게 얼마나 말을 걸었나, 어떻게 말을 걸었나 등에 관해서였다. 방문할 때마다 부모님께 '말걸기 육아'를 하루 30분은 지속해 달라고 부탁드리는 것도 물론 잊지 않았다.

4개월이 지난 후 '말걸기 육아'로 키운 아기는 우리가 클리닉에서 경험했던 것과 마찬가지로 언어면에서 아주 빨리 성장했다. 아기들 모두 이 프로그램이 끝나는 4개월 안에 정상적으로 성장해 온 아기들을 따라잡은 것이다. 무엇보다 기뻤던 것은 부모님들이 한결같이 이 프로그램이 매우 즐거웠다고 말해 주셨다는 점이다.

놀이 및 커뮤니케이션 능력이 일취월장한 아이들

이 정도로는 성에 차지 않았던 우리는 '말걸기 육아'의 효과가 얼마나 오래 지속하는지 알아보기 위해 앞서의 두 개 그룹을 3세가 될 때까지 추적 조사했다.

'3세'를 선택한 데에는 이유가 있다. 3세 때 말이 늦은 아이를 몇 년 간, 때로는 성인이 될 때까지 추적 조사해 보면 그 후로도 오랫동안 언어 발달에 문제를 안고 있으며 학교에 들어가서도 공부를 잘 따라가지 못하는 것으로 간주되고 있기 때문이다.

연구대상 아이들을 3세 때 조사하고서 우리는 놀라지 않을 수 없었다. '말걸기 육아'의 혜택을 보지 못했던 그룹 중 85%는 여전히 발달이 늦었고 심각한 경우도 더러 있었다. 그에 비해 '말걸기 육아'로 키운 아이들 거의 전부가 정상수준에 이르러 있었을 뿐 아니라 시내지역에 사는 아이들은 대부분 제 또래 수준을 넘어섰다.(생활환경이 좋지 않은 아이 세 명만이 표준 이하였다)

몇몇 아이들은 단어 이해력과 문장 구성력이 4세 6개월 수준이었다. 그 아이들은 아주 길고 복잡한 문장도 이해했으며, 놀라울 정도로 술술 자신의 생각을 얘기했다.

존이라는 아이는 '굵은 크레용을 찾아 와서 여자아이들에게 나눠 주도록 빌리에게 건네주라'는 긴 문장을 이해했다. 이제 막 3세가 되었을 뿐인데 말이다. 이 문장은 통상 4세 6개월이 되지 않으면 이해할 수 없다. 존은 또 자신이 무척 좋아하는 공룡에 대해 '멸종' 이라는 단어까지 써가며 대화를 이끌어 갔다.

　이처럼 3세의 단계에서도 '말걸기 육아' 를 하는가 하지 않는가에 따라 아이들의 놀이나 대화 능력은 크게 달랐다.

　이 연구결과가 나타내는 것은 무엇일까? 아이들에게 어떻게 말을 걸어주느냐에 따라 언어문제를 사전에 예방할 수 있고, 제 또래에 비해 이미 뒤처진 아이들이 만회하도록 도울 수 있다는 것이다.

　이 결과는 너무나 눈부셨다. 그래서 우리는 다시 두 그룹을 7세까지 추적 조사하기로 했다.

지능지수가 높고 집중력이 뛰어나며 붙임성이 좋다

　그 결과도 역시 놀라운 것이었다. '말걸기 육아' 그룹에서는 말이 늦은 아이가 4명이었던 데 비해 '말걸기 육아' 를 받지 않았던 대조군에서는 20명이나 되었던 것이다. 복잡한 문장을 이해하는 능력이나, 구사하는 문장구조를 기준으로 볼 때 '말걸기 육아' 그룹은 대조군에 비해 1년 3개월분이나 앞서 있었다. '말걸기 육아' 그룹 중 몇 명은 언어 구사력과 독해력에서 10세 6개월 수준을 보였다.

　지능과 관계가 가장 깊은 것으로 간주되는 어휘력 테스트에서도 같은 결과가 나왔다. '말걸기 육아' 그룹 가운데서도 가장 빠른 아이들은 '대변동' '전시' '파편' '강연' 등 10세 6개월 된 아이들도 잘 모르는 단어를 알고 있었다.

　더욱이 놀라운 것은 두 그룹이 일반지능에서 뚜렷한 차이를 드러냈다는 사실이다. '말걸기 육아' 그룹의 평균 지능지수는 전체 분포의 위로부터 3분의 1 지점에 위치하며, 그 중 3분의 1에서 4분의 1은 수재의 범위에 들어가 있었다. 그에 비해 '말걸기 육아'를 받지 않았던 그룹의 지능지수는 아래로부터 3분의 1 지점에 위치했으며, 수재는 단 한 명뿐이었다.

7세와 11세의 모든 아동이 받는 전국표준학력테스트에서도 차이가 보였다. '말걸기 육아'를 받은 모든 아이가 목표 기준에 도달하거나 웃돌았던 데 비해 받지 않았던 아이들은 3분의 1이 목표에 미치지 못했다.

감정면이나 행동면, 사회성이나 집중력에서도 차이가 보였다. 우리는 7세까지의 조사에 심리연구자 두 사람을 참가시키면서 어떤 아이가 '말걸기 육아'를 받았는지 알리지 않은 채 두 그룹 아이들에 대한 평가를 의뢰했는데, 연구자들은 '말걸기 육아' 그룹의 테스트 용지에 수많은 코멘트를 적어 놓았다. 예를 들어 '집중력이 뛰어나다' '적극적이며 친화력이 있다' '붙임성이 좋으며 자기표현이 능숙하다' 등으로 말이다.

아이의 잠재력을 이끌어내는 간단한 방법

반대로 대조군에서는 3분의 1이 넘는 용지에 아이들의 주의력이 떨어져 테스트를 여러 차례 중단하지 않을 수 없었다고 적혀 있었다. 가장 서글픈 코멘트는 몇몇 아이들은 이 테스트에 매우 큰 스트레스를 느끼고 있는 듯하며, 이 아이들은 늘상 실패를 맛보고 있는지 실패를 극도로 두려워하는 모습이 엿보인다는 것이었다. 그에 비해 '말걸기 육아' 그룹의 아이들은 이 테스트를 매우 즐기는 모습이었다. "우리 아이는 이미 능숙하게 이야기할 수 있어요"라는 대다수 부모님들의 말씀도 우리에게는 무척 기쁜 것이었다.

'말걸기 육아'에 관한 텔레비전 프로그램을 제작하기 위해 아이들을 인터뷰한 제작진도 같은 감상을 털어놓았다. 어떤 카메라맨은 조그만 남자아이가 텔레비전 카메라 장치에 관해 활발하게 질문해대고 자기 아버지의 카메라와 비교해서 분석하는 바람에 놀랐다고 했다. 제작진은 그 남자아이에게 프로그램의 맺음말을 맡길 정도로 깊은 인상을 받았다고 한다.

사실 '말걸기 육아' 법은 당초 언어 지체라는 문제를 예방하기 위해 개발한 것이다. 하지만 검증 결과 모든 아이들의 발달을 촉진하는 데 도움이 된다는 것이 밝혀졌다. 아이의 능력을 최대한으로 이끌어내기 위해서는 태어나자마자 부모가 이 방법을 실행하면 된다는 것이다.

우리는 이 연구결과를 수많은 과학잡지에 게재하고 국내외의 회의에서 발표했다. 그러자 곧 언어치료사와 그 밖의 전문가들로부터 '말걸기 육아'법에 관해 가르쳐 달라는 요청이 밀려왔다.

부모와 아이 모두에게 무리가 없는 말의 기초 쌓기 프로그램

그러면 '말걸기 육아'의 지향점은 무엇일까? 그것은 바로 학습을 위한 기초 닦기이다. 여기서 기초란 말을 이해하거나 쓰는 것만이 아니라 듣는 것이나 주의를 기울이는 것, 그리고 놀이도 포함한다.

이 기초능력은 연령에 따라 발달해 가는데, 발달을 돕기 위해 어른이 할 수 있는 일은 많다. 그러나 많은 사람들이 그것을 인식하지 못한 채 흘려보낸다.

'말걸기 육아'의 또 한 가지 큰 장점은 부모와 아이 모두에게 전혀 무리가 없는 방법이라는 점이다. 이 방법은 광범위한 임상경험과 언어학적 이론, 면밀한 연구에 기초하고 있는 동시에, 부모자식 간의 자연스러운 관계를 기초로 한다.

'말걸기 육아'는 억지로 구겨 넣으려는 시도를 일체 하지 않는다. '말걸기 육아'는 아이들이 하루를 살아가는 자연스러운 생활 패턴에 기반한다.

억지로 구겨 넣으면 문제가 일어난다. 최근 읽기능력이나 수학능력에 문제가 있는 아이들이 늘어나면서 수나 색, 형태, 문자 등을 아주 일찍부터 가르치려는 경향이 보이는데, 이러한 '조기교육'은 아이들에게 부담이 되는 데다 아이들이 받아들일 준비가 되어 있지 않으면 불안해하거나 싫어하게 되어 오히려 역효과를 낳을 뿐이다.

나는 조기교육의 피해아동들을 나의 클리닉에서 수없이 만나왔다. 아직 너무 어려 자신이 무엇을 요구당하는지도 모르면서 정확한 발음을 하도록 '교육당한' 아이들이다.

'억지로 가르치기'는 자신이 무언가를 표현하고 전달하려 해도 받아들여지지 않는다는 메시지만 아이들에게 준다. 그 결과 아이들은 불안하고 슬퍼져서 입을 다물어 버리게 되는 것이다.

어머니 손에 이끌려 내게 왔을 때 제스퍼는 3세 6개월이었다. 어머니는 제스퍼의 발음 때문에 벌써 1년 동안 어떤 시설에 보내고 있는데 별로 효과는 없는 듯하지만 그 훈련을 계속 받아야 할 것 같다고 걱정스럽게 말했다.

이 조그만 도련님은 앞머리 사이로 눈을 치켜뜨며 나를 올려다보았다. 그 모습에서 어디 내가 한 마디라도 입을 여나 봐라 하는 생각이 엿보였다. 어머니의 이야기로는 제스퍼는 이제 집에서만 입을 여는데 그것조차도 점점 줄어들고 있다는 것이다. 제스퍼가 언어훈련을 몹시 싫어하며 자신에게 언어문제가 있다고 의식하고 있다는 사실을 어머니도 알고 있었지만 그럼에도 아들에게 훈련이 필요하다고 굳게 믿고 있었다.

나는 어머니에게 '말걸기 육아' 프로그램을 알려주고 제스퍼와 집에 돌아가서는 언어훈련 따위는 깨끗이 잊어버리라고 말했다.

몇 주일 지나 전화를 걸어온 어머니는 제스퍼의 발음이 좋아졌을 뿐 아니라 예전처럼 활기차고 잘 떠드는 아이가 되었다고 기뻐하며 말했다.

아이의 일생을 좌우하는 뜻깊은 선물

그렇다면 '말걸기 육아'에는 어느 정도 시간을 투자해야 할까? 직업을 가진 부모가 '말걸기 육아'를 실천하고자 할 경우, 일을 갖고 있다는 사실을 마음에 걸려 하거나 불안하게 생각할 필요는 없다는 것으로 대답을 대신하고자 한다. 많은 시간을 아이와 함께 지내야만 최선의 발달이 이루어진다고 생각할 필요도 없다. 발달 초기의 매우 미묘한 시기에는 설령 양은 적어도 질적으로 아주 적절한 자극이야말로 큰 효과를 가져다 주기 때문이다.

'말걸기 육아'는 하루 30분으로 좋다. 그리고 '말걸기 육아'에 사용되는 방법은 여타 일상생활에서도 손쉽게 응용할 수 있다는 것을 차차 알게 될 것이다.

이 책에서 내가 전하고자 하는 것은 아이의 능력을 한껏 발휘시키기 위한 아주 간단한 방법이다. 시간도 걸리지 않는다. 하루에 단 30분으로 아이는 몰라보게 변할 것이다. 이 방법은 전혀 무리 없이 활용할 수 있으며, 여러분과 아이가 모두 즐겁게 할 수 있다는 사실은 무엇보다도 멋진 점이다.

특히 부모님들은 아기가 태어나서 성장하는 동안 너무도 중요한 이 시기를 충분히 활용함으로써 아이의 인생에 크고 뜻 깊은 선물을 준다는 만족감을 느낄 수 있다. 나는 어린아이의 언어와 관련되는 일을 오랫동안 해 왔지만 그 결과 어른이 아이에게 줄 수 있는 것 가운데 커뮤니케이션 능력만큼 귀중한 것은 없다고 믿게 되었다. 이 책을 읽으면 아이에게 수준 높은 커뮤니케이션 능력을 길러주는 방법을 알게 될 것이다.

이 책은 부모뿐 아니라 할아버지, 할머니와 그 외의 가족에게도 도움이 되도록 썼다. 베이비 시터나 보육자 등 아이와 관계하는 모든 사람에게 권해 드린다.

이 책에 씌어 있는 방법을 따라하면서 여러분이 이 매력적인 문제에 흥미를 갖게 되기를 바란다. 그리고 무엇보다 여러분이 아이와 함께 즐거운 시간을 보내면서 아이의 잠재능력을 최대한 이끌어내는 데 도움이 되기를 빌어 마지않는다.

이 책의 구성과 활용법

이 책은 아기의 월령에 따라 사용한다. 생후 1년까지는 3개월 단위로, 1세부터 2세까지는 4개월 단위, 2세부터 3세까지는 6개월 단위, 3세부터 4세까지는 1년 단위, 그리고 4세 이후, 이렇게 전부 열 하나의 시기로 나뉘어져 있다. 각 장은 다음과 같은 구성으로 되어 있다.

월령별 해설

- 커뮤니케이션과 언어 발달 … 각 연령단계에서 아이들은 어떻게 커뮤니케이션을 시도하고 언어 능력을 발달시켜가는가
- 일반적인 발달 양상 … 아이들의 몸은 어떻게 성장하며 그에 따라 아이들은 무엇을 새롭게 할 수 있는가
- 주의를 기울이는 힘(주의를 컨트롤하는 힘은 지적 능력과 관계가 깊다) … 주의력을 컨트롤하거나 주의를 지속시키는 능력은 어떻게 발달하는가
- 듣는 힘 … 여러 소리 중에서 필요한 소리를 선택하는 능력은 어떻게 발달하는가

말걸기 육아 (베이비 토크 프로그램)

- 아기의 발달을 가장 잘 도우려면 어떤 환경을 마련해야 할까
- 아기에게 어느 정도, 그리고 무엇을 이야기하면 좋을까
- '말걸기 육아'의 시간 외는 어떻게 하면 좋을까 등

놀이
- 월령에 맞는 놀이방법
- 장난감을 고르는 방법
- 책을 고르는 방법과 읽을 만한 책 목록
- 텔레비전이나 비디오는 어떻게 볼까

정리
해당 월령에서 일반적으로 기대되는 발달 정도와 마음에 걸리는 사항

    아이의 월령에 맞는 부분부터 읽기 시작하자. 실제로 적용해 보고 아이의 수준에 맞다고 판단되는 연령에서부터 시작해도 된다.
    동일한 놀이나 활동이 여러 연령단계에 걸쳐 나오는 경우도 있는데, 조금씩 내용이 변용되어 있거나 다른 이유가 붙어 있을 것이다. 귀가 나쁘다든가 오랫동안 병을 앓았다든가 하는 이유로 언어 발달이 늦어 있을 경우 아이의 언어 수준은 실제의 연령보다 낮은 곳에 있다. 그 경우는 아이의 이해 수준에 맞는 곳에서부터 시작해 주자.

차례

이 책을 읽는 분들께/주현실
아이 기르기가 손쉽고 즐거워지는 책   5

책머리에
'말걸기 육아'는 아이의 일생을 좌우하는 뜻깊은 선물   9
이 책의 구성과 활용법   18

태어나서 만 3개월까지
태어난 그날부터 시작한다   23

만 3개월부터 6개월까지
말을 걸면 소리내어 응답한다   51

만 6개월부터 9개월까지
다양한 소리를 들려주자   81

만 9개월부터 1세까지
몸짓을 많이 사용하자　　　117

만 1세부터 1세 4개월까지
짧고 간단한 문장을 사용하자　　　155

만 1세 4개월부터 8개월까지
질문이나 지시는 절대 금물　　　193

만 1세 8개월부터 2세까지
아이가 말한 내용을 확장시켜 주자　　　231

만 2세부터 2세 6개월까지
듣는 행위를 즐기도록 돕는다　　　269

만 2세 6개월부터 3세까지
새로운 개념은 대화속에서 자연스럽게 도입한다   303

만 3세부터 4세까지
아이의 말은 언제나 '그렇구나' 로 받는다   337

드디어 만 4세!
한 사람 몫의 커뮤니케이터로 태어나다   373

보다 상세하게 알고 싶을 때 도움이 되는 참고문헌   382

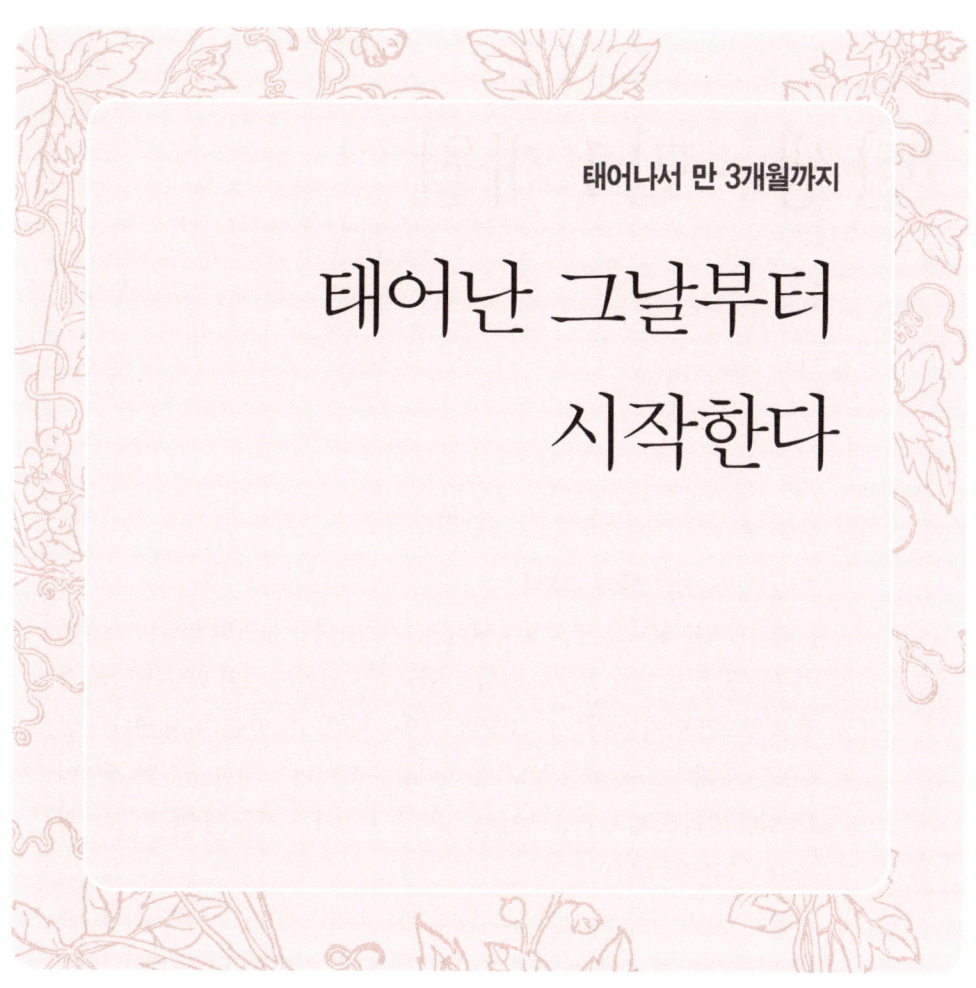

태어나서 만 3개월까지

태어난 그날부터 시작한다

태어난 그날부터 아기에게 말을 걸자.
아기에게 말을 많이 걸어 줄수록 아기의 언어 발달은 촉진된다.
구체적인 뜻은 이해 못 해도 목소리를 통해 당신의 느낌이
아기에게 분명히 전달된다.
두 사람 사이의 유대감이 형성되고 아기의 일생을 통해
정신 건강에 큰 도움이 되는 커뮤니케이션이 시작된다.

탄생~만1개월

🔊 커뮤니케이션의 발달

소리가 가까워지면 울음을 그친다

　아기의 언어능력은 어떻게 발달하며 그것은 다른 분야의 발달과 어떻게 연결될까? 아는 만큼 보인다는 말도 있듯 부모님이 아기의 발달에 관해 잘 알고 있으면 아기는 더욱 더 소중한 존재로 다가오게 마련. 이제 하나씩 공부를 시작해 보도록 하자.(하지만 아기들은 태어나서 얼마 동안은 생일이 1주일만 달라도 발육 정도에서 큰 차이를 보인다는 점을 명심하여 조바심을 내지 않도록 한다)

　신생아는 주위사람들에게 모든 것을 의존하는 무력한 존재지만 사람들과 다양한 방법으로 관계를 맺는다. 아기는 사람을 무척 좋아해서 태어나면서 곧바로 커뮤니케이션을 시도한다.

　이제 막 태어난 아기도 어른이 말을 걸거나 안아 주고 가만히 바라보면 울음을 멈춘다. 사람에게 반응하는 것이다. 또 엄마 팔에 안겨 있을 때 아기의 눈은 정확하게 엄마의 눈에 초점을 맞춘다. 소리에도 흥미를 나타내어 소리가 가까워지면 움직임을 멈춘다. 태어나서 한 달이 다 되어갈 무렵에는 가까이서 들리는 소리에 가만히 귀를 기울인다.

아기는 시도때도 없이 우는데 머지않아 울음소리가 아닌 모음을 낸다. 이 단계에서는 아직 무언가를 전하려는 의도가 있어서 소리를 내는 것은 아니다. 울었다가 칭얼대다가 울음을 그쳐보기도 하고, 두려움이나 기쁨을 뚜렷하게 눈에 담아 나타내며 어른과 적극적으로 눈을 맞추려 한다.

태어나자마자 아기는 울기도 하고 딸꾹질이나 트림을 한다. 이런 소리들은 단지 생리적인 현상일 뿐, 의사소통을 위한 발성이라고는 할 수 없다. 하지만 주위 어른이 아기의 소리나 시선에 응답하는 태도를 보이면 조금 더 자라서는 즐거운 커뮤니케이션으로 이어진다.

아기가 울거나 칭얼대면 엄마는 "으응, 기저귀 갈아 달라고 그러는구나"라며 기저귀를 확인하고, 장난감을 보고 있으면 "아기곰이 보고 싶구나"라며 곰인형을 가져다 준다. 그러면 아기는 각각의 소리나 시선에 따라 저마다 다른 반응이 돌아오는 것을 인식하게 된다.

사람의 얼굴도 아기의 주의를 끈다. 사람의 얼굴에는 아기가 볼 때 재미있는 것이 많이 있다. 아기는 평면보다는 입체, 뚜렷한 농담, 직선보다 곡선에 흥미를 보인다. 태어난 지 36시간밖에 지나지 않은 아기도 비디오에 비치는 낯선 사람의 얼굴보다는 엄마의 얼굴을 가만히 쳐다보며 좋아한다. 놀랄 만큼 일찍부터 아는 것이다.

마찬가지로 동물이나 사물보다 사람의 움직임을 보는 것을 좋아한다. 이제 막 태어난 아기는 어른이 혀를 내밀거나 입을 벌리면 흉내를 내는데 이 능력은 몇 주일 후에는 사라지고 만다. 슬픈 얼굴, 기쁜 얼굴, 놀란 얼굴도 흉내낼 수 있다. 그러나 이러한 능력이 왜 이 시기에 나타나는가에 대해서는 잘 알려져 있지 않다.

전반적 발달 양상

머리, 몸통, 다리 순으로 움직인다

아기는 조금씩 주위의 세계를 알아간다.

빛이 있는 쪽으로 머리를 향한다. 아직 두 눈으로 볼 수는 없지만, 각각 다른 방향이나 거리에서 보아도 사물의 크기나 형태는 변하지 않는다는 것을 이미 알고 있다. 막 태어났을 때부터 아기는 십자와 동그라미와 세모를 구별할 수 있다.

몸은 아직 뜻대로 움직일 수 없다. 큰 동작으로 몸을 젖히거나 움찔움찔할 뿐이다.

모든 척추동물의 신체기관은 위에서 아래로 발달한다. 마찬가지로 아기도 먼저 머리를 움직이고 그 다음에 몸통, 다리를 움직일 수 있게 된다.

이 단계에서 어깨를 받쳐 주면 몇 초 동안 머리를 세울 수 있다. 딸랑이를 주면 움켜쥘 듯한 반사행동이나 몸을 곧추세우면 똑바로 걸을 듯한 반사행동을 보이지만 이것도 몇 주일뿐이다.

주의를 기울이는 힘

젖먹일 때 아주 잠깐 아기의 시선을 붙들 수 있다

어린 아기에게서 볼 수 있는 가장 큰 특징 두 가지는 무엇일까? 하나는 주의를 한 가지 대상에 쏟는 시간이 매우 짧다는 것, 둘째는 다른 자극이 있으면 금세 주의가 흐트러지고 만다는 것이다.

맨 처음 1개월 동안 주의해서 보면 아기가 아주 짧은 시간 장난감을 쳐다보는 것을 알 수 있다. 마찬가지로 엄마의 얼굴도 아주 잠깐 쳐다볼 것이다.

젖먹일 때 아주 짧은 시간이지만 아기의 시선을 붙들 수 있다.

듣는 힘

태어난 날부터 엄마 아빠의 목소리를 안다

　듣는다는 것은 듣고 싶은 소리에만 주의를 집중시키고, 듣고 싶지 않은 소리는 듣지 않는 것을 의미한다. 이 능력은 태어났을 때부터 조금씩 발달하지만 완성까지는 긴 시간이 걸린다.

　'듣는 힘'에 대해서는 모두들 대수롭지 않게 여기지만 일반적으로 생각되는 것보다 훨씬 중요한 분야이다. 언어와 지능 발달에 꼭 필요할 뿐 아니라 환경에 크게 좌우되기 때문이다.

　아기는 태어난 날부터 엄마와 아빠의 목소리를 구별한다. 특히 자궁 속에서 들었던 소리와 비슷한 녹음에는 곧잘 반응하는 것을 볼 때 아기는 자궁 속에 있을 때부터 바깥의 소리를 듣고 있었던 듯하다. 엄마가 임신하고 있었을 때 자주 가까이서 들려 왔던 텔레비전이나 라디오 소리에도 아기는 반응한다.(임신 7개월부터 청각은 작동한다. 아기는 태어나기 2개월 전부터 귀가 들리는 것이다)

　신생아의 청각은 어른만큼 민감하지는 않지만 태어난 지 며칠 지나면 자신의 울음소리와 다른 아기의 소리를 구별한다. 진짜 울음소리와 컴퓨터로 합성한 소리를 들려주면 진짜 울음소리에 반응하여 잘 우는 것도 신기하다. 또 이 시기에는 높은 음에 가락이 좋고 억양이 강하게 이야기해 주는 것을 좋아한다.

　낮고 조용한 소리가 나면 그쪽을 바라보고, 가까이서 소리가 나면 움직임을 멈추는 모습 등에서 아기가 듣고 있음을 알 수 있다. 처음에는 각각의 소리에 맞춰 저마다 다른 반응을 보이지는 않는다. 소리의 의미를 아직 알지 못하기 때문이다.(컵과 받침접시가 부딪쳐 내는 소리나 열쇠가 돌아가는 소리가 무엇을 의미하는지 모른다는 것이 어떤 것인지를 상상해 보라)

그래도 몇 주 안에 아기는 젖을 먹을 시간이 되면 항상 들리는 소리 등 자신에게 소중한 소리의 의미를 알게 된다.

처음에는 아주 가까이서 나는 소리만 알지만, 소리와 음원의 관계를 분명하게 알게 되면 점점 멀리서도 알게 된다.

이제 막 태어난 아기도 어른이 말을 걸거나 안아 주고 가만히 바라보면 울음을 멈춘다. 또 엄마 팔에 안겨 있을 때 아기의 눈은 정확하게 엄마의 눈에 초점을 맞춘다.

만 1~2개월

📢 커뮤니케이션의 발달

어른을 녹이는 마법의 미소가 나타난다

생후 6주 무렵에는 배냇짓이 아닌 진짜 미소가 처음으로 나타난다. 아기의 미소는 어른들의 마음을 흐물흐물 녹여버리고도 남을 것이다. 아기에게 이 세상 모든 것을 다 주고 싶다, 저 미소를 보기 위해서라면 물구나무 서기라도 해 보이겠다는 마음을 갖게 하는 마법의 미소이다.

이 시기에는 아기가 어른 쪽을 보고 있든 아니든 소리를 내는 양과 표정변화에 차이는 없다. 아기는 사람에게만이 아니라 다양한 자극에 미소짓는다. 때로는 어른과 눈을 맞추는 경우도 있지만 시선을 비키면 그것으로 끝이다.

아기가 주변 환경, 특히 사람에게 매우 흥미를 보이는 것도 이 시기의 특징이다. 자주 머리를 움직여 소리가 나는 쪽을 보고, 사람들의 이야기에 귀를 기울이는 듯이 보인다. 말하는 사람의 목소리 가락에 반응하는 것인데, 생후 40일을 지날 무렵에는 말을 걸면 아기는 때때로 미소짓는다.

소리도 더 자주 낸다. 기분이 좋을 때는 '아쿵'이나 '쿠우' 하는 소리를 잘 낸다. 기분이 좋을 때 내는 소리는 울음소리에 비해 조용하며 음악적인 느낌을 준다. 자음과 모음 비슷한 소리가 섞여 있고 때때로 같은 소리를 되풀이하기도 한다. 아기는 배가 고플 때마다 일정한 소리로 칭얼대어 주의를 끌려고 한다. 아기 스스로 소리에 특정한 의미를 부여하는 것이다.

전반적 발달 양상

엎드리게 하면 머리를 들어올린다

깨어 있는 시간이 확실해지고 길어진다. 또, 머리가 좌우 어느 한 쪽으로 향하면 같은 쪽 팔을 뻗고 반대쪽 팔을 구부리는 반사가 이 시기에 눈에 띄는 신체적 변화이다.

눈을 움직이는 근육에 힘이 붙기 시작하므로 딸랑이 소리가 들려오는 방향이나 움직이는 빛 쪽으로 머리를 돌리며, 움직이는 물체를 처음에는 좌우로, 다음에는 아래위로 쫓을 수 있게 된다. 자신을 어르는 어른을 지켜보거나 사물을 가만히 바라보기도 한다. 목도 안정되기 시작하여 엎어 놓으면 머리를 들어올리려 한다. 욕조에 넣으면 발끝에 힘이 붙은 것을 알 수 있다.

주의를 기울이는 힘

처음에는 좌우로 움직이는 물체에 잠깐 주의를 기울인다

생후 4주일을 지날 무렵에는 몇 가지 변화가 보인다. 흥미로운 것이 있으면 처음에는 좌우로 움직이는 것에, 그리고 1주일쯤이 지나면 아래위로 움직이는 것에 잠깐 주의를 기울일 수 있다. 아기가 흥미를 끄는 대상을 가만히 지켜보며 몸의 움직임을 멈추는 모습을 잘 관찰해 보자. 아직 매우 짧은 시간이지만 엄마를 열심히 쳐다볼지도 모른다. 잘 아는 사람의 목소리뿐만 아니라 주변에서 들려오는 모든 사람의 목소리에 귀를 기울인다.

👂 듣는 힘

남자와 여자 목소리를 구별한다

생후 4주가 되면 아기는 다양한 소리를 듣는 데 흥미를 가지고, 재미있는 소리는 잠시 집중해서 듣는다. 놀랍게도 아기는 생후 4주 정도가 되면 말 속의 음의 최소단위(음소)를 구별한다.

예를 들어 '밭'과 '팥'의 차이는 아주 미세하지만 아기는 정확하게 구별한다. 아기는 태어날 때부터 언어에 대단히 민감하며, 음성은 인간이 선천적으로 갖고 있는 특질에 잘 맞기 때문이라고도 할 수 있다.

생후 8주 이전에 아기는 남자와 여자의 목소리를 구별할 수 있다.

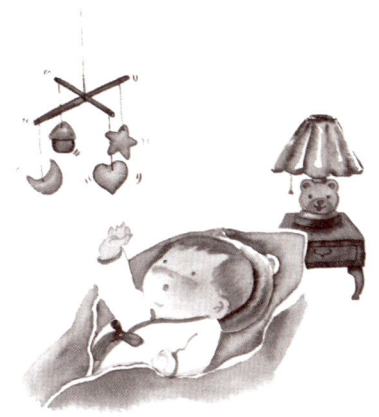

눈을 움직이는 근육에 힘이 붙기 시작하므로 딸랑이 소리가 들려오는 방향이나 움직이는 빛 쪽으로 머리를 돌린다. 아기는 또 움직이는 물체를 처음에는 좌우로, 다음에는 아래위로 쫓을 수 있게 된다.

만 2~3개월

🔊 커뮤니케이션의 발달

말을 걸면 방싯거리며 소리를 낸다

생후 8주부터 아기는 예전보다 자주 어른을 향해 소리를 내고 시선을 보낸다. 대체로 12주 안에 아기가 다른 어떤 자극보다도 사람과 관계 맺기를 좋아하는 것이 확실해진다. 또한 사물보다는 사람을 향해 소리를 낼 때가 많아진다. 사람 가운데서도 엄마를 향해 내는 소리가 가장 많다.

이 시기에는 엄마의 표정과 목소리 가락에 맞춰 아기도 표정을 지을 수 있다. 미소도 모르는 사람보다 낯익은 사람에게 더 잘 보낸다.

아기는 주변을 꼼꼼하게 둘러보고는 이야기하는 사람을 지켜본다. 어떤 것이 화난 목소리이고 어떤 것이 상냥한 목소리인지 잘도 구별한다. 아기를 지켜보면 말하는 사람의 얼굴 전체보다는 입술과 입을 가만히 쳐다보고, 아, 저기에서 재미난 소리가 나오는구나 하고 생각하는 듯하다.

어떤 소리든 관심이 많아 끈기 있게 눈으로 소리를 쫓는다. 예를 들어 문이 열리는 소리, 그릇이 부딪치는 소리, 엄마가 집안일을 하면서 내는 소리를 탐색한다.

음악이 들리면 조용해진다. 팝송이나 클래식 모두 무척 좋아하지만 이 무렵에는 요란한 음악보다는 조용한 쪽을 더 좋아하는 것 같다. 가장 좋아하는 것은 뭐니뭐니 해도 엄마가 불러주는 노래이다.

아기가 내는 소리는 질과 양이 함께 발달한다. 자신이 들으려고 소리를 내는 경우도 늘어난다. 때때로 자음과 모음이 들어간 2음절 이상의 소리를 낸다.

젖을 먹을 때 아기가 긴 모음 비슷한 소리를 내는 것을 들어본 적이 있는가? 만 3개월 안에 아기는 기쁨을 표현하고, 어른이 웃어주면 미소로 답한다.

기분이 좋을 때는 '아―'라든가 '쿠―' 등의 소리를 내며 논다. 혀와 입술을 움직이는 모습이 마치 단어를 말하려 하는 듯이 보인다. 대체로 어른과 정면으로 마주하고 있을 때 보이는 행동이다.

아기는 처음에는 입 앞부분에서 소리를 만들어내다가 점차 뒷부분으로 옮겨가는데 이렇게 해서 아기가 내는 소리의 종류는 대단히 많아진다. 쿡쿡하고 웃거나 캬캬 하는 소리를 내고 즐거워하는 등 표현도 풍부해진다.

소리를 매개로 하는 상호작용도 늘어난다. 말을 걸면 어른의 시선에 방싯거리며 목소리를 내어 응답한다. 미소짓는 얼굴과 앙증맞은 목소리. 어떤 어른이 이 매혹덩어리에 저항할 수 있을까! 어른과 아기가 소리를 매개로 상호작용하는 멋진 관계가 이렇게 하여 시작된다. 그야말로 일생의 대화가 시작되는 것이다.

아기는 누구라도 말을 걸면 곧잘 소리를 내지만 잘 아는 사람이 생생한 표정으로 말을 걸 때 가장 잘 반응한다.

🔑 전반적 발달 양상

앉아서 보는 자세를 좋아한다

아기의 목이 꼿꼿해지면서 여러 가지 변화가 일어난다. 우선, 만 3개월이 되면 목의 움직임을 관장하는 12개의 근육을 움직일 수 있게 되면서 발육이 촉진된다. 고개를 젖혀 위를 보는 자세로 목을 움직일 수 있으며, 고개가 꼿꼿한 채로 어른의 무릎에 안겨 있을 수 있다.

주위가 잘 보이므로 아기는 앉는 자세를 좋아한다. 시야가 확보되면 가까운 장소의 상황쯤은 잘 알 수 있다.

장난감을 앞에 놓아주면 곧바로 발견하고서는 좋아라하며 집으려 한다. 아직 움직임이 유연하지 못하므로 자신의 팔을 크게 휘둘러 몸통 정면으로 끌어와서는 손가락을 가지고 논다. 아기는 손가락이 있다는 사실을 마치 처음으로 알아채기라도 한 것처럼 손가락을 입으로 가져가는 대신 쳐다보고, 딸랑이를 손에 쥐어주면 움켜쥔다. 목욕할 때 발끝의 힘도 전보다 강하다. 하지만 머리를 어느 한 방향으로 향하면 같은 쪽의 팔을 뻗고 반대쪽 팔을 구부리는 반사 등 태어나서 곧바로 보이던 갖가지 반사는 이 시기에 사라진다.

최근의 연구에서 밝혀진 바로는 조그만 아기가 물리적인 법칙을 놀랄 만큼 잘 알고 있다는 것이다. 단단한 것끼리는 서로 뚫고 지나가지 못한다든가, 눈에 보이는 지지대가 없으면 공중에 떠 있을 수 없다는 것을 아기가 알고 있다는 것이다.

생후 12주 무렵의 아기도 물건은 감추어도 완전히 없어지지는 않는다는 것을 알며, 게다가 그 물건이 어디 있는가, 얼마나 큰가, 단단한가, 부드러운가까지도 제대로 기억하는 듯하다.

그러나, 아기가 생후 7개월이나 8개월이 될 때까지 감춰진 물건을 찾는

데 이 지식을 써먹지 않는 이유는 무엇인지 아직 밝혀진 게 없다.

👁 주의를 기울이는 힘

하나의 사물에서 다른 사물로 시선을 이동한다

　9주를 지날 무렵 아기는 '주의력'에 발동을 걸기 시작한다. 이 시기, 아기는 태어나서 처음으로 하나의 사물에서 다른 사물로, 아주 잠깐이기는 하지만 시선을 이동할 수 있게 된다.

　원을 그리며 움직이는 사물이나 끈에 매달려 움직이는 사물도 아주 잠깐 지켜볼 수 있다. 사람에게는 조금 더 주의를 잘 집중할 수 있으므로 말하고 있는 어른의 입 언저리를 가만히 쳐다보거나 사람이 가까이서 움직이는 것을 쳐다보며 즐거워한다.

　이 시기가 끝날 무렵까지는 누군가가 쳐다보고 있는 방향으로 자신의 시선을 옮길 수 있다. 앞으로 말을 배울 때 꼭 필요한, 어른과 동일한 사물에 주의를 기울이는 능력의 시초이다.

👂 듣는 힘

듣고 싶지 않은 배경음을 무시하는 능력은 없다

　아기가 천성적으로 사람과 교류할 수 있도록 태어난 것은 지금까지 보아 온 대로인데, 듣는 힘이 발달하는 모습도 이러한 사실을 반영하고 있다. 생후 4주 이후에는 말하는 사람뿐 아니라 음악이나 주위의 소리에도 점점 더 흥미를 가진다.

  그렇기는 해도 이 시기는 들으려 하는 소리에만 집중하고 듣고 싶지 않은 배경음은 무시하는 능력은 전혀 없다. '말걸기 육아'를 실천할 때 이 점을 꼭 기억해야 한다.

주위가 잘 보이므로 아기는 앉는 자세를 좋아한다.
장난감을 앞에 놓아주면 곧바로 발견하고서는
좋아라하며 집으려 한다.

BABYTALK PROGRAMME
하루 30분
말걸기 육아

이제 여러분은 마치 기적처럼 내게 온 아기와 집으로 돌아왔다. 하늘에라도 닿을 듯 기분은 최상이고 인생은 확 바뀌었다. 어떤 부모라도 그렇겠지만, 전 존재를 내게 맡기고 있는 이 조그만 생명체에게 모든 것을 다 해 주고 싶다는 욕망으로 가슴이 벅차다.

아기는 커뮤니케이션에 관한 한 수동적인 존재가 아니다. 그렇기는커녕 매우 유능한 파트너이다. 염려할 필요없다.

아기를 돌보기 위해서는 새로이 수많은 것들을 배워야 하지만, 아기와 나누는 커뮤니케이션만큼은 우리가 태어났을 때부터 죄다 알고 있는 듯싶다. 육아법은 그 나라 문화에 따라 제각각 다른데도 아기와 맨 처음 관계를 맺는 부분만큼은 모든 문화가 같다.

아기가 자람에 따라서 우리는 어떻게 관계를 맺으면 좋을지 배울 필요가 생긴다. 하지만 생후 몇 개월 동안은 몇 가지 중요한 조건만 갖춰지면 누구든지 그다지 어렵지 않게 해 나갈 수 있다. 여기서는 그 조건을 설명하겠다.

매일 30분만큼은 아기와 둘만의 시간을 가진다

'말걸기 육아'에서 무엇보다 중요한 것은 아기하고만 지내는 시간을 하루에 30분씩 내는 것이다. 그 시간만큼은 일 대 일로 서로 완전히 집중하도록 하자. 이 시간은 아기에게 헤아릴 수 없이 큰 은총을 가져다 줄 것이다.

하루 30분씩 시간을 내는 것이 말처럼 간단하지는 않다. 특히 두 번째, 세 번째 아기의 경우는 더욱 그렇다. 그럼에도 이 시간을 만들기 위해 힘닿는 대로 노력해 볼 가치가 있다.

생후 만 3개월까지는 일부러 시간을 내지 않아도 젖을 먹이거나 기저귀 가는 시간을 좀 길게 잡으면 된다. 엄마와 아기가 서로를 아는 멋진 기회이다.

시작하기 전에 체크할 것

다음으로, 이것 역시 프로그램 전체를 통해 중요한 조건인데, 이 귀중한 일 대 일 시간에는 주위가 조용하며 될 수 있는 한 정신을 흐트러지게 하는 것이 없도록 해야 한다. 텔레비전과 비디오, 라디오와 음악도 없어야 한다.

다른 사람이 드나드는 것도 될 수 있으면 피해 주는 게 좋다. 지금까지 보아왔듯이 아기의 주의력은 아주 미미하지만 중요한 발달을 보이기 시작하고 있다. 이 능력은 주의를 흐트러지게 하는 것이 없는 환경에서만 발달한다.

듣는 힘도 이제부터 긴 시간에 걸쳐서 발달해 간다. 이것은 대뇌 속에 '청각영역'을 만들어내는 능력이 된다. 이 능력은 듣고자 하는 음에 집중하고, 듣고 싶지 않은 음을 '무시하는' 능력이다.

아기가 어떤 소리에 집중하기 위해서는 듣고자 하는 소리와 그 밖의 배경음 사이에 상당한 음량의 차이가 있어야 한다. 어른과 다른 점이다.

이 시기에 '판'과 '반' 같은, 서로 다른 의미를 지니는 말 속의 음의 최소단위(음소)를 가려듣는 마법 같은 능력도 발달한다. 그런데 이 소리의 차이를 인식하는 힘은 환경이 정비되어 있는 경우에만 작동한다.

조용한 환경에서 한 사람의 어른이 들려주는 말에 귀를 기울여 확실하게 듣는 기회가 많이 있어야 한다. 어른들끼리 나누는 대화를 들려줘 보았자 아기의 듣기 능력 발달에는 조금도 도움이 되지 않는다.

우리가 살고 있는 사회는 점점 시끄러워지고 있다. 한 가지 소리에만 집중하여 주의를 기울일 기회가 거의 없는 경우도 많다. 수백 명이나 되는 조사대상 아기 중 86%가 그러했다.

듣는 것과 주의를 기울이는 것, 이 두 가지의 기본적인 능력은 어떤 학습에서든 꼭 필요하다. 이 기본능력을 키워나가는 방법에 관해 이제부터 알아볼 텐데 그 전에 꼭 명심하자. 조용한 환경을 만들어 주는 것이 무엇보다 중요하다는 것을!

태어난 그 날부터 아기에게 말을 걸자

태어난 그 날부터 아기에게 말을 걸자. 아기에게 말을 많이 걸어 줄수록 아기의 언어 발달은 촉진된다. 이 말걸기는 빨리 시작할수록 좋다. 구체적인 뜻을 이해하지 못한다 해도 목소리를 통해 당신의 느낌이 아기에게 분명히 전달된다. 두 사람 사이의 연대감이 길러지고 아기의 일생을 통해 정신건강에 대단히 도움이 되는 커뮤니케이션의 시작이라 할 수 있다.

아기를 달랠 때도 목소리는 매우 효과적이다. 목소리를 통해, 엄마는 언제라도 너에게 응답해 줄게, 하고 전달할 수 있다. 아기가 너무도 소중한 존재라는 사실도 말걸기를 통해 알릴 수 있다. 어떤 내용이든 상관없다. 지금 일어나고 있는 일들, 예를 들어 "잘 놀고 있구나. 곰돌이를 보고 있니?" 등으로 말을 걸어도 좋겠다.

나 자신은 생후 3일 된 딸을 병원에서 집으로 데리고 돌아오는 길 내내 눈에 띄는 모든 도로표식에 관해 말해 주었던 것을 또렷하게 기억하고 있다. "아기방의 벽지 말이야, 녹색에 동물그림이 있지. 엄마는 아주 마음에 들어. 네 마음에도 들면 좋겠다"는 식도 좋다.

구체적으로는 다음과 같은 점들에 유의하자.
- 아기에게 적합한 특별한 방법으로 말을 걸자.
- 짧고 간단한 문장을 사용하자. 리듬을 타기 좋기 때문이다.
- 목소리의 높이는 어른에게 말하는 것보다 조금 높게 한다.
- 천천히 말하고 단어나 문장 사이에 잠깐 쉬도록 한다.
- 반복을 많이 하자. "여기 너의 손가락이 있지. 손가락 하나, 또 손가락 하나, 또 손가락 하나……" 하는 식이다. 혹은 "곰돌이의 눈, 곰돌이의 코, 곰돌이의 입……"도 좋다.
- 아기와 정면으로 얼굴을 마주하자. 그렇게 하면 아기가 더욱 사랑스러워 자연스레 접촉이 늘어날 수밖에 없을 것이다.
- 맛깔스럽게 표현하자. "토실토실 귀여운 건 누 ─ 구? 수빈이. 맞아 수빈이. 수빈이가 토실토실 너 ─ 무 귀여워" 하는 식이다.

아기와 마주하면 우리는 자연스럽게 이같이 말한다. 아기는 태어났을 때부터 이런 말을 무척 좋아하는데 이런 방식은 아기에게 여러 가지 의미에서 대단히 도움이 되기도 한다.

특히 리듬, 목소리, 박자를 크게 하면 아기는 매우 민감하게 반응한다. 아기의 외이도(外耳道)의 크기와 형태는 어른보다 높은 주파수에 공명하게 되어 있으므로 조금 높은 목소리가 아주 적당하다. 아기는 생후 1개월이 되면 음소를 나눠 듣는 능력이 발달하지만 그래도 이 방법이 알맞다.

더구나 이런 방식으로 말할 때는 어른이 미소 짓거나 움직임과 표정을 이리저리 바꾸곤 하기 때문에 아기의 주의를 끌기 쉽다.

아기가 "아쿵" 하면 당신도 "아쿵" 하고 대답한다.
조금 과장되게 표정을 짓거나 다양한 리듬이 실린
목소리로 말을 걸면 아기는 더욱 적극적으로
반응을 보여 목소리를 낸다.

　아기가 주위 환경을 느끼고 배워갈 때 의식이 생기는 레벨(각성수준)은 주의력과 깊이 연관되어 있다. 아기가 지루해하지 않는지 또는 자극이 너무 심하지 않는지 확인해 가면서 어른은 자신도 모르는 사이에 머리나 시선의 움직임을 조절해 가게 된다.
　이 방법에는 반복이 많이 나타나는데 아기의 뇌는 반복을 경험함으로써 신경회로가 발달하게 된다.
　태어난 지 얼마 안 되었을 때는 엄마와 아기가 동시에 소리를 내는 경우가 곧잘 있다. 이것도 매우 바람직한 일이다.
　생후 6주에서 8주가 되면 작은 변화가 보인다. 아기와의 사이에 '대화' 가 시작되는 것이다. 아기의 움직임에 맞춰서 목소리를 내 보자.
　아기가 "아쿵" 하면 당신도 "아쿵" 하고 대답한다. 아기가 고개를 흔들면 곧바로 따라해 보자. 아기가 미소지으면 빙긋 웃어 주자. 대화가 시작되는 것이다. 조금 과장되게 표정을 짓거나 다양한 리듬이 실린 목소리로 말을 걸면 아기는 더욱 적극적으로 반응을 보여 목소리를 낸다.

아기가 목소리나 몸짓, 표정으로 말하려는 것에 조금씩 더 응답을 보내 보자. 예를 들어 아기가 칭얼댈 때 엄마가 "배가 고픈 게로구나, 우유 줄게" 하고 말한다. 이렇게 아기가 무언가 전달하고자 할 때는 그것에 응답해 준다.

그럼으로써 아기는 목소리를 내면 원하는 게 이루어진다는 것을 알게 되어 정말로 원하는 것을 전달하려 노력한다.

만3개월이 가까워지면 아기와 나누는 대화가 점점 더 즐거워질 것이다. 아기가 내는 소리를 한껏 흉내내 보자. 대화를 풍성하게 하는 데는 이것이 제일이다.

이 시기에는 노래를 될 수 있는 대로 많이 불러 주는 게 좋다. 아기는 노래 듣는 것을 무척 좋아하여 노래를 들으면 매우 편안한 기분이 된다. 특히 무엇보다 목소리 듣기를 즐겨하는데, 이 사실이 매우 중요하다.

조용한 가운데 '듣고 싶은' 소리로서 엄마가 불러 주는 노래 이상 가는 것은 없다. 여러분이 좋아하는 노래라면 어떤 것이라도 좋다. 같은 노래를 반복해서 불러도 괜찮다.

바쁠 때는 생활 속의 잡다한 일을 '실황방송' 하듯이 이야기해 보자. "지금 감자껍질을 벗기고 있어요. 냄비에 하나 넣고, 또 하나 넣었어요. 서두르지 않으면 안 되겠네. 오늘은 점심을 빨리 끝내야 해요" 하는 식이다.

이런 식으로 수다를 떠는 목적은 두 가지다. 먼저, 직접 접촉하지 않아도 목소리를 통해 만날 수 있다는 것이다. 두 번째는 아기는 리듬, 박자, 액센트 등을 통틀어 언어의 전체 모습을 포착해 가기 때문에 실황방송 같은 말걸기도 아기에게 대단히 중요한 정보가 된다는 것이다.

아기에게 질문할 때는

질문하는 것에 대해 잠깐 일러 둘 게 있다. 어른은 아이들에게 질문의 형태로 말을 거는 경우가 대단히 많다. 그런데 무엇을 질문하는가, 무엇을 위해 질문하는가, 어느 정도 자주 질문하는가에 따라서 어른을 위한 경우도 있으며 전혀 도움이 되지 않는 경우도 있다.

처음 3개월 동안은 "이 예쁜 아기가 누구지?"라는 식의 질문을 많이 한다. 이러한 질문은 대답을 기대하는 것이 아니라 엄마의 기분을 표현하는 것일 뿐이므로 전혀 문제가 없다.

여기서는 이 정도만 말해 두고 아기의 월령에 맞춰 그때 그때 생각해 보도록 하자.

두 가지 언어를 사용하는 가정에서는

가정에서 2개 국어 이상의 언어를 사용하고 있는 경우, "아기에게 어느 쪽 언어로 이야기를 걸면 좋을까?"라는 질문을 자주 받는다.

어느 아버지의 이야기이다. 그는 프랑스인, 부인은 그리스인으로 런던에 살고 있는데 1개월 된 딸에게 어느 나라 말로 이야기하면 좋을까를 알고 싶어했다. 이 경우 내가 먼저 생각하는 것은 세 가지 언어를 술술 말하고 다양한 문화의 문학과 친해질 수 있다니 이 꼬마 아가씨는 얼마나 행운인가 하는 것이다.

나는 "전혀 걱정할 필요가 없는 것은 영어예요. 곧 주변에서 자연스럽게 배울 테니까요"라고 말해 준 다음 아기와 둘만 있을 때 부부가 각자의 모국어로 말을 걸도록 하라고 일러 주었다.

"아기는 손쉽게 양쪽 말을 다 배울 것입니다. 말걸기 육아 방법을 따르면 간단하지요"라고 나는 프랑스인 아버지를 안심시켰다.

두 가지 이상의 언어를 듣고 자라는 아이는 혼란스러워 말이 늦으리라고 생각하는 부모가 많지만, 부모가 하나의 문장에 양쪽 단어를 많이 섞어 쓴다거나, 아이에게 자신의 모국어가 아닌 말로 이야기를 걸거나 하지 않으면 괜찮다. 특히 뒤의 경우는 조심해야 한다.

'말걸기 육아'는 매일 아이에게 능숙하게 말을 거는 방법에 초점을 두고 있다. 아기에게 전통적인 동요나 말놀이를 들려주는 것도 대단히 중요하다. 때문에 모국어가 아닌 언어로는 '말걸기 육아'를 제대로 할 수 없다.

얼마 전에 러시아어 통역을 하는 사람과 이야기한 적이 있었는데 역시 그렇구나 하고 생각했다. 그 사람은 러시아어와 영어 둘 다 능숙하게 잘 하지만 아기에게는 영어로는 이야기하지 않는다고 했다. 모국어인 러시아어를 쓰는 것이 좋다고 직감했다는 것이다.

최근에 엘리시아라는 귀여운 3살짜리 여자아이를 만났다. 말이 늦어 가족들이 무척 걱정하고 있었다. 엘리시아는 단어만을 써서 말하고 어쩌다 두 단어로 된 문장을 쓰는 정도였는데 문장 만들기에 무척 어

아기가 목소리나 몸짓, 표정으로 말하려는 것에 조금씩 더 응답을 보내보자. 아기가 칭얼댈 때 엄마는 '배가 고픈 게로구나. 우유 줄게' 하고 말한다.

려움을 겪고 있는 듯했다.

부모는 모두 그리스인. 영어가 모국어는 아니지만 영국에 살고 있는 바에야 아이에게 영어로 말을 걸어야 한다고 생각하고 있었다. 다행스럽게 가족 모두 곧 여름휴가차 엘리시아의 할아버지 할머니를 만나기 위해 그리스를 방문하기로 되어 있었다.

나는 그리스어로 하는 '말걸기 육아'에 흠뻑 잠기게 하라고 제안했다. 2개월 후에 다시 만났더니 부모는 엘리시아가 눈 깜짝할 사이에 그리스어를 익혔다며 놀라워했다. 집에서도 늘 그리스어로 말을 걸었는데, 엘리시아는 친구들과 놀면서 순식간에 영어를 깨쳐 부모를 또 한 번 깜짝 놀라게 했다고 한다.

'말걸기 육아' 시간 이외에는
- 여러분이 하고 있는 일이나 주변에서 일어나는 일들에 대해 이야기해 주자. 아기가 말의 전체형식(리듬, 박자, 액센트)을 익히는 데 도움이 된다.
- 가능한 한 주변의 소음을 줄여 주자. 아기가 한 번에 하나의 소리에 집중하기 쉬워진다.
- 짧은 문장을 사용하고 반복을 많이 한다.
- 노래를 불러 주자. 생각이 미칠 때마다 언제라도 무슨 노래라도 좋다.

놀이

놀이는 이 시기뿐 아니라 훨씬 나중에까지도 말을 배우는 데 꼭 필요한 요소이다. 이 시기에는 어른과 아기 사이에 관계가 형성되어 있기만 하면 다른 놀이도구는 필요 없다. 어른은 이 시기에 아기에게 단 하나의 소중한 놀이도구인 것이다. 아기는 자신에게 가장 즐겁고 도움이 되는 놀이로 능숙하게 어른을 끌어들인다.

갓난아기는 몸을 이용한 놀이를 무척 좋아한다. 이 시기에는 어른이 놀이를 리드한다. 발을 가볍게 굴리고, 얼굴을 부드럽게 간질이고, 서로의 손가락을 걸고, 손가락 발가락을 세고, 부드럽게 배를 콕콕 찌르는 것 등이다.

이러한 놀이는 재미있기 때문에 하는 것만은 아니다. 아기가 주위 환경을 느끼고 배워가기 위해 의식을 일깨우는 데 도움이 된다.

놀이는 신뢰관계 형성에 중요하다. 아기와 어른이 같은 목적을 가지고 같은 것을 하며 같은 것을 알아나가면서 서로 간에 신뢰가 형성되는 것이다. 이것은 언어 발달에 가장 소중한 기초가 된다.

생후 8주까지는 41쪽에 기술되어 있듯이 아기와 어른이 교대로 목소리를 내는 놀이가 아기에게 적당하며, 무엇보다 중요한 것은 아기의 상태에 능숙하게 맞춰 가는 것이다.

12주에 이르는 동안 아기는 많이 변화하고 성장한다. 아기에게는 보는 것, 듣는 것이 필요하며, 12주 무렵에는 쥐는 것도 필요하다. 딸랑이를 손에 쥐어 주면 즐거워하며 흔들고, 물건에 손을 뻗으며, 건네주면 휘둘러댄다. 아기는 또 이 시기에는 조금 멀리 있는 것을 보게 된다. 다양한 것들이 보일 수 있도록 아기 눈의 위치를 바꾸어 줄 필요가 있다. 엄마나 다른 어른과 실컷 노는 것도 중요하지만 다양한 물건을 이용하여 혼자서 노는 시간도 필요하다.

음악과 노래도 무척 좋아하며 입고 있는 옷에 방해받지 않고 마음껏 다리를 버둥댈 수 있으면 아주 즐거워한다.

장난감 상자

색의 콘트라스트가 분명한 모빌, 특히 흑백으로 된 것은 바라보기에 즐거울 것이다.

소리를 들려주는 데는 간단한 방울이나 장난감 악기가 좋을 것이다.

색이 분명하고 쥐기 쉬우며 입에 넣어도 안전한 것이어야 한다.

손의 감촉의 변화도 좋은 자극이 된다.

평범한 천조각도 이 시기에 아기가 가장 좋아하는 장난감 중 하나이다.

텔레비전과 비디오

텔레비전이 우리 생활에서 차지하는 비중이 얼마나 커졌는지에 대해서는 새삼 말할 필요도 없을 정도이다. 따라서 아직 아기가 어리다 해도 월령이 높아짐에 따라 텔레비전에 대해 말해 두지 않을 수 없다.

일정한 연령에 도달한 아이들에게는 텔레비전은 텔레비전이 아니고서는 만날 길이 없는 다양한 세계를 보여 주고 학습을 도와 주며 대단히 좋은 오락거리가 되어 도움이 되는 경우가 있다. 그러나 성장을 방해하는 경우도 적지 않다. 특히 어린 아기 때는 성장을 방해하기 십상이다.

지금까지 보아 왔듯이 아기는 태어날 때부터 커뮤니케이션에 관한 한 대단한 잠재능력을 갖고 있다. 그리고 어릴 때는 놀랄 만큼 빨리 진보해 간다. 하지만 그러기 위해서는 아기에게 맞춰 커뮤니케이션을 해 줄 상대가 반드시 필요하다. 텔레비전은 죽었다 깨어나도 그 역할을 할 수 없다.

아기가 주위 세계를 익혀 가려면 힘이 많이 든다. 우선 많은 것을 탐색해 보아야만 한다. 실물이나 살아 있는 그대로의 인간을 알고 나서가 아니라면 텔레비전에서 무언가를 배운다는 것은 있을 수 없는 일이다.

막 태어났을 뿐인 이 시기, 아기의 울음을 그치게 하기 위해 텔레비전을 켜고 싶어도 참자. 텔레비전의 선명하고 움직이는 빛은 아기에게 강한 자극을 준다. 생후 몇 주 안 된 아기라도 못 박힌 듯 이끌려 더 보고 싶어할 것이다. 애초부터 유혹에 지는 일이 없도록 하자.

summary

여기 씌어져 있는 것은 평균적인 발달양상이다. 아기에 따라 제각각 발달의 정도는 다르다. 당신의 아기가 여기 씌어 있는 것을 모두 다 할 수는 없다고 해도 염려할 필요는 없지만, 만 3개월에 아래서 제시한 '이럴 땐 전문가에게'에 해당되는 경우는 말 그대로 전문가에게 상담해 보길 권한다. 또 아기에 대해 의문나는 사항이 있으면 언제라도 보건소나 늘 다니는 병원에 데리고 가 보자.

만 3개월 무렵의 아기들은
- 놀아 주면 쿡쿡 하고 소리를 내어 웃으며 무척 좋아한다.
- 아쿵, 쿠— 등 모음과 자음이 들어간 짧은 음절로 다양한 소리를 낸다.
- 말을 걸면 때로는 소리를 되돌려 준다. 대화가 시작되는 것이다.
- 말하는 사람을 찾고, 입술과 입을 지켜보며 말에 대한 흥미를 보인다.
- 집안일을 할 때 나는 소리 등에도 흥미를 보인다.
- 음악을 즐겨 듣는다. 좋아하고 있는 모습을 분명하게 알 수 있다.

이럴 땐 전문가에게
- 아기가 웃지 않는다.
- 말을 걸고 안아 올려 주어도 울음을 그치지 않는다.
- 짧은 모음이 들어간 아쿵, 쿠— 등의 소리를 내지 않는다.
- 빛이 들어오는 쪽이나 딸랑이 소리가 나는 쪽을 보지 않는다.
- 젖 먹을 때가 되었는데도 울지 않는다.

참고문헌

B. Stern, B. Beeb, J. Jaffe & S. Bennet
'The Infant's Stimulus World During Social Interaction' in H. R. Shaffer(ed)
Studies in Mother-Child Interaction
(London, Academic Press, 1977)

A. Melfzoff & A. Goprick,
'The Role of Imitation in Understanding Persons and Developing a Theory of Mind'
in S. Baron-Cohen, H. Tager-Flushberg & D. Cohen(eds)
Understanding Other Minds - Perspectives From Autism
(Oxford University Press, 1993)

L. Camras, C. Malatesta & C. Izard
'The Developement of Facial Expression in Infancy' in R. Feldman & B. Rine (eds)
Fundamentals of Nonverbal Behaviour
(New York, Cambridge University Press, 1991)

D. Messer
The Development of Communication
(Chichester, Wiley, 1994)

P. Slater,
'Visual Perceptual Abilities at Birth' in B. Boysson-Bardies, S. de Sconen, P. Jusczyk,
P. McNeilage & J. Morton (eds)
Developmental Neurecognition - Speech and Face Processing in the First Year of Life
(Dordrecht Boston, 1993)

만 3개월부터 6개월까지

말을 걸면 소리내어 응답한다

아기는 태어날 때부터 갖고 있었던 사람에 대한
흥미에 힘입어 진짜 말다운 것에 가까이 접근한다.
아기는 말을 걸면 그에 응답해 소리를 낸다.
이것은 차례대로 말한다는 점에서 진짜 대화의
시작이라고 할 수 있다.
아기는 소리를 즐기며 사람을 향해서 옹알이를 한다.

만 3~4개월

🔊 언어 발달

말을 걸면 소리를 내어 응답한다

이 시기에 아기는 태어날 때부터 갖고 있었던 사람에 대한 흥미에 힘입어 진짜 말다운 것에 가까이 접근한다. 아기는 아직 말을 하지 못하지만 마법처럼 '생애 첫 단어'를 향해 매우 소중한 한 걸음을 내딛는다.

주위 사람들과의 관계에서도 두 가지 아주 중요한 변화가 일어난다.

첫째로, 아기는 말을 걸면 그에 응답해 소리를 내게 된다. 이것은 차례대로 말한다는 점에서 진짜 대화의 시작이라 할 수 있다.

두 번째 변화는, 눈의 움직임이 좋아지는 것과 관련되어 있다. 아기는 이 시기에 눈으로 주위에 있는 사물의 모습을 탐색할 수 있게 된다. 하나의 대상에서 다른 대상으로 눈을 가져가고, 이제까지보다 오래 볼 수 있게 되며, 움직이는 것을 눈으로 쫓는 것도 능숙해진다.

어른이 보고 있는 시선 방향을 아기도 쫓을 수 있게 된다. 이로써 어른과 같은 대상에 주의를 기울일 수 있게 되는 것이다.

고개나 눈을 스스로 움직일 수 있게 되면 말하는 사람을 찾아 둘러볼 수 있다. 또 주위에서 들려오는 이야기에 한층 관심을 가진다. 사람에게 대한 호기심이 커져 자신도 대화에 참여하고 싶어하는 것처럼 보인다.

사람에게 응답하여, 혹은 그렇지 않더라도 곧잘 미소짓거나 웃는다. 거울 속의 자신을 바라보고도 웃어 준다. 또한 낯선 사람이 말해도 누가 말하고 있는지 잘 찾아내고, 말하는 사람이 눈에 보이지 않는 곳에 있어도 솜씨 좋게 찾아낸다.

언어가 기분을 전달한다는 사실도 조금씩 알게 된다. 인사를 하는 것인지, 그런 짓을 해서는 안 된다고 제지하는 말인지도 안다. 성난 목소리에는 무서워하고 상냥한 목소리에는 느긋해하는 식으로 분명하게 반응한다.

이 시기에는 조그맣게 입속말을 반복하는 '옹알이'가 나타난다. 입술로 만들어 낼 수 있는 프, 브, 므 소리가 많다.

전반적 발달 양상

손가락을 가지고 논다

이 월령의 아기가 말하고 있는 사람을 찾을 수 있는 것은 몸을 뜻하는 대로 움직일 수 있게 되었기 때문이다. 등을 곧게 펴고 앉을 수 있고 머리도 꼿꼿하게 세울 수 있다. 엎어 놓으면 머리와 가슴을 다른 방향으로 움직일 수 있다.

아기는 자신의 손에도 관심을 가져 손가락으로 놀기 시작한다. 재미있어 보이는 것에 손을 뻗으려 한다. 둥근 링을 건네주면 쥐고, 쥐고 있는 것을 뺏으려 하면 싫어한다.

사물이 눈앞에서 보이지 않게 되어도 아예 없어지는 것은 아니라는 것을 알게 된다. 지능이 크게 발달한 증거이다.

👁 주의를 기울이는 힘

자신에게로 시선을 끄는 방법을 안다

때때로 엄마의 시선에 맞춰 아기도 같은 쪽을 보기 시작한다. 두 사람이 같은 대상에 주의를 기울이는 것이다. 이것은 언어에 의미를 갖게 하는 능력으로, '내 주변의 세계는 어떤 모습을 하고 있는가'를 배우는 데 대단히 중요하다.

생후 4개월에 아기가 무엇을 보고 무엇에 주의를 기울이고 있는가에 대해 엄마가 어느 정도 인식하고 있는지 조사해 보면, 그 아기가 1년 5개월이 되었을 때의 언어 발달 정도를 예측할 수 있다. 생후 4개월 때 아기가 자주 관심을 옮겨다닌다는 것을 알아차린 엄마의 아기는 그렇지 못한 엄마의 아기에 비해 1년 5개월의 시점에서 언어사용이 훨씬 풍부했다고 하는 연구가 있다. 아기가 무엇을 보고 있는지 알아차린 엄마는 그것에 관해 말을 많이 걸어 준 결과라고 볼 수 있겠다.

또한 이 시기에 아기는 엄마가 딴 곳을 보고 있을 때 자신에게 주의를 끌게 하는 방법을 알게 된다. 바둥바둥 손발을 움직이고 때로는 소리까지 내서 엄마에게 이 쪽을 봐 달라고 조르기도 한다.

👂 듣는 힘

성난 목소리에는 겁을 낸다

아기는 몸을 매우 능숙하게 움직여 소리를 찾아 둘러볼 수 있게 된다. 소리와 그 음원을 관련지어 찾을 수 있게 된 것이다.

이렇게 하여 아기는 소리에 대한 지식을 쌓아 나간다. 아직 눈만 움직이지는 못해 머리 전체를 돌려야 하지만 말이다.

사람이 내는 소리를 무엇보다 흥미로워하여 소리의 주인공이 보이지 않을 때는 몸 전체를 움직여서 찾아내려 애쓴다. 또 소리를 잘 듣기 위해 몸의 움직임을 멈추고 가만히 귀를 기울일 때도 있다.

아기는 들은 말과 그 의미를 연결지으려 하기 시작한다. 또한 목소리의 상태에 따라 다른 반응을 보인다. 엄마의 목소리라도 엄마가 기뻐하는 것인가, 하면 안 돼요 하고 말하는 것인가 알고, 성난 목소리에는 겁을 낸다.

아기는 자신이 내는 소리를 주의 깊게 듣고 혀와 입술을 여러 가지 방법으로 움직여 본 뒤 자신의 입에서 나오는 소리를 확인하며 즐기고 있는 것 같다.

아기는 사람이 내는 소리를 무엇보다 흥미로워하여 소리의 주인공이 보이지 않을 때는 몸 전체를 움직여서 찾아내려 애쓴다. 소리를 잘 듣기 위해 움직임을 멈추고 가만히 귀 기울일 때도 있다.

만 4~5개월

🔊 언어 발달

자신의 이름을 알아 부르면 쳐다본다

아기는 점점 주위의 세계를 인식하고 다양한 것들을 알게 되며, 지금부터 일어날 일을 기다리게 된다. 예를 들어 젖 먹일 준비를 하는 소리를 들으면 들떠서 부산을 떨고, 말을 걸거나 음악을 들려주면 울음을 멈추기도 한다.

아기는 이미 말의 '덩어리'를 어떤 활동이나 상황과 관련지어 받아들이고 있다. 박자를 붙인 '높—이, 높—이'나 '자, 안아줄까?' 등을 들으면 양 팔을 높이 들어올리는 식이다. 말과 의미가 처음으로 연결되는 마법과 같은 순간도 이 시기에 찾아온다. 자신의 이름을 알게 되어, 이름을 부르면 곧바로 부른 사람을 찾기 시작한다. 특정한 소리의 연결이 무엇을 의미하는지 아는 듯하다.

이렇게 일찍부터 의미를 알게 되지만, 아기가 말을 하는 것은 한참 지나서부터이다.

눈으로 쫓는 것이 아주 능숙해져 20주 무렵에는 가까이서 이야기하고 있는 사람은 모두 찾아낸다. 이로써 어른과 아기가 같은 대상에 주의를 기울일 수 있는 기회가 전보다 늘어난다.

 이즈음이 되면 아기는 본 것의 의미를 척척 알고, 다른 아기가 놀고 있는 것을 보고 즐거워한다. 또 엄마가 하는 일의 의미를 알기 시작하는데, 그것은 바깥 세계를 이해하는 것으로 이어진다.

 혼자 있을 때나 누군가와 함께 있을 때 곧잘 소리를 내서 놀고, 소리의 폭도 넓어진다. 그(g)나 크(k) 등 입 뒤쪽에서 만드는 소리도 낼 수 있으며 기분이 나쁠 때만 내는 독특한 소리도 나타나게 된다. 이것은 아기에 따라 다르기 때문에 가까운 사람이 아니면 알 수 없다.

 아기의 커뮤니케이션 의도는 아직 분명하지 않다. 그러나 움직임과 소리, 표정이 풍부해지므로 아기가 원하는 것을 쉽사리 알 수 있게 된다. 아기가 바라는 대로 놀아 주는 것이 언어 발달에 큰 도움이 된다.

♀ 전반적 발달 양상

뭐든지 입으로 가져가 확인한다

 몸을 곧잘 움직일 수 있게 되므로 커뮤니케이션도 쉬워진다. 조금 부축해 주면 앉을 수 있고 머리를 돌린다. 엎어 놓으면 머리를 들 수 있다. 이 시기에 뒤집기를 하는 아기도 있다.

 스스로 움직일 수 있게 되면 다른 각도에서 사물이나 움직임을 볼 수 있게 된다.

 아기는 사물에 가까이 다가가 손으로 잡을 수 있게 되지만, 때로는 손을 지나치게 멀리 뻗는다. 뭐든지 입으로 가져가는 것은 이 시기에 사물을 확인하는 수단이다. 자신의 손이나 발에 흥미를 갖고 손가락 발가락으로 즐겁게 논다.

👁 주의를 기울이는 힘

아주 짧은 시간 동안만 집중할 수 있다

그다지 큰 변화는 없다. 아주 짧은 시간 주의를 집중할 수 있지만 곧 흐트러진다. 엄마가 자신에게 관심을 보이지 않는다고 생각하면 봐 달라고 큰 소리를 낸다.

👂 듣는 힘

익숙한 소리의 의미를 전보다 더 잘 안다

아직 눈만을 움직일 수는 없기 때문에 머리 전체를 움직여야 하지만 음원을 찾는 것은 능숙해진다.

가까운 데서 들려오면 누구의 소리든지 돌아본다. 가장 잘 아는 것은 물론 가족의 목소리이다. 친숙한 소리의 의미를 알게 되어 열쇠 돌리는 소리 등에 매우 기뻐한다. 음악도 좋아하게 되어 노래를 불러 주면 무척 즐거워한다. 음악적인 소리에도 가만히 귀를 기울이게 된다.

매우 흥미로운 조사가 몇 가지 있다. 이 월령의 아기는 엄마가 말하는 액센트, 박자를 알아차려 이야기의 중요한 부분을 이해하고 있다는 것이다. '언어습득장치'가 작동하기 시작한 것이다.

만 5~6개월

🔊 언어 발달

사람을 향해 옹알이를 한다

이 무렵 아기는 대인관계에서 획기적으로 성장한다. 처음으로 사람을 알아보는 것이다. 낯선 어른을 보면 낯가림을 하지만 같은 또래의 아기에게는 미소지어 보이거나 소리를 내어 친근감을 표시한다.

아기는 '안 돼요'라든가 '위험해' 등의 의미를 알고 여러 가지 다양한 기분도 알기 시작한다. 이것은 후에 '흉내놀이'로 연결된다. '아빠'나 '바이바이' 등 단어의 의미를 아는 것은 놀라운 일이다. 물론 이러한 단어를 스스로 구사할 수 있게 되는 것은 훨씬 뒤의 일이지만.

아기는 매일의 일과를 기억하고 있어서 멋지게 협력해 준다. '안 돼'의 의미도 이전에 비해 잘 알게 되고 어른의 말에 절반 정도는 따라 준다.

이 시기에는 소리를 내고 사용하는 방법에서 커다란 변화를 보인다. 자음의 종류가 늘고 입 뒤쪽에서 내는 그(g)나 크(k) 등의 소리도 섞어 쓴다. 또한 같은 소리를 여러 번 반복하는 옹알이가 시작된다. 입 앞 쪽에서 만드는 '마마' '다다' '바바' 따위 말하기 쉬운 소리를 주로 낸다. 생애 첫 단어를 말하는 것이라고 생각하기 쉽지만 진짜 첫말은 조금 더 지나야 한다.

아기는 소리를 즐기고 있다. 커뮤니케이션의 측면에서 대단히 중요한 것은 아기가 사람을 향해서 옹알이를 한다는 것이다. 주위사람들이 여러 가지 소리를 내는 것을 인식하고 그 게임에 자신도 끼워 주기를 바라고 있는 듯하다.

다른 사람이 입을 다물고 있는 동안 기다리지 않고 소리를 내며 음악에 맞춰 노래하기 시작하는 경우도 있다. 때로는 동작까지 곁들여서 기침하는 것을 흉내내고는 재미있어한다.

아기가 내는 소리는 아기의 주변에서 들려지는 말(모국어)에 포함되는 소리로 한정되게 되고, 그 말에 없는 소리는 사라져 간다.(둘 이상의 언어를 듣고 지내는 아기는 양쪽의 언어에 대해 이것이 가능하다. 신생아 시기나 아주 어릴 때 그 나라의 언어를 들은 사람만이 완벽한 액센트로 말할 수 있게 되는 것은 이 때문이다)

전반적 발달 양상

눈과 손이 함께 움직인다

아기는 부축하지 않아도 앉을 수 있으며, 엎어 놓으면 길 듯한 기색을 보인다. 몸을 이리저리 뒤칠 수 있으므로 보이는 범위가 한층 넓어진다. 아기는 안겨서 둘러보는 것을 매우 좋아해서 어른에게 팔을 뻗어 안아 달라고 졸라댄다.

겨냥하고 있는 대상에 손을 뻗는 것도 한결 정확해지므로 어른도 아기가 무엇을 갖고 싶어하는지 알기 쉬워진다. 소리를 내면서 손을 뻗는 경우도 있다.

아기는 손을 뻗어 물건을 쥐고는 탐색한다. 이 시기는 무엇이든 같은 방법으로 탐색한다. 두드리거나 밟고 입으로 가져가거나 하는 것이다. 그럼으로써 아기는 어떤 장난감을 두드리면 어떤 특정한 소리가 난다는 것을 알게 된다. 원인과 결과의 짝짓기가 시작되는 것이다.

이 같은 일이 가능한 것은 손끝이 민첩해진 덕분이다.

눈과 손이 함께 움직이므로 물건을 생각대로 다룰 수 있게 된다. 한 손으로 잡거나 테이블에서 장난감을 집어올리고, 눈 앞의 장난감을 단단히 쥘 수 있다. 아직 쥐었던 물건을 스스로 손에서 놓지는 못한다. 한 번에 두 개를 쥐는 것도 무리이다. 두 개째의 장난감을 쥐어 주면 처음 것은 떨어뜨린다. 컵은 마시는 데 필요한 물건이라는 식으로 사물의 쓰임새도 알게 된다.

이 월령의 아기는 무엇이든 질려하지 않고 열심히 쳐다본다. 또 어른의 표정을 흉내내고는 즐거워한다. 손이 닿지 않는 곳으로 굴러가 버린 장난감을 찾는 것도 하나의 진보이다.

👁 주의를 기울이는 힘

관심을 끄는 사물에 집중하는 능력이 나타난다

이 월령의 진보는 완만하지만 발달면에서는 대단히 중요한 시기이다. 주의를 기울이고 있는 시간이 길어지는데 그것은 다음과 같은 경우이다.

- 의미가 있는 사물이나 활동
- 아기가 스스로 관심을 보인 사물이나 활동
- 가까이 있는 사물이나 가까이서 일어나는 일

이것은 소리를 가려듣고 재미있어 보이는 대상에 집중하는 능력이 생겼다는 것을 의미한다. 이제부터의 학습에 반드시 필요한 능력이다.

그래도 주의를 흐트러지게 하는 것이 있으면 곧바로 산만해진다. 또한 한

번에 한 가지 감각에만 주의를 기울일 수 있다. 듣거나 보거나 만지거나 중 어느 한 가지만이다. 손이나 입으로 탐색하는 데 완전히 빠져 있을 때 귀는 듣고 있지 않는 식이다. 이럴 때는 사람과 눈을 맞추는 일도 거의 없을 것이다. 아기의 귀에 이상이 있는 게 아닐까, 혹은 자폐증이 아닐까 하고 걱정할 수도 있겠지만 그렇지 않다. 아기는 단지 바쁠 뿐이다.

이 무렵의 발달에서 가장 중요한 것은 어른의 시선을 쫓을 수 있게 된다는 것이다. 이로써 아기와 엄마는 둘이서 같은 사물이나 움직임에 주목(공동주의)할 수 있게 된다. 무궁무진한 배움터의 입구까지 온 것이다.

아기는 어른이 장난감을 다루는 모습을 가만히 지켜보고 흉내내려고 한다. 함께 놀 때는 같은 것에 주의를 집중할 수 있다. 이것 또한 훗날의 학습에 아주 중요하다.

듣는 힘

가깝고 먼 소리를 구별한다

몇 가지 의미 있는 발달이 일어난다. 아기는 음원을 찾기 위해 이전보다 빨리 시선 방향을 바꿀 수 있지만, 이 시기에는 아직 그 소리가 가까이서 그리고 귀와 같은 높이로부터 들려오는 경우에만 음원을 발견할 수 있다.

머리 위에서 들려오는 소리, 귀와 같은 높이일지라도 멀리 떨어진 장소에서 들려오는 소리, 자신보다 아래쪽에서 들려오는 소리 등은 여기저기 둘러보아 가까스로 발견한다.

아기는 듣는 행위에 흥미를 나타내어 주위의 다양한 소리가 어디서 오는가 이곳 저곳 둘러보고 소리와 그 소리가 나는 사물의 관계를 알게 된다. 아기가 듣고 있을 수 있는 시간은 매우 짧지만, 그 소리가 무엇을 의미하는지 알면 조금 길게 듣고 있을 수 있다. 아직은 곧바로 주의가 흐트러지는 정도이기는 하다. 하지만 아기는 가까이서 나는 소리와 멀리서 나는 소리를 구별할 수 있게 된다.

태어나서 처음으로 아기는 보는 것과 듣는 것을 동시에 할 수 있게 된다. 지금까지는 전혀 불가능했던 눈부신 성장이지만, 이 시기에는 아직 하나의 능력으로서 안정되어 있지는 않다. 다시 말해 언제나 되는 것이 아니라 어쩌다가 되는 것이다.

동시에 보고 듣기는 주위의 조건에도 좌우된다. 주위가 조용하고 보는 대상과 듣는 대상이 동일하며 깊이 집중하고 있을 때만 가능하다.

손이나 입으로 무언가를 탐색하고 있을 때 아기의 귀는 전혀 들리지 않는다. 새 장난감을 줘도 앞서의 것에 대한 탐색을 다 마칠 때까지는 소용없다. 얼마간은 이 상태가 계속된다.

듣는 힘에는 아기마다 상당한 차가 있다. 생후 1년도 안 되어서 이렇게 차가 생기는 것은 환경에 좌우되고 있기 때문이라고 할 수 있겠다.

아기는 부축하지 않아도 앉을 수 있으며, 엎어놓으면 길 듯한 기색을 보인다. 아기는 안겨서 둘러보는 것을 좋아하여 어른에게 팔을 뻗어 안아달라고 졸라댄다.

BABYTALK PROGRAMME
하루 30분
말걸기 육아

하루 30분, 조용한 곳에서 아기에게 말을 걸면 아기 쪽에서 자신의 발달에 가장 도움이 되는 방향으로 어른을 이끌 것이다.

이 시기, 아기의 발육은 눈부시다.

매일 30분 아기와 둘만의 시간에 집중하자

별 문제가 없으면 아기는 먹고 자고 노는 생활리듬이 안정되어서 엄마도 그 덕분에 전보다 푹 잘 수 있게 될 것이다. 만약 그렇다면 젖을 먹이거나 기저귀 가는 시간이 아니라 하루 30분 둘이서만 즐기는 놀이시간을 만들자.

만약 아직 아기의 생활 리듬이 안정되어 있지 않다면 예전과 같은 방식으로 시간을 변통하도록 한다. 어떻든 부담이 되지 않도록 하는 것이 좋다.

엄마가 아기에게 몰두하는 것이 아기에게는 최고의 선물이다. 이 시간은 아기에게 가장 마음 편한 시간이다. 아기는 이 시간을 언제나 간절히 기다린다. 매일, 일정한 시간, 아기를 위해 그곳에 존재하며 아기와 교류해 주는 것만으로도 당신은 세계를 탐색하고 배울 훌륭한 학습의 기회를 당신의 소중한 아기에게 제공해 주는 셈이 된다.

시작하기 전 이것만은 챙기자

　방에 라디오, 비디오, 텔레비전 소리나 음악소리가 없이 매우 조용해야 한다.
　이 시기에 일어나는 발달 가운데 '듣는 힘'과 '주의를 기울이는 힘'에 관계된 발달은 아주 미미하지만 굉장히 중요하다. 그것은 주위에 신경을 흐트러지게 하는 것이 없을 경우에만 발달한다. 특히 듣기 능력은 주위에 방해되는 소리가 없어야만 잘 길러진다. 듣고 싶은 소리에만 집중하고 듣고 싶지 않은 소리를 무시하는 능력은 이 시기에 나타나지만, 아기가 그 능력을 키우기 위해서는 듣고 싶은 소리와 그 밖의 소리 사이에 어른의 경우보다 훨씬 큰 음량의 차이가 필요하기 때문이다.
　또한 아기는 자신이 내는 소리를 확실하게 들을 수 있어야 한다. 듣는 것이 확실하게 되면 아기는 혀와 입술의 움직임과 거기서 나오는 소리를 연결지어 기억할 수 있다. 그 때문에라도 조용한 장소여야 한다는 조건이 중요한 것이다.
　아기는 아직 쉽사리 주의가 흐트러진다. 주의를 기울일 수 있는 시간도 대단히 짧다. 때문에 좋아할 만한 것을 주위에 많이 준비해 두어, 만약 아기가 갖고 싶어하면 곧바로 건네줄 수 있도록 하자. 소리가 나는 것도 준비해 두면 틀림없이 좋아할 것이다.
　아기를 마주 안든가, 의자에 앉혀서 당신과 아기가 아주 가까이 있도록 하자. 이렇게 하면 아기는 당신의 입이 움직이는 것을 눈여겨 보고 소리를 구별할 수 있다. 장난감에 바로 손이 닿도록 해 두는 것도 잊지 않도록 한다.
　자, 그럼 '말걸기 육아'에서 꼭 지켜야 하는 대단히 중요한 원칙 하나를 말하겠다.
　어떤 사물이나 움직임에 주의를 계속하여 집중하라고 아기에게 강요해서는 안 된다. 아기가 주의를 기울이는 힘을 키우는 데 강요만큼 방해가 되는 것은 없다.(물론 훨씬 훗날에는 주목하라, 계속 집중하라, 하고 말해야 할

때도 있겠지만, 이 시기에는 필요 없으며 더구나 '말걸기 육아' 시간에는 절대로 필요 없다)

임란의 부모님은 임란이 전혀 지시를 따르지 않고 잘 놀지도 않으며 눈 뜨고 있는 동안에는 집안을 돌아다니며 물건을 부수는 통에 속수무책이었다.
부모님이 손을 쓰려 들면 들수록 임란은 놀이뿐만 아니라 먹는 것, 자는 것까지 부모님의 말을 거부했다. 어머니는 울면서 "물론 아이를 사랑하지만 저 애를 좋아하고 함께 있는 시간을 즐기기란 정말 어려워요" 하고 호소했다.
하지만 2주 동안 말 걸기 육아를 경험한 끝에 자신이 원하는 대로 관

아기를 마주 안든가 의자에 앉혀서 당신과 아기가 아주 가까이 있도록 하자. 이렇게 하면 아기는 당신의 입이 움직이는 것을 눈여겨 보고 소리를 구별할 수 있다.

심을 옮겨다녀도 괜찮다는 것을 알게 된 임란의 변화에 부모님은 정말이지 너무도 놀랐다. 임란은 다른 아이들이 노는 것처럼 놀고, 장난감을 갖고도 꽤 오래 놀며, 게다가 무엇보다 지시를 따르게 된 것이다. 어머니가 아이와 함께 즐거운 시간을 보낼 수 있게 된 것은 물론이다.

주의력이 발달하는 첫 시기에는 아기가 일단 관심을 거둔 다음에 무리하게 관심을 되돌리려 하면 다른 대상에 관심을 옮겨간 아기의 집중력을 망가뜨리고 만다.

만약 이런 일이 자주 일어나면 아기의 발달을 지연시켜 아기와 어른 모두 좌절감을 느끼게 될 뿐이다. 하지만 유감스럽게도 이런 일은 자주 일어난다. 이 점을 부모님께 잘 설명해 드리면 부모님의 태도가 변하고 부모님의 태도가 변하면 금세 아기가 변하게 된다.

얼마만큼 이야기하면 좋을까

아기가 '대답할' 틈을 갖는 것이 중요하므로 '말걸기 육아' 시간에는 일방적으로 이야기하지 않도록 한다. 그 대신에 두 사람 사이의 소리에 의한 '대화'에 신경을 쓰자. 엄마가 어떤 내용을 말한 다음 틈을 두어 아기에게 반응할 시간을 주고, 이번에는 아기가 틈을 두면 엄마가 대답한다. 그렇게 하면 두 사람이 동시에 입을 여는 경우가 이전보다 줄어들게 된다.

함께 하는 시간이 많아짐에 따라 아기와의 커뮤니케이션이나 상호작용에서 엄마는 점차 민감해져 능숙하게 대응할 수 있게 된다. 이때 엄마가 가장 바람직한 방법으로 응답할 수 있도록 이끌어주는 것은 바로 아기이다.

5개월 때 엄마가 이야기 사이에 틈을 둠으로써 아기에게 대화의 차례를 알리고 반응할 시간을 충분히 주면, 1세 1개월이 되었을 때 아기가 주의를 집중할 수 있는 시간이 길어지고 언어에 대한 이해수준이 높아진다는 연구 결과가 있다.

어떻게 말을 걸까

이 3개월간 처음에는 말걸기 대부분이 엄마와 아기의 관계 맺기 놀이 중에 이루어진다. 그러다가 시간이 흐르면 아기가 장난감이나 다른 사물에 점점 흥미를 가지므로 물건이 놀이 가운데로 들어온다. 얼마만큼 엄마와 놀고 얼마만큼 물건을 갖고 놀 것인가는 아기가 능숙하게 균형을 잡을 것이다.

이 시기에는 월령별 말걸기 방법이 그다지 다르지 않으므로 '말걸기 육아'에서는 3개월분이 하나의 단위로 되어 있다.

아기가 내는 소리에 부지런히 대답하자. 아기가 내는 소리의 마지막 소리, 혹은 하나의 소리를 흉내낸다. 예를 들어 아기가 '우—'라고 하면 당신은 '우우—', '아이아이'에는 '아이아이아이'라고 대답한다.(길게 늘려도 재미있을 것이다)

이것이 교대로 하기의 원형이다. 대화에서 대단히 중요한 견인차가 된다. 자신의 소리를 되돌려주면 아기는 쉽게 집중하고 그만큼 주의력 발달에 크게 도움이 된다. 아기가 내는 소리에 엄마가 분명하게 답해 주면 아기가 무척 기뻐하므로 엄마도 더 하고 싶어질 것이다. 하면 할수록 아기는 점점 더 왕성하게 소리를 낸다. 조금 지나면 아기쪽에서 엄마에게 소리를 되돌려주게 되어 멋진 '대화'가 성립된다.

이것은 아기가 자신이 내는 소리를 인식하는 데도 도움이 된다. 아기는 입술과 혀를 움직이는 방법에 따라 다른 소리가 나는 것을 이해한다.

소리를 되돌려주는 것이 중요한 또 한 가지 이유가 있다. 그것은 소리를 듣는 것은 즐겁고 도움이 된다는 사실을 아기에게 알려주는 데 가장 좋은 방법이기 때문이다. 이것은 대단히 중요한 메시지로서, 말걸기 육아 전체의 테마이기도 하다.

  소리 되돌려주기는 이 3개월 동안 계속하자. 아기는 틀림없이 매우 좋아할 것이다. 단, 이 점은 꼭 지켜 줘야 한다. 소리에 의한 대화로 나아가기 위해서는 아기가 낸 소리를 그대로 흉내내어 되돌려준다. 어른의 소리를 흉내 내게 하려는 시도는 절대로 안 된다.

  어른은 '제대로 된' 말로써만 아기에게 말을 걸어야 한다는 통설이 있지만, 그것은 틀린 생각이다.

  내가 경험했던 대단히 흥미로운 에피소드를 하나 소개하겠다.

수지와 샤롯은 여러 가지 점에서 매우 비슷한 환경에서 자랐다. 둘 다 첫째 아이인 만큼 대가족 가운데서 한 몸에 사랑을 받았다. 무척 귀엽고 영리했다. 차이점은 단 하나. 그것은 아기가 내는 소리에 대한 엄마의 태도였다.

샤롯의 엄마는 아기의 소리에 기뻐하며 응답하여 같은 소리를 되돌려주었는데, 이것이 둘 사이의 대화라고 느꼈다. 샤롯은 그에 반응하여 점점 더 소리를 내면서 자신의 소리와 엄마의 소리 모두를 무척 즐겼.

그와 달리 수지의 엄마는 수지로 하여금 흉내내게 하기 위해 소리를 내는 것이 자신의 역할이라고 생각했다. 자신이 소리를 내고 수지가 그것을 따라하는 것을 초조해 하면서 기다렸다.

흥미로운 것은 아기는 커뮤니케이션이 어떤 것인지를 잘 아는 것 같다는 점이다. 때문에 엄마의 무리한 요구가 거듭되자 수지는 차차 소리를 내지 않게 되었다. 결국 기세가 꺾인 엄마는 수지가 1세 4개월이 되었을 때 나의 클리닉에 데리고 왔다.

놀이 소리라 하여 유별난 것으로 생각할 필요는 없다.
공이 굴러가면 '데굴데굴데굴' 하는 식의 단순한
소리로 충분하다.

말걸기 육아를 시작하고 몇 주가 지나자 수지는 제 또래와 같은 수준의 소리를 내게 되었고, 수지와 엄마는 함께 즐길 수 있게 되었다.

아기가 관심을 보이는 사물에 놀이 소리를 풍부하게 덧붙여 주자

놀이 소리라 하여 유별난 것으로 생각할 필요는 없다. 공이 굴러가면 '데굴데굴데굴' 하는 식의 단순한 소리로 충분하다. 또 서로의 동작에 붙이는 반복 어구라는 형태도 취할 수 있다. 아기를 안아 올리면서 '높이 높이'라든가 손가락을 배에다 대고 피아노 치듯 하면서 '딩동딩동딩동' 하는 식이다. 소리의 반복은 놀이를 한층 재미있게 해 준다.

의성어, 의태어 등의 놀이 소리에는 중요한 목적이 여럿 있다. 아기의 주의를 끌고 의식을 일깨워 두는 데 큰 도움이 될 뿐만 아니라 소리를 듣는 것은 매우 즐겁다는 메시지를 전달한다.

아기는 입술을 둥글게 만들거나 말을 하려는 듯한 모습을 보이기 시작할지도 모른다. 그럴 때는 아기는 당신의 얼굴을 가만히 바라보곤 할 것이다.

짧고 간단한 문장을 쓰자

짧고 단순한 문장을 쓰고, 단어 사이에 충분히 틈을 두어서 말을 건다. 이 월령의 아기가 좋아해서 가장 잘 집중하는 방식이다. "아빠구나. 집에 돌아오셨네. 아빠야"라고 말하는 것이, "아빠 자동차 소리가 들리네. 이제 금방 들어오시겠네"라고 말하는 것보다 아기에게는 훨씬 재미있다.

짧고 가락이 좋은 문장은 느낌을 표현하기에 좋다. 자연히 두 사람의 느낌도 잘 통하게 된다. 이 시기 후반에는 아기가 말과 그 의미를 연결짓는 데 도움이 된다는 측면에서도 짧고 가락이 좋은 문장을 사용해야 한다. 이 조건이 충족되는 대화를 들으면 4개월 된 아기는 훨씬 더 관심을 가진다.

말놀이를 시작하자

말 흉내내기 놀이와 교대로 하는 놀이는 매우 즐거울 뿐 아니라 대화의 기초가 되는 놀이이다.

아기는 다음에는 무엇이 나올까 기대하며 기다리는 것을 배운다. 이전에는 엄마가 혼자서 놀이를 진행했지만 아기가 만 6개월에 가까워지면 어엿한 한 사람 몫의 상대가 될 것이다.

아기가 소리를 내는 사이에 분명히 알 수 있도록 뚜렷하게 틈을 두어 이번에는 엄마 차례예요 하고 기다리는 경우가 있다. 예를 들어 아기는 '아 다 바바……' 하고 소리를 낸 다음 당신이 그 소리를 반복하여 줄 것을 기대하여 가만히 쳐다보고 있을 것이다.

4개월째에 들어서면 간질이기 놀이나 몸을 사용하는 놀이를 시작할 수 있다. 손가락 발가락을 헤아리는 간단한 놀이나 조금 더 복잡하게 몸을 사용하는 놀이 등이다. 아기에게 꼭 맞는 동요나 손가락놀이 노래가 여럿 있다.(만약 어떻게 하는 것인지 잊어버렸다면 도서관에 가 보자. 가사나 곡조

만이 아니라 손가락 움직임을 설명해 놓은 책도 있다)

그 다음, 부드러운 곰인형을 이용하여 '눈, 코, 뺨'을 가리키든가, 숟가락을 이용하여 '탕 탕 탕' 하고 소리를 내는 것도 좋겠다. 항상 표정을 생생하게 지으면서 하자. 아기는 엄마의 생생한 표정을 보고 있을 때 소리를 더 많이 낸다.

엄마가 다음에 무엇을 할 것인가 아기가 예상할 수 있는 게임으로는 우선, 교대로 주고받는 놀이를 들 수 있다. 4개월째는 예를 들어 당신의 얼굴을 아기에게 천천히 근접시키고는 아기가 '까꿍'을 기다릴 수 있는 시간을 준다. 생후 6개월이 되면 서로 손을 마주치는 게임을 즐길 수 있다.

생후 5~6개월에는 동요나 몸의 움직임이 곁들여지는 노래를 불러 주자. 아기는 무척 좋아한다. 박자가 뚜렷한 노래를 골라 몇 번이고 같은 노래를 되풀이하면 귀에 익어 아기는 다음을 기다린다. 이 시기가 끝날 무렵에는 노를 젓는 동작을 하면서 '영차 영차 노를 젓자'라는 식의 노래를 무엇보다 좋아한다.

만 5개월까지는 박자, 리듬, 액센트의 형태를 인식하게 된다. 이것은 대화의 의미를 아는 데 대단히 중요한 요소이다.

아기가 무엇에 관심을 기울이고 있는지 살펴보자

아기가 무엇에 관심을 기울이고 있는지 잘 살펴보자. 예를 들어 아기가 엄마를 보거든 둘이서 놀기 시작하자. 아기가 무언가 사물을 보거든 그것을 아기에게 건네서 이름을 말해 주거나 알맞은 소리를 들려주자.

이 시기에는 아직 어른이 놀이를 시작하는 경우가 대부분인데, 아기가 재미없어하는 것 같으면 바로 그만두어야 한다. 아기가 장난감을 쳐다보면 곧바로 그것을 가지고 와서 놀이에 끼워 넣는 게 좋다.

아기의 흥미에 어른이 맞춰나가는 것. 이것이 '말걸기 육아' 전체를 통해 중요한 원칙이다. 이것은 아기가 자라 언어와 의미를 연결지을 때, 그리고 아기의 주의력 발달을 돕는 데 대단히 도움이 된다.

만 6개월까지는 아기는 보는 것과 듣는 것을 동시에 할 수 없다는 것을 잊지 말아야 한다. 가능할 때도 있지만 그것은 다음과 같은 경우이다.

- 달리 주의를 흐트러지게 하는 것이 없을 때
- 아기가 스스로 선택한 대상에 주의를 기울이고 있을 때
- 보는 것과 듣는 대상이 동일한 것일 때

예를 들어 아기가 소리가 나는 장난감을 보고 있거나, 당신이 아기의 주의를 끌고 있는 대상에 관해 이야기하거나 노래하고 있을 때이다.

어른이 아기의 관심대상에 맞추는 것은 보는 것과 듣는 것을 동시에 할 수 있게 하기 위한 소중한 첫걸음이 된다.

바쁠 때도 아기가 곁에 있다면 실황방송을 하자. "쇼핑하러 갈까? 역시 안 되겠네. 비가 올 것 같으니까 내일 가도록 하지" 하는 식이다.

아기에게 질문할 때는

"한 번 더 해 볼까?"라거나 "이 예쁜 아기가 누구지?" 등 정말로 대답을 들으려고 하는 것이 아닌 질문이라면 괜찮다. "이것은 뭐—지?" 하고 말할 때도 있겠지만 이것도 대답을 요구하기 위한 질문은 아니다. 아기가 흥미를 가질 만한 대상에 관해 당신이 말해 주고 있는 것이라면 이것도 괜찮다. 그리고 질문한 다음 잠시 기다려서 아기에게 반응할 시간을 주자.

'말걸기 육아' 시간 이외에는

바쁠 때도 아기가 곁에 있다면 주위에서 일어나는 일이나 당신이 생각하고 있는 것을 실황방송해 주자. "쇼핑하러 갈까? 역시 안 되겠네. 비가 올 것 같으니까 내일 가도록 하지" 하는 식으로.

물론 아기는 당신이 말하고 있는 내용을 모른다. 그래도 아기에게 말의 리듬과 느낌을 들려주는 데 도움이 된다.

놀이

말을 가르치는 데 놀이는 언제나 가장 좋은 수단이다. 여기서는 편의상 월령별로 나누었지만 놀이는 월령을 넘어 중복되는 경우가 많다.

이 시기의 놀이는 크게 나눠 두 종류이다.
- 최초의 3개월과 마찬가지로 어른과 아기가 일 대 일로 관계하는 놀이
- 아기가 몸을 움직이고 눈과 손을 함께 사용하여 주위를 탐색할 수 있게 되어 가능해진, 사물을 이용한 놀이

만 3~4개월

반복이 있는 상호작용 놀이가 시작되는데, 아기와 어른 모두에게 대단히 즐거운 시간이다. 둘의 움직임이 잘 들어맞으면 아기는 다음은 어떻게 될까 가슴을 두근거리며 기다린다.

몸의 일부를 사용하는 놀이는 아기가 자신의 몸을 의식하기 시작했음을 의미하는 것으로 오랫동안 즐길 수 있다. 몸을 간질이면 아기는 손발을 파닥대면서 즐거워할 것이다.

동요는 유아기부터 어린 시절 내내 놀이의 소중한 일부분이다. 아기는 언

어의 리듬에 흥미를 갖고 있으므로 리드미컬한 움직임을 붙여 주면 무엇보다 좋아한다.

물건을 갖고 놀 수 있게도 된다. 아기는 안정되지 않은 손놀림으로 물건을 탐색하며 즐긴다. 입으로 탐색하는 것도 좋아한다. 이렇게 탐색하며 언제나 배우고 있는 것이다.

만 4~5개월

아주 단순한 상호작용 놀이를 매우 좋아하는데, 다음에는 상대가 무엇을 할까 하고 기대하는 것이 재미있어진다. '까꿍' 놀이는 이 시기에 언제 해도 무척이나 좋아한다.

아기는 각각의 역할을 알고 있어서 얼굴을 감추고 있는 사람이 언제 까꿍 하고 얼굴을 내밀까 숨을 죽이고 가슴을 두근거리며 기다린다.

아기는 더 놀고 싶을 때는 뚜렷하게 그것을 표현한다. 다음에 어떻게 될 것인가 짐작할 수 있는 정해진 되풀이를 무척 좋아해서 어느새 자신도 적극적으로 참여하기 시작한다. 사람과 관계 맺기의 기초가 만들어지고, 커뮤니케이션이 무엇인지를 알게 된다. 몸의 일부를 사용하는 놀이도 매우 좋아해서 손가락 발가락으로 놀기 시작한다.

아기는 물건에 손을 뻗쳐 잡을 수 있게 된다. 여전히 손과 입을 사용하여 물건을 탐색하는데, 문지르기나 두드리기도 자주 시도한다.

문지르고 두드려 소리가 나면 원인과 결과라는 관계를 알게 된다. 사물에는 다양한 색, 감촉, 형태가 있다는 것도 안다.

아기는 놀이를 하고 있는 어른이나 아이를 지켜보면서 배운다. 장난감을 갖고 노는 것을 흉내내거나 놀이에 참여하려고 한다. 노는 시간도 길어지고 더 놀고 싶으면 분명하게 보챈다.

만 5~6개월

　이 2개월 동안 즐겼던 상호작용 놀이에 아기는 한 사람 몫으로 참여한다. '쎄쎄쎄'처럼 소리를 내고 움직임이 있는 게임을 무척 좋아한다. 어른이 무릎에 앉히고 간질이면 흥분해서 소리를 지르고, 몸을 높이 들어올려 흔들어 주는 것도 좋아한다.

　눈과 손이 함께 움직이므로 장난감 따위를 손이나 입으로만이 아니라 눈으로도 열심히 탐색한다. 완전히 집중해 버리면 어른에게는 눈길도 주지 않는다.

　아기는 엄마를 비롯한 다른 사람의 행동을 이전에 비해 훨씬 잘 쳐다본다. 그렇게 하여 사물의 사용방법이나 작업의 순서를 익혀서는 나중에 놀이에 써먹는 것이다. 이 시기는 하나의 사물에 주의를 집중하는 시간이 매우 짧으므로 곧바로 다음으로 옮겨갈 수 있도록 다양한 감촉과 형태, 색을 가진 물건들이 필요하다.

문지르고 두들겨 보아 소리가 나면 아기는 원인과 결과라는 관계를 알게 된다. 사물에는 다양한 색, 감촉, 형태가 있다는 것도 안다.

장난감 상자

- ▶ 유모차에 매다는 장난감
- ▶ 링으로 된 딸랑이와 거울이 달려 있는 딸랑이
- ▶ 옷감으로 만든 부드러운 입방체
- ▶ 부드러운 천 조각
- ▶ 부드러운 공이나 콩을 넣어 만든 헝겊 주머니
- ▶ 방울 등 소리를 내는 것
- ▶ 차임벨
- ▶ 곰인형 등 부드럽고 쥐기 쉬운 것

텔레비전과 비디오

맨 처음 3개월에 언급한 사항(48쪽)이 여기에서도 해당된다. 아기의 생활에 텔레비전이나 비디오가 끼어들 여지는 없다. 아기에게 필요한 것은 뭐니뭐니 해도 같이 놀아 줄 사람이다.

summary

여기 씌어져 있는 것은 평균적인 발달양상이다. 아기에 따라 제각각 발달의 정도는 다르다. 당신의 아기가 여기 씌어 있는 것을 모두 다 할 수는 없다고 해도 염려할 필요는 없지만, 만 6개월에 아래서 제시한 '이럴 땐 전문가에게'에 해당되는 경우는 말 그대로 전문가에게 상담해 보길 권한다. 또 아기에 대해 의문나는 사항이 있으면 언제라도 보건소나 늘 다니는 병원에 데리고 가자.

만 6개월 무렵의 아기들은
- 무서운 목소리와 상냥한 목소리를 구별해 동작과 표정으로 반응한다.
- '바이바이' '아빠' 등 자주 듣는 단어를 인식하기 시작한다.
- '자, 안아 줄까' 등으로 말을 걸면 응답한다.
- '안 돼' 라는 말의 의미를 아는 듯, 때로는 하고 있던 행동을 멈춘다.
- 혼자 있을 때나 그렇지 않을 때나 곧잘 소리를 내며 논다.
- 소리로 '대화' 를 시작한다. 분명히 누군가를 향해서 소리를 낸다.

이럴 땐 전문가에게
- 이야기하고 있는 사람을 찾으려 애쓰지 않는다.
- 움직이는 것을 눈으로 쫓는 일이 거의 없다.
- 말을 걸어도 좀체로 소리로 답하지 않다.
- 자음과 모음이 들어간 '파' 나 '구ㅡ' 같은 옹알이를 하지 않는다.
- 울 때 외에는 소리를 거의 내지 않는다.

참고문헌

G. Bremner
'Object Tracking and Search in Infancy' in
Developmental Review, 5, pp. 371-396 (1985)

J. Ryther-Duncan, D. Scheumeman, J. Bradley, M. Jensen, D. Hansen & P. Kaplan
'Infant Versus Adult Directed Speech as Signals for Faces'
Poster at Biennial Meeting of SRCD New Orleans (1993)

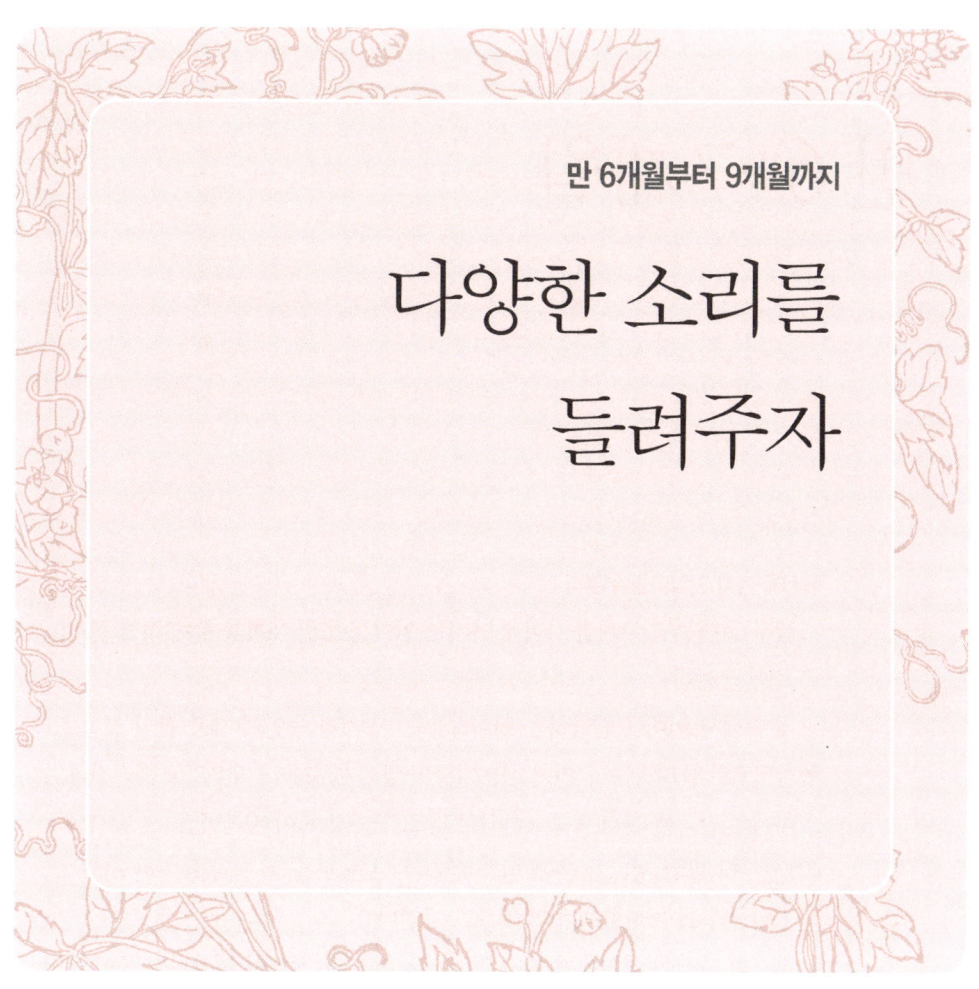

만 6개월부터 9개월까지

다양한 소리를 들려주자

아기가 언어에 대해 강한 호기심을 내비치는 이 시기,
아기가 표정이나 태도로 표현하고자 하는 것을 당신이 말로써
대신 표현해 주는 것은 대단히 중요하다.
이유를 알 수는 없지만 아기가 울고 있을 때
"우리 아기, 슬픈 게로구나, 우리 강아지가 슬퍼?" 하는 식이다.
이러한 말걸기를 통해 아기는 언어를 잘 이해하게 된다.

만 6~7개월

🔊 언어 발달

목적을 가지고 엄마를 부른다

생후 6개월부터 9개월 사이에 아기는 언어를 통한 대화를 향해 성큼 한 걸음 떼어 놓는다.

뇌 속에서 언어를 담당하는 언어중추는 이 기간 동안에 세포 간의 결합을 폭발적으로 늘려가는데, 받아들인 자극의 양이 클수록 증가속도도 빨라진다.

아기의 발육에 환경이 중요하다고 강조하는 것은 이 때문이다. 사실, 생후 6개월부터 발달 정도가 눈에 띄게 차이가 나는 것은, 유전과 동일한 정도로 환경이 영향을 미치기 때문인 것으로 보인다.

부모의 관심이 아기에게 쏠려 있는 시간이 긴 가정에서 성장하는 쪽이, 수많은 아이들이 수용되어 있는 보육시설에서 성장하는 것에 비해 발달이 양호하다는 사실은 여러 연구에서 밝혀지고 있다.

아기는 태어났을 때부터 언어에 대한 흥미를 나타내는데, 이 시기에는 이미 가까운 사물이나 사람의 이름을 알게 된다. 6개월째는 그 자리에 없는 가족의 이름을 들으면 주위를 둘러보기 시작한다.

또한 이 시기에는 자주 듣는 말의 의미를 이해하여 몸짓으로 표현한다. 예를 들어 '바이바이'를 들으면 손을 흔든다.(이것은 말이 통하지 않는 낯선 나라에 갔을 때 얼마간 시간이 지나면 갑자기 몇 가지 단어의 의미를 저절로 알게 되는 느낌과 비슷하다)

단, 아기가 그 말의 의미를 인식하는 것은 낯익은 장면에서 들었을 경우로 한정된다. 매일 아침 아버지가 출근하는 장면에서는 바이바이가 되지만, 익숙하지 않은 장면에서는 바이바이의 몸짓은 나오지 않는다. 처음으로 방문한 집에서 돌아올 때는 바이바이를 하지 않아 부모가 이상하게 생각하는 경우가 좋은 예가 될 것이다.

또한 아기는 언어의 의미를 알기에 훨씬 앞서 언어에 나타나는 감정을 이해한다. 엄마나 아빠가 기뻐하고 있는가, 화내고 있는가 아기는 아주 잘 안다.

음악이나 노래 듣기를 무척 좋아해서 몸 전체로 감정을 표현한다. 또한 자신의 이름을 한층 뚜렷하게 안다. 이름을 불렀을 때는 곧잘 소리를 내서 응답한다.

이 시기에는 다양한 커뮤니케이션 행동이 보인다. 몸짓으로 인사를 하고, 싫을 때는 밀어내며, 자신에게로 주의를 끌고 싶을 때는 사람을 잡아당기고, 갖고 싶은 것이 있으면 그것을 끌어당긴다. 자신이 알고 있다는 사실을 표정으로 나타낼 수도 있다. 아기는 커뮤니케이션이 능숙해져 다양한 방법을 구사하여 주변사람들을 뜻대로 움직인다.

빠르면 6개월 무렵, 원하는 것이 있을 때는 소리를 내는 것이 제일이라는 것을 안다. 소리를 내면 엄마가 와 주므로 목적을 갖고 엄마를 '부르게' 된다. 아기는 다른 아기를 향해 곧잘 소리를 내고, 목적을 갖고 옹알이로 말을 걸며, 소리로 '대화'에 참여하려 애쓴다.

이 3개월 동안에 아기는 입술이나 혀의 움직임과 나오는 소리의 관계를 잘 알게 된다. 닫힌 입술을 떼면서 '푸'라는 소리를 낼 수 있다는 식이다. 이것은 말소리(말할 때 사용되는 소리)를 만드는 구조의 발달에 대단히 중요하다.

아기는 주위에서 사용하는 언어(모국어)에 들어 있는 소리를 많이 내게 되는 한편 그 언어에 없는 소리는 내지 않게 된다. 그 때문에 가까이서 들을 기회가 없는 언어의 말소리의 차이를 식별하는 힘은 크게 감소한다. 반면, 친숙한 언어의 소리 차이는 매우 미묘한 것까지 구별할 수 있게 된다.

아기는 자신이 내는 소리를 인식하고, 같은 소리를 되풀이하여 내는 것을 즐긴다. 대체로는 짧은 소리를 내지만, 약간 긴 듯한 '마마마' 나 '바바바' 따위의 소리도 낸다. 때로는 2음절도 나와서 '부드부드부드' 등 둘 이상의 소리가 섞인다. 옹알이는 리듬과 박자가 붙어 진짜 말에 가까워진다.

특정한 사물에는 특정한 소리를 적용시킨다. 아직 초보적이지만 사물에 이름을 붙이려는 시도이다. 아기들은 저마다 다른 소리를 내므로 사물의 진짜 이름과는 조금도 닮지 않았지만 그래도 대단한 일이다. 특정한 소리가 특정한 사물을 가리킨다는 것을 아기가 인식하게 된 증거이기 때문이다.

주위에 있는 사물이나 사람을 탐색하고 관계를 맺는 것이 한층 능숙해진다. 아기의 주의력이 발달함에 따라 주위와의 관계는 여러 가지 면에서 확장된다. 아기와 엄마가 동일한 사물이나 사건을 함께 보거나 경험을 공유할 수도 있게 된다.

예를 들어 장난감으로 함께 놀고, 어떤 사람과는 일정하게 정해진 게임을 하곤 한다. 형은 숨바꼭질을 해 준다는 것을 알고 있다. 이처럼 타인과 동일한 사물에 주의를 기울이는 것은 말의 의미를 아는 데 있어 중요한 능력이다.

이 시기에는 소리에 의한 '대화' 도 잦아진다. 본격적인 언어에 의한 대화가 시작될 전조이다.

전반적 발달 양상

손을 뻗어 물건을 집고 다른 손으로 바꿔 쥘 수도 있다

사람과 관계하거나 커뮤니케이션하는 힘은 신체나 지적인 면과 동시에 발달한다.

이 시기의 아기는 똑바로 세우면 발로 체중을 지탱할 수 있다. 머리와 등을 곧게 펴고 앉을 수 있다. 똑바로 누워 있는 자세에서 몸을 뒤칠 수도 있다. 더 잘 보고 싶을 때는 자세를 바꿀 수도 있으며, 물건을 단단히 붙잡을 수도 있다. 거리가 약간 떨어져 있는 장소의 물건도 손을 뻗어 집을 수 있으며, 다른 손으로 바꿔 쥘 수도 있다. 장난감을 향해서 한 손을 들거나 손으로 테이블을 두드리는 흉내를 내고, 두 가지 물건을 맞부딪치게 할 수도 있다.

이 움직임은 간단한 것이 아니다. 물건을 집으려고 손을 뻗는 데는 팔의 관절 3개와 손의 관절 14개를 움직여야 하고, 손으로 능숙하게 잡으려면 손의 근육을 20개 이상 사용해야 한다.

지능 면에서도 크게 성장하고 있다. 대체로 만 6개월 안에 아기는 사물에 고유한 재질의 특성을 아는 것 같다. 부드러운 것은 롤러로 찌그러뜨릴 수 있지만 딱딱한 것은 안 된다는 것을 아는 식이다.

그런데, 어떤 분야가 발달하면 반드시 다른 분야에 영향이 나타난다. 기

6,7개월 무렵의 아기는 똑바로 세우면 발로 체중을 지탱할 수 있다. 또 손으로 테이블을 두드리는 흉내를 내고 두 가지 물건을 맞부딪치게 할 수 있다.

는 것이 빠른 아이는 새로운 이동방식에 열중해 버리기 때문에 당분간 커뮤니케이션 따위는 한켠으로 밀쳐두게 된다. 마찬가지로 혼자서 일어설 수 있게 된 아이에게는 다른 것을 할 에너지가 남아 있지 않을 수도 있다. 이러한 상태는 극단적인 것이어서 길게 지속되지는 않지만, 이 사실을 기억해 두어야 당황하지 않을 것이다. 이 같은 일시적인 언어나 커뮤니케이션 지체를 '말걸기 육아'로 예방할 수도 있다.

앨리스는 생후 6개월이었다. 앨리스는 사람의 목소리나 이야기에 전혀 관심을 갖지 않는 듯 보였다. 모음 비슷한 소리밖에 내지 못하므로 엄마는 무척 걱정하고 있었다. 앨리스는 발육상태가 대단히 좋았는데, 특히 몸이 탄탄하여 혼자서 앉을 수 있고 빙글 몸을 돌릴 수 있었으며 잡을 수 있는 물건은 무엇이든지 만져보고 탐색했다. 움직임도 민첩하고 뒤집기도 빨랐으며 어디든지 굴러갔다.
앨리스의 주의력은 온전히 운동과 손끝에 가 있었던 것이다.
'말걸기 육아'를 시작하고서 3개월도 지나지 않아 앨리스의 커뮤니케이션 능력은 다른 분야의 발달을 완전히 따라잡았다. 지금은 모든 분야에서 제 또래보다 앞서 있다.

👁 주의를 기울이는 힘

자신이 선택한 대상에는 조금 길게 집중할 수 있다

동시에 두 가지 이상의 감각을 사용하는 능력은 이 월령에서도 계속 발달한다. 하지만 대부분의 경우 한 가지 감각에만 주의를 기울일 수 있다. 아기에게 재미있을 것 같은 물건을 건네주면 아기는 먼저 그것에 대해 탐색을 다 끝낸 후가 아니면 어른을 보거나 말을 들을 수 없다.

　아기는 스스로 선택한 사물이나 움직임에 대해서라면 얼마간 길게 주의를 집중하고 있을 수 있지만, 아직 쉽사리 주의가 흐트러진다. 주의집중 시간이 길어진다는 것은 중요한 발달이다. 그렇게 되면 직전에 일어난 일이나 잠시 전에 일어난 일을 기억하기 쉬워지기 때문이다. 어느 정도 주의를 집중할 수 있느냐에 따라 지금부터 훗날에 이르기까지 어떻게 학습이 진전되어 갈지 결정될 만큼 중요하다.

👂 듣는 힘

소리와 의미를 짝지을 수 있다

　이 시기에는 언어와 관련하여 다음 두 가지 힘이 발달한다.

- 단어 속의 각각의 소리를 가려듣는 힘
- 말의 의미를 아는 힘

　말에 포함되어 있는 소리를 가려듣는 능력은 생후 6개월의 시점에서 상당히 개인차가 있는 것으로 알려져 있다. 환경에 의한 영향이 크기 때문인 것으로 여겨진다. 즉, 소리에 의한 자극이 너무 적거나 많은 것이 영향을 미친다는 것이다. 청각에 문제가 있어 아주 어릴 때 소리를 들을 수 없었던 아이는 나중에 커서 소리를 가려듣고 소리의 의미를 이해하며 소음 속에서도 잘 듣게 되기까지 무척 고생을 한다.

　인큐베이터 속은 굉장히 시끄러운 소리가 나는데, 그 속에 꽤 오래 있었던 아이가 나중에 마찬가지 고생을 겪는 경우가 많다.(이 문제는 해결할 수 있다. 우리들은 클리닉에서 듣기 능력에서 심각한 문제가 있는 아이들을 진찰해 왔는데 '말걸기 육아'가 아주 단기간에 효과를 올렸다)

이 월령에서 아기는 소리와 의미를 조금씩 연결지어 간다. 물론, 소리를 따라가서 금방 음원의 방향을 발견하기는 아직 어렵다. 여기서 발견한다는 것은 곧바로 음원 쪽을 향한다는 것을 의미하는데, 아기는 둘러본 다음이 아니고는 음원을 발견할 수 없다. 그래도 이전에 비해서는 추측하기가 조금 쉬워져 머리 위쪽에서 나는 소리도 찾아낼 수 있다.

보는 것과 듣는 것을 한꺼번에 소화하는 능력은 한참 미숙하다. 보는 것과 듣는 것을 동시에 소화하는 것은 다음과 같은 경우뿐이다.

- 주의를 기울이는 대상이 아기가 스스로 선택한 것일 때
- 보는 것 혹은 듣는 것 중 어느 한 쪽에 지나치게 집중하고 있지 않을 때
- 보고 듣고 있는 대상이 동일한 것일 때
- 주변에 주의를 흐트러지게 하는 것이 없을 때

이 무렵 아기는 '바이바이 해요'라는 말을 들으면 손을 흔드는 식으로, 늘 듣는 말을 항상 보는 장면에서 들으면 그에 적합한 몸짓으로 응답한다.

만 7~8개월

🔊 언어 발달

몸짓 손짓을 통한 커뮤니케이션이 매우 능숙해진다

    이 월령에서 아기는 보이지 않는 곳에서 말하는 사람을 찾아낼 뿐 아니라, 오가는 대화를 놓치지 않고 들으려고 이 사람에게서 저 사람에게로, 또 앞서 말한 사람에게로 눈을 옮겨간다. 마치 테니스 시합을 보는 관객과도 같다.

    아기는 눈에 익은 사물과 그것을 지칭하는 단어를 알고 있어 이름을 들으면 그것을 본다. 이 시기에는 가족의 이름도 대체로 알고, 자신의 이름이 불려지면 귀를 기울이는 것이 보통이다.

    만 8개월 안에 아기는 '높이 높이'라는 말을 들으면 안아 달라고 팔을 뻗고, '바이바이 해요'라는 말을 들으면 손을 흔드는 식으로, 늘 듣는 말을 항상 보는 장면에서 들으면 그에 적합한 몸짓으로 응답한다. 이 시기에 아기는 말하는 사람의 태도나 표정, 목소리의 억양에서 말하고 있는 사람의 기분을 잘 알아챈다.

    7개월 된 아기가 내는 소리는 주위에서 듣는 언어(모국어)의 음에 가까워지고, 그 언어 속에 포함되어 있지 않은 음의 미세한 차이는 점점 탐지할 수 없게 된다.

이 시기의 옹알이에는 리듬, 가락, 강약이 있어 짧은 외국어 문장처럼 들린다. 옹알이와 그 후의 입말의 관계에 관해서는 여러 가지로 논의되고 있다. 옹알이에서 곧바로 말이 나타나는 것은 아닌 듯하지만, 어쨌거나 옹알이는 신경 시스템이 말을 하기 위한 준비를 갖추고 있는 상태를 반영하는 것으로 생각된다.

때때로 이 시기의 아기가 음악에 맞춰 노래를 부르기도 하지만 가사는 따라붙지 않는다.

아기는 아직 목소리가 아닌 커뮤니케이션 수단을 사용하는 경우가 많을 것이다. 하지만 자신의 의사를 전달하는 데는 능숙해져 손을 벌리거나 움츠려서 이것저것 요구하든가, 사람이나 물건을 밀어내고 고개를 흔드는 몸짓으로 싫다는 뜻을 전달한다. 엄마를 보면 손을 팔랑거리고 응석 어린 소리를 내는 식으로 몸짓과 소리를 결합시키는 모습도 보이기 시작한다.

전반적 발달 양상

한 번에 두 개의 물건을 쥘 수 있다

이 월령의 아기는 대체로 몇 분 동안은 앉아 있을 수 있게 된다. 앉은 자세에서는 머리와 몸통을 돌리기 쉬우므로 주변상황을 확실하게 볼 수 있다. 이것은 소리가 어디에서 오는지 인식하는 데 필요한 중요한 발달이다.

아기는 또한 똑바로 세우면 두 발을 교대로 뻗는다. 손을 뻗는 것도 이전보다 능숙해져 몸의 방향을 바꾸어가며 끈질기게 장난감을 향해 손을 뻗는다.

태어나서 처음으로 한 번에 두 개의 물건을 쥘 수 있게 되어 주사위를 두

7,8개월 무렵 아기는 태어나서 처음으로 한 번에 두 개의 물건을 쥘 수 있게 된다. 또 멀리 굴러간 장난감을 끌어오기 위해 손잡이 끈을 잡아당긴다.

개 쥐고 비교할 수 있다. 또 멀리 굴러간 장난감을 끌어오기 위해 손잡이 끈을 잡아당기고, 장난감을 덮어 씌운 커버를 벗겨내며, 천 위에 놓여 있는 장난감을 손에 넣기 위해 천을 잡아당긴다.

◉ 주의를 기울이는 힘

머리 전체를 움직이면 어른의 시선방향을 따라갈 수 있다

만 8개월 안에 아기는 어른의 시선방향을 따라갈 수 있게 되지만, 아직 눈만으로 쫓는 것은 안 돼 머리 전체를 움직여야 한다.

어른과 아기가 같은 대상에 주의를 기울이는 것은 지금까지 강조해 온 대로 무척이나 중요하다. 이는 아기가 주위 환경을 이해하고 타인과 세상에 대한 시각을 공유하는 데 있어 아주 먼 훗날까지도 유효한 결정적 조건이며, 지능 발달에도 없어서는 안 될 능력이다. 어른은 아기의 시선을 통해 아기가 무엇에 흥미를 갖고 있는지 알고, 그것과 관련해서 이것저것 가르쳐 줄 수 있다.

아기는 시선의 공유를 통해 다른 사람의 기분상태와, 왜 그렇게 느끼고 있는지 이유를 이해하고, 사람과 관계 맺는 방법을 배워 교류하는 힘을 키워나간다. 또 가장 중요한 것은 말에 의미가 있다는 것을 인식한다는 것이다.

우리가 보아왔듯이 일정한 조건이 갖추어지면 동시에 보고 들을 수 있는 능력은 형성되어 있지만, 대부분의 경우 아기가 주의를 기울일 수 있는 시간은 아직 짧고 한 가지 감각만 작동한다.

듣는 힘

둘러보지 않고도 음원을 찾아낸다

여기까지 모든 것이 순조롭게 진행되었다면 이 월령에는 아주 중요한 발달이 이루어진다. 첫째로, 아기는 주위를 둘러보지 않고서도 음원을 찾아낸다. 혼자서 앉을 수 있는데다가 귀와 뇌를 연결하는 신경회로가 완성된 덕에 나타나는 능력이다.

아기는 귀와 높이가 같고 1미터 정도 떨어진 거리에서 들리는 소리라면 음원을 알아낼 수 있다. 이때 소리가 양쪽 귀에 도달하는 시간차와 음량의 차를 기준으로 어디에서 들려오는지 판단하기 때문에 양쪽 귀의 청력이 정상이어야 한다.

이 새로운 능력을 활용하여 주위의 소리 가운데서 자신이 선별한 소리에 초점을 맞춘다고 하는 소중한 능력이 생기는 것이다. 이 시기에는 음원을 찾아내는 데 시간이 걸리고 금세 주의가 흐트러지지만, 그럼에도 소리와 음원을 연결짓는 데는 크게 도움이 된다. 이 짝짓기의 진전은 언어뿐만 아니라 주변 세계를 이해하는 데 꼭 필요한 요소이다.

아기는 자신이 내는 소리를 이전보다 주의 깊게 듣고 주변의 소리와 비교한다. 이렇게 하여 아기가 내는 소리는 완전하게 모국어의 음으로 다듬어지는 것이다.

아기는 소리에 무척 흥미를 가지고 소리가 나는 것을 보면 매우 좋아한다. 소리놀이에 등장하는 소리나 동요를 즐겨 듣는다.

만 8~9개월

🔊 언어 발달

스스로 많은 정보를 발신하는 커뮤니케이션의 주체가 된다

　이 월령에서 아기는 보이지 않는 곳에서 말하는 사람을 찾아낼 뿐 아니라, 많은 것을 배운다. 이 월령이 끝날 무렵에는 사물이나 사람의 이름을 20가지 정도 알고 있을지도 모른다.

　비록 낯익은 상황에 국한되기는 하지만 "가자"라든가 "아빠한테 와"라는 짧은 문장에는 확실하게 응답한다. "안 돼"라는 말의 의미도 분명하게 알아서 대체로 하던 짓을 멈춘다. 또한 친숙한 구호에는 정해진 동작으로 응답하는데, 예를 들어 "영차영차 노를 젓자"라는 구호를 들으면 몸을 앞뒤로 흔들며 노 젓는 시늉을 한다. 음악이나 노래도 여전히 좋아한다.

　이 시기에 비로소 친숙한 사물의 그림을 실제의 사물과 연결지을 수 있게 되므로 잠깐 동안이라면 그림을 보고 즐길 수 있다. 독서를 향한 첫걸음인 셈이다.

　커뮤니케이션의 방법도 훨씬 넓어진다. 손가락질이나 정해진 몸짓을 사용한다. 고개를 흔들어 싫어 싫어 하고, 좋다는 표시로 고개를 끄덕인다. 몸을 뒤로 뻗대거나 밀어내고 끌어당기는 등 풍부한 표정으로 커뮤니케이션을 한다.

특기할 만한 것은, 인사를 하고, 반항하고, 자신이 알고 있음을 나타내고, 자신과 다른 사람 혹은 사물에 주의를 기울이게 함으로써 스스로 정보를 발신하는 커뮤니케이션의 달인이 된다는 것이다. 자신의 태도에 대해 어른이 어떻게 반응하는가를 잘 이해하고 스스로 조정할 수 있게 되므로 자신의 존재를 점점 더 크게 인식하게 된다.

한편 옹알이는 소리의 레퍼토리가 늘어서 진짜 문장처럼 들린다. 진짜 말이 아니라고는 믿기 어려울 정도이다. 이 시기의 아기는 다음의 두 가지 점에서 진짜 말에 거의 도달한 지점까지 와 있다.

첫째는, 지금까지처럼 단순히 소리의 패턴을 사용하는 것이 아니라, 어떤 사물을 가리키기 위해 자신이 고안해 낸 말을 사용하므로 그 물건이 등장하면 기뻐한다는 점이다.

둘째는, 소리와 시선으로 태도를 나타내 보일 수 있다는 점이다. 예를 들어 어떤 물건을 열심히 쳐다보는 동시에 손가락으로 가리키며 "우 — 우 —"라고 큰 소리를 내어 무엇을 갖고 싶어하는지 분명히 알 수 있게 한다.

아기는 어른이 말을 걸어주고 자신이 그것에 응답하는 것을 무척 좋아한다. 흉내내기도 시작되어 다른 사람이 내는 소리나 가락을 흉내낸다. 표정도 흉내낸다.

지능 면에서는 진짜 말을 구사하려는 전조가 보인다.

놀이를 하는 가운데 컵은 무언가 마실 때 필요한 물건이라는 것을 알고, 찻잔과 페트병도 마시는 데 소용되는 물건이라는 식으로 분류한다. 처음에는 큰 덩어리로 분류하던 것이 점점 세세하게 나뉘어진다.

이러한 개념이나 분류가 제대로 되어 있지 않으면 의미가 실린 언어는 등장하지 못한다. 예를 들어 개와 고양이에 관해 이야기할 때 개와 고양이가 서로 다른 종류의 동물이라는 것을 알지 못하면 이야기가 통하지 않는다.

8개월 무렵의 아기는 소리를 내면 원하는 것이 마법처럼 실현되거나, 어떤 특정한 소리가 정해진 결과를 가져온다는 근본적인 원리를 알고 있다. 아기는 언어가 갖는 크나큰 힘을 막연하게나마 알기 시작한 것이다.

아직 제대로 된 말을 자유롭게 구사할 수는 없지만, 특별한 의미를 갖는 소리가 연속되는 자신만의 말을 만들어내기 시작한다. 아기에 따라 내는 소리는 저마다 다르다. 친구의 8개월 된 아기는 마실 것을 원할 때는 뚜렷하게 "우 — 푸"라고 말한다. 그리고 마실 것이 나오면 스스로도 감격하는 모습을 분명하게 알 수 있다.

이 시기가 끝날 무렵에는 아기는 또 한 가지 중요한 능력을 손에 넣는다. 사물과 사람 사이의 관계를 통합하는 능력으로, 아기는 사람을 이용하여 물건을 손에 넣거나 원하는 것을 할 수 있게 되는 것이다. 예를 들어 장난감 자동차를 손가락으로 가리키고 엄마를 쳐다보며 소리를 내면 엄마가 태엽을 감아서 건네준다. 장난감으로 의자를 탕탕 두드리는 등 물건을 이용하여 주의를 끌 수도 있다.

8개월에 아기는 마치 진짜 말 비슷한 리듬과 가락으로 재잘거린다. 멀리서 들으면 진짜 말처럼 들린다. 아직 진짜 말은 아니지만 기분을 나타내는 데는 아주 멋진 도구이다.

🔍 전반적 발달 양상

종을 울리는 것 같은 간단한 동작을 흉내낸다

이 월령에 아기들은 온 방안을 돌아다니게 되어 행동범위가 넓어진다. 주위 상황을 이전보다 잘 파악하고 있다는 사실은 떨어뜨린 장난감을 찾는 데서도 알 수 있다. 눈에 보이지 않게 되어도 기억하고 있는 것이다. 종을 울리는 것 같은 간단한 동작을 흉내내고, 사람들이 하는 행동을 잘 보고 배운다.

◉ 주의를 기울이는 힘

1분 정도라면 그림에 집중할 수 있다

이 월령의 아기는 어른과 동일한 대상에 주의를 기울이는 능력이 발달하는 데 힘입어 말과 그것이 뜻하는 의미를 빠른 속도로 짝지어 간다. 한 점을 눈으로 쫓는 능력을 새롭게 확보하여 이전에 비해 어른과 시선 공유가 더 잘 된다. 대체로 8개월 안에 아기는 가까이 그리고 정면에 있는 것은 눈으로 쫓을 수 있지만, 머리를 돌려 한 점을 쫓는 것은 아직 못 한다.

아기는 조금 먼 곳으로 주의를 기울일 수 있게 된다. 대체로 만 9개월 안에, 흥미가 지속되면 3미터 떨어진 곳에 있는 사람이나 움직이는 물체를 집중하여 쳐다볼 수 있다.

말과 그 의미를 짝지을 수 있다고 해도 아기는 아직 한 가지 감각에만 집중할 수 있으므로, 현재 하고 있는 행동에 말을 연결지을 수는 없다. 무엇을 하든가, 아니면 듣든가 둘 중의 하나이다. 양쪽 모두 동시에는 안 된다.

여전히 금세 주의가 흐트러지는데, 당분간 그 상태는 계속된다.

한 가지 중요한 발달은, 그림에 그려져 있는 사물의 이름을 어른이 하나씩 말해 주면 1분 정도는 그림에 주의를 쏟을 수 있다는 것이다. 이 능력은 어른과 함께 책을 보는 데 필요하지만, 아직 1분 이상은 무리이다.

👂 듣는 힘

선별하여 듣는 능력이 키워진다

이 월령에 환경이 바람직하다면 주위에서 나는 소리 중 듣고자 하는 소리에만 집중하고 다른 소리는 듣지 않는 능력이 점점 키워진다.

듣고자 하는 소리를 찾는 데 걸리는 시간이 짧아지고, 선택한 소리에는 조금 길게 집중할 수 있다. 아기는 소리가 갖는 의미를 체계적으로 이해하는 능력을 키워가는데, 예를 들면 식사 시간에 나는 소리를 이전에 들어온 소리와 비교하며 들음으로써 그 의미를 이해하는 식이다.

8,9개월 무렵 아기는 사람을 이용하여 원하는 것을 달성할 수 있게 된다. 장난감 자동차를 손가락으로 가리키고 엄마를 쳐다보며 소리를 내면 엄마가 태엽을 감아서 건네주는 식이다.

BABYTALK PROGRAMME
하루 30분 말걸기 육아

매일 30분 아기와 둘만의 시간에 집중한다

  엄마와 아기가 매일 30분, 둘만이 얼굴을 맞대고 교류하는 시간은 앞으로 사람과 관계를 맺어가는 데 꼭 필요한 기초를 쌓는 시간이다.

  이 3개월 동안에 아기는 '말걸기 육아'의 시간을 몹시 기다리게 되며, 많은 것을 익히게 된다.

  당신이 아기에게만 마음을 기울여 주면 아기는 이 세상은 안전한 곳이라는 믿음을 갖는다. 당신이 아기와 이 세계를 공유하는 것은 아기가 이제부터 이해력을 키우고 언어를 익히는 데 필수적이다.

  지금까지 실천해 온 것 가운데 몇 가지는 계속해야 한다. 내용은 같아도 월령에 따라 그 이유가 다른 만큼 아기도 다르게 반응할 것이다. 아주 미세한 변경도 있는데 그것도 대단히 중요하다.

시작하기 전 이것만은 챙기자

  이 시기에 듣기 및 주의력과 관련하여 매우 중요한 변화가 일어난다. 아기는 주위에서 들리는 소리를 탐색하고, 듣고자 하는 소리에 조금 길게 집중할 수 있게 된다. 무수하게 많은 소리와 음원을 짝짓는 작업을 지속해 나간다. 이것이 가능하려면 주위의 소음이 방해가 되어서는 안 된다. 꼭 기억해 두자.

들고자 하는 소리를 배경 소음 속에서 가려듣기 위해서는 그 소리가 배경 소음보다 훨씬 커야만 한다. 어른과는 다른 점이다.

이 시기에 아기에게 청력 테스트를 받게 하는 일이 있을지도 모른다. 이 테스트는 중요하다. 코나 귀의 질병으로 인해 듣는 능력이 아주 조금만 떨어져도 이 분야의 발달에 크게 영향을 미치기 때문이다. 우리들은 좌우 각각의 귀에 들리는 소리의 크기를 비교하여 음원을 밝혀내기 때문에 만약 양쪽 귀의 청력에 차이가 있으면 영향을 받는다.

코나 귀의 질병에서 오는 청력 저하는 어떤 날은 덜하고 어떤 날은 더한 경우가 곧잘 있다. 이러한 현상은 큰 아이들에게는 그다지 영향을 미치지 않는다. 소리와 음원의 관계를 확실하게 알고 있어서 주위가 시끄러워도 분명하게 들을 수 있기 때문이다. 하지만 아직 거기까지 도달하지 못한 아기에게는 중대한 문제이다. 잘 들리지 않으면 아이는 대체로 보는 것과 손을 사용하는 행동에 집중하여 버리므로 듣는 힘은 엉망이 되는 것이다.

아기가 동시에 보고 듣는 능력은 신경을 흐트러지게 하는 것이 없는 환경에서만 자란다. 아기가 혀와 입술의 움직임과 그곳에서 나오는 소리를 구별하고, 자신이 내는 소리와 주위에서 들려오는 소리를 비교하는 작업도 아기가 음성 시스템을 구축하는 데 필수적이다. 이 역시 조용한 환경에서만 가능하다.

이 무렵의 아기는 다양한 사물을 탐색해서 놀이에 끌어들이는 것을 무척 좋아한다. 주의를 집중할 수 있는 시간은 아직 짧으므로 자주 기분이 바뀌어도 상관없도록 다양한 놀이재료가 필요하다.

이미 알고 있겠지만 '말걸기 육아'의 중요 원칙 중 하나는 아기를 무리하게 집중시키려 하지 않는 것이다. 반드시 아기에게 가까이 다가가서 얼굴 높이를 맞추자. 아기가 손을 뻗으면 바로 닿을 수 있는 곳에 장난감과 좋아할 만한 물건을 많이 놓아 두자. 아기가 자유롭게 움직일 수 있으면 소리와 음원을 짝짓기 쉬우므로 될 수 있으면 방 안을 아기에게 위험하지 않는 환경으로 만들어 주자.

아기에게는 처음부터 만져서는 안 되는 물건이 있다는 걸 가르쳐야만 한다고 말하는 사람도 있다. 그러나 이 시기에는 그런 원칙보다도 훨씬 중요한 것이 있다. 아기가 설명을 이해할 수 있게 되면 가지고 놀아서는 안 되는 것이 있다는 것을 저절로 알게 된다고 나는 생각한다. 만져서는 안 될 물건을 미리 치워 놓으면 당신과 아기 모두 마음 편히 지낼 수 있음은 물론이다.

어떻게 말을 걸까

소리에 의한 '대화'가 빠르게 진전된다. 당신이 일방적으로 아기에게 말을 건다기보다 둘이서 대화하고 있다고 생각하자.

아기가 말할 차례가 되면 넉넉하게 시간을 주자. 어른이 말할 차례가 되면 아기는 시선과 몸동작으로 분명하게 표현해 준다.

구체적으로는 다음과 같은 방법을 적용해 볼 수 있겠다.

간단하고 반복이 많은 말놀이를 한다

아주 간단하고 반복이 있는 말놀이는 아기가 좋아하고 얻는 것도 많다. 생후 6개월이라면 까꿍놀이나 '짝자꿍 짝자꿍' 같은 말놀이를 할 수 있는데, 같은 어구와 동작을 되풀이하며 표정을 생생하게 지어보자. 아기의 표정에서 얼마만큼 즐거워하는가 알 수 있다. 둘이서 함께 놀이를 할 때 같은 대상에 주의를 기울이고 있는지, 아기가 이 놀이에 집중하고 있는지도 표정을 보면 알 수 있다.

반복되는 구절이 있는 동요를 불러 주자. 마음 내키는 대로 만들어서 불러도 좋겠다. 이 시기라면 짧은 것이 좋다.

이전에도 했듯이 아기를 무릎에 앉히고는 재미있는 소리를 내면서 간질인다. 들썩들썩 추어올리면서 "붕 붕 부웅" 하든지, 앞뒤로 흔들면서 "우ㅡ, 우ㅡ, 우ㅡ" 하면 아기는 무척 좋아해서 숨을 죽여가며 집중하여 듣는다.

미소 짓고 손을 문지르는 등 아기의 흉내를 낸다. 아기에게도 어른의 동작을 흉내내게 한다. 아기가 그러한 동작의 의미가 무엇일까 열심히 생각하고 자신과 당신의 동작을 비교하는 것을 알 수 있을 것이다.

7개월째에 들어서면 상호작용 놀이에 조금 변화를 주어보자. 까꿍 놀이에서 '까꿍'을 하기 전이나 '짝자꿍 짝자꿍'을 하면서 손뼉을 치기 전의 한 순간 조금 시간을 둔다. 이때 아기의 태도를 지켜보면 다음에 어떤 일이 일어날까 하고 기다리는 것을 알 수 있다. 상자에서 갑자기 튀어나오는 장난감도 아기의 가슴을 두근거리게 할 것이다.

동요와 손을 써서 하는 놀이에 따르는 노래도 계속한다. 아기가 주의를 기울일 수 있는 시간이 길어지면 이전보다 한층 기뻐하며 듣는다. 동요를 익히면 책 읽는 힘을 키우는 데 소중한 밑바탕이 된다고들 한다. 늘 같은 말과 동작에 친숙해진 아기는 그 놀이의 이름을 듣기만 해도 기뻐한다. "우리, 영차영차 놀이 할까"라고 엄마가 말할 때 '영차'라는 한 마디만 들어도 벌써 몸을 흔들기 시작한다.

8개월째에 들어서면 아기 쪽에서 놀이를 하자고 청해 온다. 엄마가 열중해서 응해 주어야 하는 것은 물론이다. 엄마와 아기 손으로 '짝자꿍 짝자꿍' 하는 대신에 봉제 곰인형에게 '짝자꿍 짝자꿍'을 시키거나 담요 뒤에서 '까꿍' 하고 튀어나오는 등 변화를 줄 수 있다.

아기가 내는 소리를 그대로 흉내내어 되돌려준다

　소리를 흉내내어 되돌려주자. 아기는 진지한 눈초리로 어른을 지켜보고는 기쁜 표정을 짓는다. 아기는 다시 응답하여 소리를 낼 것이다. 어른과 마찬가지로 대화의 규칙을 지키고 있는 것이다. 차례대로 소리를 내고, 상대방에게 귀를 기울이고, 소리를 내는 타이밍을 재며, 그리고 주고받기를 즐기고 있는 것이 분명하다. 어른이 자극을 주면 줄수록 아기는 한층 더 소리를 내어 반응해 온다.

　사람의 말을 듣는 것은 즐겁다는 소중한 메시지를 아기는 받아들이고 있다. 이 놀이는 아기가 대화 속의 하나하나의 소리를 각각으로 들을 수 있게 됨으로써 성립한다. 이 놀이를 통해 아기는 혀와 입술의 움직임에 따른 소리의 차이를 알게 된다. 당신은 자신이 내는 소리와 주위에서 나는 소리를 비교하는 아기의 귀중한 작업을 돕고 있는 것이다.

　아기가 나름대로 생각하여 입술과 혀를 움직이고는 어떤 소리가 날까 귀 기울이며 실험하고 있는 모습을 알아챌 기회가 아마도 있을 것이다.

아기가 손을 뻗으면 바로 닿을 수 있는 곳에 장난감과 좋아할 만한 물건을 많이 놓아두자. 방안을 아기에게 위험하지 않은 환경으로 정돈해 두는 것도 잊지 않도록.

이 시기 첫머리에 아기가 '바바바'나 '마마마' 등의 같은 소리를 되풀이 하여 낼 때 흉내를 내어 되돌려주자. 아기가 '바디구' 등 둘 이상의 소리를 섞어 내도 주의 깊게 잘 흉내내어 되돌려주자. 아기는 무척 기뻐할 것이다.

아기가 말하고 싶어하는 것을 대신 말해 준다

아기는 언어에 대한 강한 호기심을 내비친다. 이 시기에 아기가 내는 소리를 되돌려주는 데서 나아가, 아기가 표정이나 태도로 표현하고자 하는 것을 당신이 말로써 대신 표현해 주는 것이 대단히 중요해진다.

예를 들어 이유를 알 수는 없지만 아기가 울고 있을 때는 "우리 아기, 슬픈 게로구나, 우리 강아지가 슬퍼?"라고 말한다. 팔을 벌리는 아기의 태도에 응답하여 "안아? 안아서 높이 높이 올려달라고? 자— 높이 높이"라든가, 혹은 8개월 무렵 아기가 물건을 손에서 놓을 수 있게 되어 반복해서 떨어뜨리면 그때마다 "앗, 떨어졌네" 하고 말해 준다.

이러한 말걸기를 통해 아기는 언어를 잘 이해하게 된다. 이 기간이 끝날 무렵에는 아기가 말과 행위 사이의 관계를 매우 잘 이해하게 되었다는 것을 당신도 알 수 있을 것이다.

의태어, 의성어 등 놀이 소리를 듬뿍 사용한다

수도꼭지에서 물이 나오는 것을 보고 '솨솨', 하수 구멍으로 흘러 들어갈 때는 '쿠룩쿠룩' 하는 식의 놀이 소리에는 중요한 기능이 많이 있다.

소리를 듣는 것은 즐겁다는 소중한 메시지를 전달하고, 소리를 각각으로 나누어 들음으로써 소리의 차이를 알아챌 수 있게 하는 것이 그 첫째이다. 소리와 음원을 짝짓기 하는 것이나 아기의 주의를 끌어서 집중시키는 데에도 도움이 된다.

나는 얼마 전 8개월 된 아기의 엄마와 놀이 소리에 관한 이야기를 나누었다. 그 아기는 사람의 목소리나 말소리에 조금도 흥미를 보이지 않는다는 것이었는데, 내가 아기 엄마에게 놀이 소리를 가르쳐서 실제로 해 보였더니 그때마다 아기는 손발을 버둥대며 아주 즐거워했다.

이 무렵의 놀이에 동원되는 소리로는 예를 들어 장난감 자동차를 밀면서 '부릉부릉', 비행기에는 '부―웅', 무언가 떨어뜨렸을 때는 '아이쿠' 하는 것들이 있다. 이 시기 끝 무렵에 아기는 당신이 내는 소리를 흉내내려 할지도 모른다.

여기서 '말걸기 육아'의 중요한 원칙 또 한 가지를 알려드리겠다.

어떤 경우에라도 아기에게 소리나 말을 흉내내도록 하거나 말을 하도록 시키지 말라. 아기를 억압하는 결과를 낳기 때문에 안 된다.

아기는 사람과 접촉하고 싶고, 말을 하고 싶다는 의욕을 갖고 태어난다. 소리를 흉내내도록 강요하는 것은 정상적인 커뮤니케이션이 아니라는 것을 아기는 알고 있다.

부모로서 될 수 있는 한 부드럽게 "자, 말해 보자꾸나"라고 아기를 격려해 볼 작정이었겠지만, 부모에 의해서 결과적으로 침묵을 강요당한 아기를 나는 수없이 많이 보아 왔다.

해리는 무척 건강하고 뛰어난 세 살짜리 아이로 언어를 이해하는 데도 탁월했지만, 가능한 한 말을 사용하지 않고서 커뮤니케이션을 하려 했다. 손가락질이나 흉내, 정교한 몸짓으로 표현하되 한 마디도 입을 열지 않았다.

해리는 한 살 때 할머니와 함께 살았는데, 손주에게 말을 가르쳐야겠다고 생각한 할머니가 끊임없이 "해리야, 자, 말해 봐"라는 식으로 강요한 끝에 이렇게 되어버린 것이다.

이런 종류의 피해를 입은 아이는 스트레스를 벗어나자마자 믿을 수 없을 정도로 말이 는다. 그런 아이들을 볼 때마다 우리는 '말걸기 육아'의 보람을 만끽한다.

짧고 간단한 문장을 사용한다

짧고 간단한 문장을 사용할 것. 앞으로 몇 개월 동안 잊지 않아야 할 중요한 포인트이다. 지금까지 보아 왔듯이 이 시기의 아기는 환경만 갖춰지면 말의 의미를 알게 되는 마법과 같은 순간을 향해 거침없이 나아간다.

"공원에 갈 거니까 신발을 신고 코트를 입어야겠지"라는 식으로 많은 단어를 이어 말하면 그 가운데서 '발에 신는 것은 이거다'라는 사실을 아기가 알 도리가 없다. 그에 비해 "자, 구두야, 경희의 구두. 구두를 신는 거야, 자, 신어"라고 말한다면, 아기는 쉽사리 '구두'가 무엇인지를 알게 된다. 그렇다고 해서 '구두'라는 식으로 한 마디만 하는 것은 좋지 않다. 그러한 방법은 자연스럽지 않을 뿐더러 약간의 둘러 말하기나 문장보다도 알아듣기 힘들기 때문이다.

가락을 잘 맞춰서, 천천히, 단어 사이에 틈을 두어 문장을 구사하자. 이렇게 말하면 아기는 주의를 기울여 한 마디 한 마디를 받아들일 수 있는 시간을 갖게 된다.

늘 하는 놀이시간 이외에는 이전과 마찬가지로 당신이 하고 있는 일을 '실황방송'하면 두 사람 사이의 유대감이 지속될 수 있으며, 모국어의 '어렴풋한 형태'를 전달할 수 있다.

사물의 이름을 많이 들려준다

아기가 사람이나 사물과 그 명칭을 연결지으려 하고 있으므로 대명사보다 명사를 사용하자. "그것을 저쪽에 앉히려 하는구나"보다는 "곰돌이를 의자에 앉히려 하는구나" 하고 말하자.

친숙한 사람이나 사물의 이름이 아기에게는 가장 알기 쉽고 빨리 익힐 수 있으므로 가족의 이름과 좋아하는 장난감의 이름을 등장시키는 것이 좋겠다.

아기가 무엇에 주의를 기울이고 있는지 잘 살펴보자

이 시기의 아기에게 단어의 의미를 알려 주려면 아기의 주의가 어디로 향하고 있는지부터 살펴봐야 한다. 아기는 보는 대상과 듣고 있는 대상이 같을 경우에만 보고 듣는 것을 동시에 할 수 있기 때문이다. 아기가 무엇을 보고 있는지 알아챈 어른이 타이밍을 놓치지 않고 그 이름을 말하면 아기는 들을 수 있다.

아기의 주의가 향하고 있는 대상을 차례차례 따라가며 말해 주면 아기는 그때마다 사물의 이름을 들을 수 있다.

아기가 공을 바라보면 "공이야"라는 짧은 문장으로 이름을 말해 준다. 만약 아기가 여전히 흥미를 나타내면 아기를 향해 공을 굴려 주며 논다. 만약 아기가 다른 것을 바라보면 "비행기야"라고 그 이름을 말해 준다.

아기의 주의력을 길러 주는 첩경은 당신이 아기의 주의가 향하는 방향에 맞추는 것이다. 어떤 시기이든 아이에게 주의집중을 강요하면 '주의를 기울이는 힘'의 토대를 없애버리는 결과를 가져와 아기의 성장을 방해할 따름이다.

이 시기에는 당신과 아기가 같은 사물을 보는 경우가 부쩍 늘어나고, 집중하고 있는 시간도 늘어난다는 사실을 깨닫게 될 것이다.

아기에게 질문할 때는

앞서의 3개월과 마찬가지이다. "어머, 이불을 차내 버렸니?"라고 아기의 동작을 표현하는 방법으로 질문하고 있으리라 믿는다. 혹은 "우유병을 갖고 싶니?"라든가 "이건 뭐 — 지?"라는 식으로 말을 걸어 주의를 끌고 있으리라 믿는다.

'말걸기 육아'의 시간 이외에는

아기가 흥미있어하는 것에 관해 많이 이야기하자. 아기가 주의를 기울이고 있는 사물을 발견하고 그것에 관해 이야기하는 습관이 당신에게 붙으면 아기는 쑥쑥 발달한다.

밖에 나가 만약 아기가 개를 바라보고 있으면 "멍멍이야, 달려가고 있구나. 짖고 있네"라고 말한다. 그릇에 음식을 담는 모습을 아기가 가만히 지켜보고 있을 때는 "이건 감자야, 그리고 당근도 있네"라고 말하자.

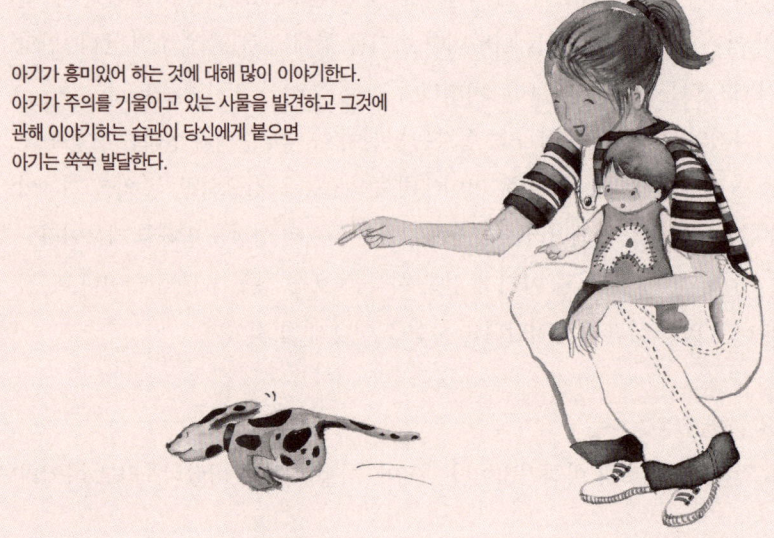

아기가 흥미있어 하는 것에 대해 많이 이야기한다.
아기가 주의를 기울이고 있는 사물을 발견하고 그것에
관해 이야기하는 습관이 당신에게 붙으면
아기는 쑥쑥 발달한다.

놀이

모든 시기를 통틀어 놀이는 말을 가르치는 데 더할 나위 없이 좋은 도구이다. 이 시기에 가장 특징적인 것은 주위의 세계에 대해 눈 뜨기 시작한 아기가 주위의 사물이나 사람을 더 많이 알고 싶어하여 다양한 사물이나 장면이 놀이에 점점 더 많이 동원되는 현상이다.(아기는 다양한 놀이의 단계를 왔다 갔다 한다. 두 살짜리 아기라도 기운이 없을 때는 6개월 된 아기와 마찬가지로 엄마의 무릎에 앉아서 노래 듣는 것을 제일 좋아한다)

아기는 상호작용 놀이나 사물을 사용한 놀이도 매우 좋아한다. 때로는 물건에 열중해서 다른 사람을 가까이 오지 못하게 하는 경우도 있다.

만 6~7개월

이 시기의 아기가 가장 좋아하는 것은 다음을 예측할 수 있는 주고받기 놀이이다. 누가 무엇을 할 것이며 자신의 차례가 언제인지 등 두 사람의 역할을 아기는 잘 알고 있다. 아기는 노래든 게임이든 몇 번이고 끊임없이 반복하는 것을 대단히 좋아한다. 반복을 통해 아기는 이 세계를 안전하고 이해 가능한 곳으로 느낀다. 그 때문에 조금이라도 변형되는 것을 싫어하는 것이다.

'없네 없네 까꿍' '짝자꿍 짝자꿍'과 같은 매우 간단한 놀이가 안성맞춤이다. 한결같은 소리에도 아기는 언제나 가슴을 두근거리며 기다린다. 각각의 역할이 알기 쉽기 때문에 조그만 동작이지만 두 사람 모두 충분히 즐길 수 있다. 차례를 바꾸어서 노는 것은 사람과 교류하는 능력을 키우는 바탕이 되기도 한다.

아기를 무릎에 앉히고 자장가를 부르거나 우스꽝스러운 소리를 내면서 흔드는 식의, 몸동작을 곁들인 노래나 말놀이는 여전히 좋아한다. 이 월령의 아기는 신체 접촉이 많은 놀이를 매우 좋아하며, 몸동작을 동반한 노래를 무척 재미있어한다. 이러한 동작은 주의집중을 지속시키는 데 필수적이다.

어른이 아기의 흉내를 내면 아기는 무척 재미있어한다. 흉내를 내 주면 아기는 자기자신의 움직임과 그것이 상대방에게 어떻게 받아들여지는지 인식한다.

아기는 다양한 사물을 탐색하고 싶어한다. 주의를 집중할 수 있는 시간이 아직 짧기 때문에 다양한 종류의 물건을 준비해 주자. 아기는 이것에서 저것으로 관심을 옮겨 다닌다. 색, 형태, 재질, 그리고 물건이 내는 소리도 재미있어한다. 소리를 기억하면 몇 번이고 실험해 보고 싶어한다.

부모가 이러한 놀이재료를 준비하여 함께 놀아주면 혼자서 놀게 한 아기에 비해 즐기는 놀이의 종류가 훨씬 풍부해진다.

만 7~8개월

이 월령에도 아기는 여전히 까꿍 놀이 같은 주고받기 놀이를 매우 좋아해서 몇 번이고 다시 하자고 조른다. 아기는 이미 차례를 다 알고 있으므로 "까꿍"이라고 말하기 전에 조금 길게 시간을 두거나 해서 변화를 주면 꼼짝 않고 기다리며 즐거워한다.

이러한 놀이를 통해 아기는 소리를 듣는 것은 즐겁고, 들으면 좋은 일이 생긴다고 생각하게 된다. 여기서도 부모와 함께 하는 체험을 쌓아 나가고 있는 것이다. 아기 자신도 종이로 얼굴을 가린다거나 하는 행동을 시작한다. 이 시기에는 갑자기 튀어나오는 장난감 같은 것으로 놀라게 하는 것을 매우 좋아한다.

아기나 어른 모두에게 흉내내기가 놀이로 자리잡는다. 상대의 표정과 동작을 흉내내는 것이나, 아기가 먹을 것을 내미는 것 같은 주거니 받거니 하는 놀이로 발전한다.

아기는 물건에 흥미를 가져 놀이에도 물건을 사용하게 된다. 먼저 아기가 물건을 쳐다보고, 부모가 그 시선을 따라가서는 아기에게 그 물건을 건네고, 그리고 놀이에 사용하는 것이 일반적인 순서이다. 아기를 향해 공을 굴리거나 아기가 다리 사이로 자동차를 잡을 수 있도록 자동차를 밀어주는 놀이도 좋아한다.

아기는 손에 들어온 것은 무엇이든 열심히 탐색한다. 입에 넣고 문지르고 두드리고 가만히 지켜보고 던지고 쓰다듬고 이로 갉아보기도 한다.

만 8~9개월

함께 놀아 주면 가장 기뻐하는 시기이다. 까꿍놀이 같은 간단한 주고받기 놀이는 여전히 좋아하는데, 여러 형태로 변화한다. 아기쪽에서 먼저 시작할 뿐 아니라 어른을 향해 소리를 내고 표정과 동작으로 응답을 재촉하여 '대화'를 시작한다. 아기가 장난감을 내밀었다가는 다시 거둬들이고, 과장된 몸짓으로 싫어 싫어 하는 식의 새로운 놀이도 시작된다.

지금까지와 다른 점은 놀이에 변화를 주면 기뻐한다는 것이다. 공을 굴릴 때 아기가 아니라 곰인형을 향해 굴려 보자. '짝자꿍 짝자꿍'이라는 소리를 들으면 어떤 놀이인가를 알아 아기는 말과 그 놀이를 연결지어 간다. 기억력이 작동하기 시작하므로 놀이에 융통성이 생긴다.

아기는 놀이의 장면을 기억하여 이전에 본 적이 있는 장난감을 갖고 싶어 하며, 눈에 보이지 않게 된 장난감을 찾는다. 보이지 않는 사물에 대한 이해는 아직 매우 초보적인 것으로, 아기는 자신의 눈을 가렸을 때는 자신의 모습이 다른 사람에게 보이지 않는다고 생각한다.

흉내내기는 갈수록 중요해진다. 처음에는 대부분 반사적이라는 느낌이 강했지만 서서히 정교한 것으로 변화해 간다. 아기는 흉내를 냄으로써 다양한 표정이나 동작의 의미를 이해하려 노력하고 있는 것 같다.

공이나 자동차를 사용한 주고받기 놀이에서는 처음으로 장난감과 어른을 동시에 상대하며 놀 수 있게 된다.

장난감 상자

꼭 장난감이어야 할 필요는 없지만, 아기가 탐색할 수 있도록 다양한 물건을 준비해 주자. 상자, 종이봉투 같은 것도 입에 넣어 안전하다면 무엇이든 놀이도구가 된다. 다양한 형태와 윤곽, 색, 재질을 즐길 수 있으므로 여러 종류의 물건이 필요하다. 바람직한 장난감의 예로 다음과 같은 것이 있다.

▶ 넘어뜨릴 수 있는 장난감, 오뚝이 등
▶ 튀어나오는 장난감

▶ 회전하는 딸랑이
▶ 활동적인 신체놀이에 쓸 수 있는 매트와 커다란 천
▶ 빙빙 도는 장난감
▶ 아기용 거울
▶ 쌓기놀이용 나무토막과 상자
▶ 비닐로 된 공
▶ 종이(이 단계의 아기는 종이를 갖고 노는 것을 매우 좋아한다. 꾸깃꾸깃 구기거나 펄럭이게 하거나 숨바꼭질에도 사용할 수 있다)
▶ 소리를 내는 장난감(딸랑이나 간단한 악기. 냄비 뚜껑이나 숟가락 같은 것도 좋겠다. 플라스틱 병에 쌀이나 콩을 넣어도 재미있는 것을 만들 수 있다)

사물을 탐색하는 아기의 정열은 식지 않는다. 운동기능이 향상되고 엄지와 검지를 맞붙여 집을 수 있게 되어 물건을 용기에 넣거나 용기에서 빼낼 수 있게 된다. 그리고 마침내 쥐었던 물건을 스스로 손에서 놓을 수 있게 된다. 이 능력이 아기가 물건을 떨어뜨리고는 어른에게 줍게 하는 즐거운 게임으로 이어지는 것이다.

아기는 처음으로 두 개의 사물을 연결지을 수 있게 된다. 예를 들어 컵을 받침접시에 얹고, 숟가락을 컵에 넣는 등이다. 소리를 내는 장난감은 여전히 좋아한다.

주위에 갖고 놀 수 있는 것이 많이 있으면 20분 정도는 혼자서 놀 수 있다. 보통 아기는 어른이 옆에 있어 주기를 바라지만, 혼자 노는 이 시간도 매우 중요하다. 방해받지 않고 모든 주의력을 탐색하는 작업에 기울일 시간이 필요하기 때문이다. 아기의 주의는 아직 하나의 감각에만 한정되어 있다는 것을 잊지 말자.

　아기는 다른 아기를 목표로 삼으려는 기색을 보인다. 열심히 장난감을 흔들어 보이며 관계를 맺고자 한다.

책꽂이

　두터운 종이나 천으로 된 책은 장난감이 되기도 하는데, 씹거나 두드려도 괜찮은 것으로 준비하자. 만약 아기가 좋아하면 때로는 무릎에 앉혀서 함께 그림책을 보는 것도 좋겠다.

텔레비전과 비디오

　아직은 보여 주지 말자. 이 소중한 시기에 아기에게는 배울 것이 너무나도 많이 있는데, 텔레비전과 비디오는 그것을 방해할 따름이다.

summary

여기 씌어져 있는 것은 평균적인 발달양상이다. 아기에 따라 제각각 발달의 정도는 다르다. 당신의 아기가 여기 씌어 있는 것을 모두 다 할 수는 없다고 해도 염려할 필요는 없지만, 만 9개월에 아래서 제시한 '이럴 땐 전문가에게'에 해당되는 경우는 말 그대로 전문가에게 상담해 보길 권한다. 또 아기에 대해 의문나는 사항이 있으면 언제라도 보건소나 늘 다니는 병원에 데리고 가 보자.

만 9개월 무렵의 아기들은
- 어른의 주의를 끌기 위해 큰 소리를 낸다.
- 어른이 내는 소리와 목소리의 '가락'을 흉내낸다.
- '안 돼'와 '바이바이'를 안다.
- 소리가 반복되는 옹알이를 한다.
- '안 돼' 하고 말하면 하던 짓을 그만 둘 때가 많다.
- 낯이 익은 물건이나 사람의 이름을 알고 있다.

이럴 땐 전문가에게
- 자신 또는 가족의 이름을 알고 있는 것 같지 않다.
- 사람에게 말을 거는 듯한 소리를 내지 않는다.
- '마마마' '바바바' 등의 옹알이를 하지 않는다.
- 까꿍 놀이 등의 주고받기 놀이를 즐기지 않는다.
- 소리가 나는 장난감에 전혀 흥미를 보이지 않는다.

참고문헌

J. Bruner
Child's Talk: Learning to Use Language
(New York, Norton, 1983)

C. Trevarthen
'Communication and Co-operation in Early Infancy' in M. Bullowa (ed)
Before Speech (Cambridge University Press)

D. Messer
The Development of Communication
(Chichester, Wiley, 1994)

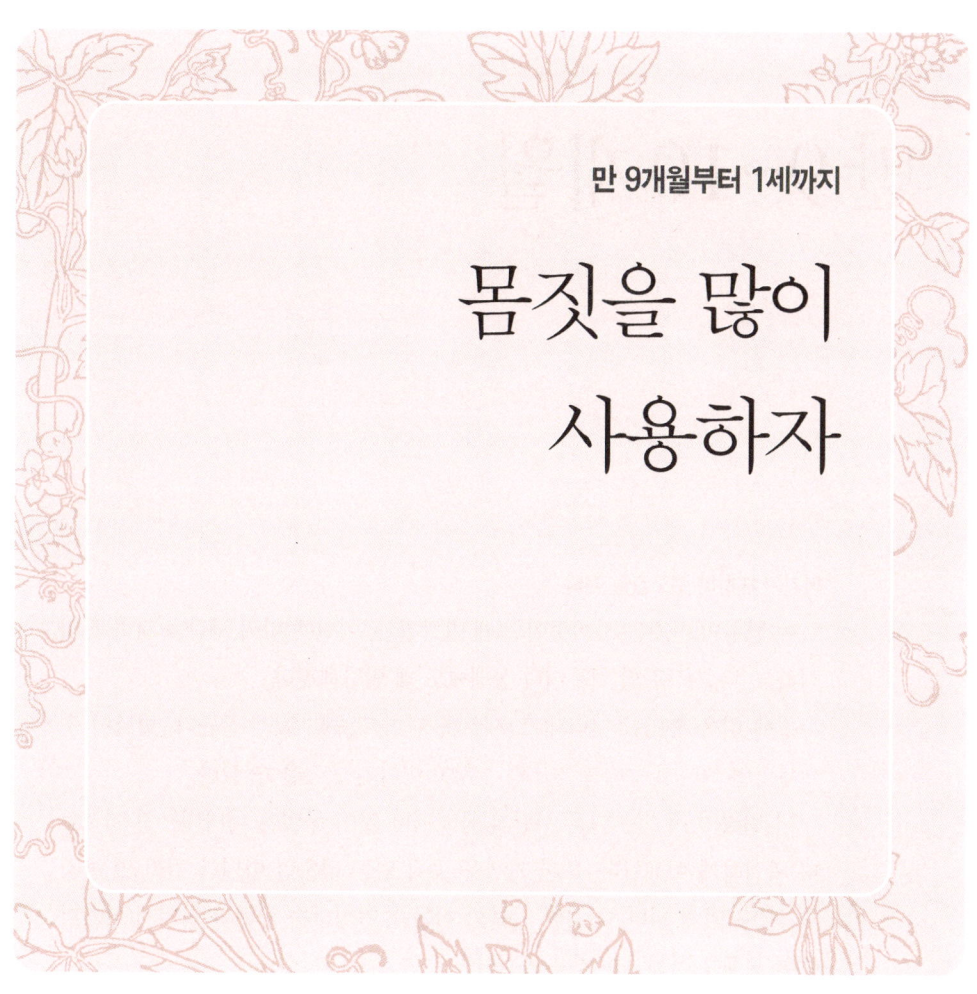

만 9개월부터 1세까지

몸짓을 많이 사용하자

몸짓은 아주 훌륭한 언어이다.
사물의 이름을 말하면서 가리키고, 아기가 손가락질하는
사물의 이름을 말해 준다.
몸짓은 당신이 말하고 있는 내용을
확실하게 하기 위해서도 사용할 수 있다.
우유를 부으면서 "우유를 붓고 있어"라고 말한다.

만 9~10개월

🔊 언어 발달

아기가 대화의 주도권을 쥔다

이 월령의 아기는 사회성이 크게 발달한다. 이전에 비해 사람을 강하게 의식하고, 다른 사람의 기분이나 상태에도 꽤 민감해진다.

말에 더욱 흥미를 나타내고, 새로운 단어를 주의 깊게 듣는다. 발달이 순조롭다면 그다지 주의를 흐트리지 않고 이야기를 들을 수 있다.

이 월령의 아기는 다른 사람의 몸짓이나 말이 무엇을 나타내는지 이전보다 확실하게 이해한다. 또한 가까운 곳에 있는 것뿐만 아니라 멀리 있는 것도 볼 수 있게 된다. 이것이 사물의 이름을 인식하는 능력과 합쳐져 아기가 주위 세계를 이해하는 것을 돕는다.

부모가 새로운 책을 재미있어하는 것 같다든가, 무언가가 고장나서 허둥대고 있다는 등의 일도 인식하기 시작한다.

이렇게 하여 아기는 다른 사람에 대한 관심을 심화시킬 뿐 아니라, 다른 사람이 어떻게 반응하는가를 민감하게 받아들이게 된다. 다른 사람도 자신과 마찬가지로 감정을 갖고 있다는 사실을 아는 것은 앞으로 사람과 관계하는 힘을 키워가는 데 대단히 중요하다.

또한 아기는 자신의 행동을 어른이 어떻게 생각하는가도 인식하게 된다. 예를 들어 물건 떨어뜨리기에 재미를 붙인 아기는, 그러나 마루에 음식을 떨어뜨리면 엄마가 좋아하지 않는다는 걸 안다.

이 시기에는 말하는 사람의 목소리 가락이 어떤 의미를 갖고 있는지 인식하게 되며, 친숙한 사람이나 사물의 이름을 알아듣고, 흔하게 듣는 '공' '곰돌이' '고양이' 같은 사물의 이름을 알게 된다.

사회성이 몸에 붙게 된 아기는 자신의 이름이 불리면 그 사람을 가만히 쳐다보고, 달라는 말을 들으면 사람에게 물건을 건네며, "바이바이 안 하니?"라는 말에는 손을 흔들어 준다.

대체로 이 시기가 끝날 무렵까지는 아기는 모국어에 있는 모든 소리를 가려듣게 된다. 음소(예를 들어 '판' 과 '반' 처럼 소리 하나의 차이로 의미가 달라지는 말소리의 최소 단위)도 가려들을 수 있다.

신기한 것은 이 소리를 가려듣는 능력이 완성될 무렵에 첫 낱말이 출현한다는 것이다.

지금까지는 어른이 아기의 커뮤니케이션을 해석해 왔지만, 이 시기에 양상은 일변하여 아기가 대화의 주도권을 쥐게 된다. 대부분의 대화를 아기 쪽에서 시작하거나 끝낸다.

아기는 자신이나 사물에 주의를 끌거나, 여러 가지 요구사항을 전달하거나, 인사를 할 수 있는데, 어른이 알아 주지 않을 때는 다시 한 번 소리를 내어 알아 주기를 청한다.

아기는 대부분의 경우 소리와 몸짓을 조합하여 커뮤니케이션을 시도한다. 무언가를 가리키며 "앙, 앙"이라고 말하면 그것이 갖고 싶다는 의미다. 말놀이도 무척 좋아하여 스스로 한다. 물건을 떨어뜨렸을 때 어른이 "아이쿠"라고 언제나 같은 말을 하는 것을 보고 좋아라 흉내낸다.

　이 무렵의 옹알이 소리는 가락이 아주 좋고, 언어와 닮은 리듬과 액센트가 있어 마치 진짜 외국어를 말하고 있는 것 같다.

전반적 발달 양상

옷 입을 때 알아서 협력해 준다

　아기는 몇 분 정도는 혼자 앉아서 원하는 것을 쉽게 손에 넣을 수 있게 된다. 몸을 웅크려 집어올릴 수도 있고 옆을 보고 손을 뻗어 줄 수도 있다. 장난감도 이전에 비해 훨씬 능숙하게 다룰 수 있으므로 놀이방법도 다양해진다.

　물건을 손에서 놓는 것도 꽤 능숙해진다. 시범을 보이면 상자에 블록을 넣고 빼며, 손잡이를 잡고 방울을 울린다. 공이 어느 방향으로 굴러갈지 예상할 수 있다. 장난감을 던지고, 포장을 벗긴다. 장난감에 천을 씌워 보여 주면 그 천을 잡아당겨 장난감을 찾아내기도 한다.

　이렇게 사물을 탐색함으로써 딱딱하고 부드럽다, 무겁고 가볍다 등의 개념을 언어와 짝지을 수 있게 된다.

　이 시기에 아기는 한층 활발하게 움직인다. 아기는 주위를 둘러보고, 몸을 뒤집을 뿐 아니라 기고 무릎걸음 등으로 이동한다. 잠깐 동안 가구를 붙들고 서거나, 붙든 채로 걸을지도 모른다.

　옷을 갈아입을 때도 알아서 협력해 준다. 소매나 바짓가랑이에 손과 다리를 넣어 주며, 모자도 아주 잘 벗는다.

👁 주의를 기울이는 힘

동시에 보고 들을 때가 있다

　이 시기의 아기는 자신이 시작한 경우에는 단시간 집중할 수 있지만, 소리나 움직임에 따라 곧바로 신경이 흐트러지고 만다. 아직 대체로 한 가지 감각만 사용하지만, 아기의 주의를 흐트러지게 하는 것이 없으면 하나의 대상을 동시에 보고 들을 수 있다.

　아기와 엄마는 무언가를 가리키는 상대방의 손가락 끝이나 시선 방향을 따라감으로써 같은 대상을 볼 수 있게 된다.

👂 듣는 힘

듣기 능력이 안정된다

　이 3개월은 듣는 힘의 발달에 대단히 중요한 시기다. 잘 하면 이 시기가 끝날 무렵까지는 선택적으로 듣는다는 가장 중요한 능력을 익힐 수 있다.

　선택적으로 듣는다는 것은 주위의 모든 소리 가운데서 듣고 싶지 않은 것은 무시하고 듣고 싶은 소리만 가려내어 주의를 기울이는 힘을 말하는 것이다. 생후 1년이 될 무렵에는 아기는 그다지 주의를 흐트리지 않고 이야기를 들을 수 있고, 어느 소리가 어느 쪽에서 오는 것인지, 음원을 알게 된다. 귀에서 들리는 소리가 의미를 갖기 시작했다는 뜻이다. 이 발달은 아기가 이리저리 움직이거나 탐색하는 데 크게 도움이 된다. 아기는 단지 둘러보는 것뿐만 아니라 음원을 확인하러 갈 수 있기 때문이다.

　이것이 잘 안 되는 경우도 많다. 그러나 불행하게도 이 선택해서 듣는 능력은 시간이 흘러 아기가 자라면 자연스럽게 체득하게 되는 것이 아니다.

선택적으로 듣는 힘의 결핍이 학습장애의 주요인이 아닌가 하고 생각하는 학교 선생님들이 많이 있다.

우리 주변에 소음이 넘쳐 흐름에 따라 이 문제는 악화되고 있다. 10여 년 전부터 나는 탁아시설의 선생님들이 아이들이 이야기를 잘 듣지 못한다고 걱정하는 것을 들어왔다. 게다가 유치원 선생님, 초등학교 선생님, 지금은 심지어 대학의 선생님까지 같은 고민을 안고 있다.

내가 15년 전에 실시한, 9개월 된 아기의 듣는 힘에 관한 조사에서는 20%의 아기들이 심각한 '듣기 곤란'을 겪고 있었다. 소리를 들었을 때 그것이 무슨 소리인지를 인식하는 소리의 레퍼토리가 아주 적어, 소리에서 의미를 찾아내지 못하고 그 결과 들으려고 하지 않게 되어버린 아이들이다.

소리에 반응하지 않기 때문에 귀가 안 들리게 된 것은 아닐까 하고 짐작되는 아이도 많았다. 큰 소리나 낯선 소리를 전적으로 무시해 버리는, 불규칙하고 일관성이 없는 반응을 보이는 아이도 있었다. 그런 아이들은 주위의 소리 가운데서 듣고자 하는 소리를 가려낼 수 없어, 보거나 만지는 행위에 조금이라도 마음을 뺏기면 전혀 듣지 못했다.

아이들은 말과 그 의미를 연결짓지 못했다. 이 시기에는 당연히 획득하고 있어야 할 능력인데 말이다. 소리는 해독할 수 없는 암호라고 생각하는 것 같았고, 무엇보다 사람의 목소리를 무시하는 경우가 많았다.

생후 9개월부터 10개월에 걸쳐서 아기는 주위의 소리를 면밀히 탐색하고 특정한 소리에 집중하게 된다. 소리를 찾는 데 시간이 걸리고, 선택한 소리에 주의를 기울이는 것도 짧은 시간에 지나지 않는다. 하지만 이 같은 작업을 통해 이전에 들은 적이 있는 소리와 비교하면서 소리에 의미를 부여하기 위한 지식을 쌓아가는 것이다.

아기는 이전과 비교하면 지금 현재 보고 만지고 있는 물건이 내는 소리를 조금 더 잘 듣는다. 그러나 이 능력도 듣고자 하는 소리와 주위의 소리와의 사이에 커다란 음량 차이가 있는 조용한 환경 속에서만 발휘된다.

9,10개월 무렵 아기는 공이 어느 방향으로 굴러갈지 예상할 수 있다. 장난감에 천을 씌워 보여 주면 그 천을 잡아당겨 장난감을 찾아내기도 한다.

만 10~11개월

🔊 언어 발달

까꿍 놀이 등의 말놀이를 매우 좋아한다

아기는 쑥쑥 말을 익혀간다. 친숙한 물건이나 사람의 이름을 들으면 주위를 둘러보며 찾고, "아빠는 어디 있지?" "엄마한테로 오세요" 등의 간단한 말에 응답하거나 지시에 따르는 경우도 있다. 이때 무엇보다 대상이 확실하게 눈에 보여야 한다는 조건이 중요하다.

몸짓도 부쩍 능숙해진다. 아기는 팔을 뻗어 물건을 가리키거나, "어디?"와 "저기"도 손 동작으로 전달한다. "슈슈"나 "바바바" 따위의 소리를 내며 입술 사이에서 혀를 떨어 내는 소리를 흉내내곤 즐거워한다. 단어를 말하는 경우도 아주 드물게 있다. 리드미컬한 음악을 들으면 팔이나 몸 전체를 움직이며 즐거이 음악에 젖어든다.

까꿍 놀이나 '짝자꿍 짝자꿍'과 같은 말놀이를 매우 좋아해서 자신이 먼저 시작하기도 한다.

혼자 있을 때나 사람이 있을 때나 다양한 옹알이로 중얼중얼 '말하기'를 한다. 아기는 대화란 어떤 것인가, 대화에 끼어들려면 어떻게 해야 되는지 알고 있어서 자신의 차례를 지키고 상대방의 차례를 예상해서 기다린다.

🔍 전반적 발달 양상

컵과 받침접시의 관계를 안다

　주위 상황을 잘 인식하고, 몸을 능숙하게 움직일 수 있게 되었기 때문에 훨씬 세세하게 사물을 탐색할 수 있다. 앉은 채로 빙글 방향을 바꾸고, 물건을 받아들고, 팔을 뻗어 집을 수도 있다.

　장난감을 상자 안에 감추는 것을 보고는 나중에 찾아낸다. 손가락이 각각 움직이기 시작하므로 엄지와 다른 손가락으로 물건을 쥘 수도 있다.

　단단히 붙들고 서서 잠깐 동안은 혼자 설 수도 있다. 붙들고 걸음마를 할 수도 있으며 기는 속도도 꽤나 빨라진다.

　이 시기에 지능 면에서 중요한 발달이 일어난다. 컵은 받침접시 위에 놓는다는 식의 물건과 물건의 관계, 빗으로는 머리를 빗는다는 식의 물건과 쓰임새의 관계를 알게 된다. 이 사실은, "영희의 머리빗" "물이 없어"라는 식으로 사물이나 상황을 말로 설명하는 데 필요한 중요한 기초가 된다. 또한 그림도 즐겨 보아서 그림과 실물의 관계를 인식한다.

　아기는 무턱대고 주위를 탐색하는 것이 아니라 어떻게 하면 원하는 물건을 손에 넣을 수 있을지 탐색하며 돌아다니는 등 목적이 강한 움직임을 보이기 시작한다.

👁 주의를 기울이는 힘

주의 집중 시간이 조금 길어진다

큰 변화는 없다. 다른 사람과 동일한 대상을 보는 경우가 늘고, 주의를 집중하는 시간이 조금 길어진다.

👂 듣는 힘

말소리에 매우 흥미를 보이고 음원 발견이 빨라진다

순조롭게 발달하고 있는 아기라면 듣는 것을 좋아하고, 소리 가운데서도 특히 말하는 음성에 매우 흥미를 보인다. 주의력이 흐트러지는 정도도 조금 나아진다. 음원을 찾아내는 것도 빨라지고, 특정한 소리에 주의를 기울이는 시간도 길어진다.

아기는 물건을 보거나 만지고 있을 때도 이전보다 잘 들을 수 있다.

10, 11개월 무렵 아기는 까꿍놀이나 '짝자꿍 짝자꿍' 같은 말놀이를 무척 좋아해서 자신이 먼저 시작하기도 한다. 다양한 옹알이로 중얼중얼 '말하는' 때도 많다.

만 11~12개월

🔊 언어 발달

첫 단어를 말하는 기적의 순간이 올지도 모른다

아기는 사람의 말소리에 흥미진진해한다. 이 시기의 아기가 어느 정도 말을 알고 있는가는 환경에 따라 상당히 다르지만, 말을 구사하기 시작하는 시기는 거의 일정하다. 이 사실에서 보면 말을 구사하기 시작하는 시기는 상당부분 생물학적으로 결정되어 있는 듯하다.

이 시기의 아기는 이전보다 많은 사물의 이름과, 대화 중의 "조금 더 줄까?" 등의 쉬운 질문을 알아듣는다. 그래서 아기는 고개를 흔들거나 몸짓으로 대답한다. 때로는 부추기면 "바이바이"라고 말할지도 모른다.

아기는 사람과 사물의 관계를 연결시키기 시작한다. 어른의 소매를 잡아당기거나 손가락질해서 무언가를 손에 넣는 행위는 물건을 얻기 위해 사람을 활용하는 것이며, 그릇을 숟가락으로 두드리는 것은 물건을 이용하여 사람의 주의를 끌고자 하는 행동이다.

사람의 주의를 끌려고 부르거나 어떤 것을 하고 싶다고 주장하기 위해 목소리를 내는 행동이 크게 늘어난다. 이야기를 걸면 목소리로 대답한다. 아기는 목소리를 낼 때 가락에도 신경을 써서 멜로디와 리듬에 변화를 준다.

이런저런 발달 덕분에 아기가 전달하고 싶어하는 것이 무엇인지 부모가 알기 쉬워진다.

아기는 장난치거나 눈에 띄게 행동하는 것을 무척 좋아하여 늘상 하는 놀이일지라도 조금 장난기를 곁들여 해 주면 기뻐한다. 노래도 함께 부르려 하고, 까꿍 놀이에서는 스스로 '까꿍'을 말하려고 할 것이다. 마치 말을 하는 듯한 느낌으로 사람에게나 사물에 대해서 하루종일 이야기를 한다.

아기의 음성이 주위에서 들리는 언어(모국어)의 소리로 다듬어져 가는 과정은 거의 완성되어, 아기가 내는 소리는 그 나라 언어의 소리로 한정되어 간다. 입의 앞부분에서 내는 프(p), 브(b), 한가운데서 내는 트(t), 드(d), 뒷부분에서 내는 크(k), 그(g) 등의 소리를 낼 수 있다.

자동차를 보면 "부릉 부릉" 하고 마치 단어 비슷한 소리를 내고, 특정한 사건이나 사물에 대해서는 특정한 가락이 붙은 소리를 낸다. 하지만 아이들 저마다에게 특유한 것이므로 가까운 사람이 아니면 알기 어렵다. 소리는 확실해졌어도 아직 의미는 확실하지 않다. 또한 아기는 친숙한 사물의 이름을 흉내내어 말하려고 한다.

최초의 단어를 입에 올리는 마법의 순간은, 이 시기에 많이 볼 수 있다. 만 1세 안에 3개의 단어를 말할 수 있는 아기도 있다.(대부분의 아이들은 조금 더 걸린다) 첫 단어는 잘 알고 있는 사람이나 사물의 이름일 경우가 많고, 옹알이에서 줄곧 사용해 온 프(p), 브(b), 드(d), 므(m) 소리가 많이 들어간다. 언어권이 달라도 '마마'나 '파파' 등 부모를 의미하는 단어만큼은 아주 비슷한 것은 그 때문일 것이다.

이 시기, 알고 있는 말은 아주 많은데 할 수 있는 말은 매우 적은 것은 왜일까 하고 부모들은 이상하게 생각한다. 60개나 되는 단어를 알면서도 말할 수 있는 것은 2개나 3개 단어 정도이기가 십상이다. 이에 대해서는 다음과 같이 생각해 보면 어떨까.

우리가 외국 정치가의 어려운 이름을 처음으로 텔레비전이나 라디오에서 들었다고 하자. 그 사람에게 흥미를 가져 주의를 기울이면 두 번째 들었을 때 그 사람 이름인 것을 알기는 하지만, 여러 번 듣지 않으면 그 사람의 이름을 발음하지는 못한다.

우리는 어쩌다가 그런 경험을 하지만 아기는 몇 백, 몇 천이라는 단어에 대해 같은 작업을 해야 한다. 말을 가려듣고 의미를 아는 단어는 많다고 해도 외워 말하기 위해서는 수십 번 들어야만 하는 것이다.

전반적 발달 양상

장난감 자동차를 밀고 종이에 쓰는 시늉을 한다

다른 분야에서도 급격한 성장이 보인다. 물건을 주워 어른에게 건네거나, 연필로 달가락 달가락 두드리는 소리를 흉내내고, 종이에 쓰는 시늉을 한다. 장난감 자동차도 밀 수 있고, 숟가락으로 휘젓는 흉내를 내고, 얼굴을 감

한 돌이 가까워오면 아기는 급속하게 성장한다. 장난감 자동차를 밀 수 있고 자유자재로 기어다니며 성장이 빠른 아기는 걷기 시작한다.

추고 '까꿍'도 할 수 있다. 기는 것은 자유자재이다. 한 순간 정도는 설 수 있으며, 이 시기가 끝날 무렵에는 처음으로 걷는 아이도 있다.

서게 되면 손을 자유롭게 사용할 수 있다.

👁 주의를 기울이는 힘

진지하게 집중하고 있을 때는 주위의 어른은 안중에 없다

1세가 될 때까지 사물을 동시에 보고 듣는 것이 웬만큼 되고, 주의력도 좋아진다.

만 1세에 가까워지면 아기는 다음 단계로 나아간다. 이 단계에서는 스스로 흥미를 가진 대상에 대해서는 줄곧 집중하는 경우가 있다. 아기가 진지하게 집중하고 있을 때는 주위의 어른은 전혀 안중에 없다. 집중이 계속되는 상태와 곧 주의가 흐트러지는 상태가 얼마 동안은 섞여 나타난다.

👂 듣는 힘

선별하여 들을 수 있다

순조롭게 발달하고 있다면 아기는 선별하여 듣는다는 중요한 작업을 해낸다. 이것이 되면 나중에 학교에 가도 안심이다. 또한 소리가 가지는 의미를 알게 된다.

그렇지만 듣는 힘을 충분히 키우기 위해서는 아직까지는 조용한 환경을 마련해 주는 것이 중요하다.

BABYTALK PROGRAMME
하루 30분
말걸기 육아

매일 30분 동안 아기와 둘만의 시간에 집중한다

아기는 엄마와 둘만 있을 수 있는 이 시간을 기다린다. 어린 아기는 어떻든 하루의 대부분을 어른에 의해 좌우지당하는 입장이므로, 자신이 주인공이 되는 이 시간을 좋아한다. 때문에 다른 시간에 비해 훨씬 온순해진다.

하루 중 일부이긴 하지만 마음이 통하는 상대가 매일 반드시 함께 있어 준다는 사실은 정서 면이나 행동 면에서의 발달에 매우 큰 영향을 미친다. 때로는 시간을 내기가 어렵겠지만 부디 매일매일 계속해 주자.

무척 귀여운 빨강머리 쌍둥이, 케빈과 넬리를 떠올려 본다. 10개월 된 이들 쌍둥이를 처음 만났을 때 매우 민감한 아이들이라는 것을 금세 알아차렸다. 둘은 어디든지 기어가서 눈에 보이는 모든 것을 탐색했다. 그럼에도 케빈과 넬리는 6개월 된 아기의 언어수준에 머물러 있었다. 아는 것은 자신의 이름과 '안 돼'뿐이고, 목소리도 별로 내지 않았다. 엄마는 아이들의 발달을 돕기 위해 열과 성을 다했다.

우리의 조언을 받아들여 엄마는 하루 30분씩 쌍둥이 중 한 아이를 돌

봐 줄 이웃사람을 찾아냈고, 밤에는 남편이 돌아오기를 기다려 다른 한 아이와 둘만의 시간을 보냈다.

가장 문제가 된 것은 아이들이 서로 떨어지는 것을 매우 싫어한다는 것이었다. 그러나 매일 30분씩 엄마를 독점하여 실컷 놀 수 있다는 즐거움으로 그것도 곧 해결되었다. 엄마도 한 아이씩 돌보는 즐거움을 깨달았다. 두 아이 모두 눈부시게 발달하여 7세 때는 10세 아이 수준의 독해력과 계산력을 자랑하게 되었다.

이제까지 보아왔듯이 언어를 가르치는 데는 그 아이의 관심이 향하고 있는 대상에 관해 이야기해 주는 것이 가장 좋지만, 둘 이상의 아이들을 대상으로 말걸기 육아를 하는 것은 보통 일이 아니다. 둘째나 셋째 아이가 첫째 아이에 비해 말이 느린 것도 전적으로 같은 이유 때문이다. 설령 20분이라도 각각의 아이를 위해 시간을 내면 이 문제는 어떻게든 해결된다.

시작하기 전에 이것만은 챙기자

말걸기 육아의 시간에는 주위가 조용해야 한다는 것이 여전히 가장 중요하다. 이 월령은 선별하여 듣는 힘을 키우는 데 매우 중요한 시기로, 환경이 나쁘면 충분히 발달하기 어렵기 때문이다.

어떤 소리가 어떤 단어에 포함되어 있는지 가려들어야 하는 시기이므로, 아기가 확실하게 알아듣도록 말하는 것이 중요하다. 그러니까 '말걸기 육아'의 시간에는 아기 가까이에 있도록 한다. 연구에 따르면 아기에게 이 시간에 어느 정도 말을 걸었는가 하는 양적 측면이 장래의 언어 발달과 굉장히 높은 상관관계를 가진다. 아기에게 충분히 말을 걸어주자.

이 시기에 아기는 조건만 갖춰지면 놀라울 정도로 왕성하게 말과 그 의미를 연결지어간다. 이 시기에 결정적으로 중요한 것은 당신이 말과 그 의미를 연결 짓는 데 도움을 주는 것, 바로 그것이다.

말과 의미가 짝지어지는 과정에 관해 잠시 생각해 보자. 이것은 그야말로 경이적인 대사업이다.

우리가 흔히 구사하는 말하기 방법을 생각해 보자. "어머, 날씨가 좋아졌네. 외투와 구두를 가져와서 산책하러 가자꾸나." 우리는 도대체 어떻게 해서 이렇게 많은 단어 가운데서 '구두'라는 단어가 발에 신는 것을 의미한다는 것을 알게 되었을까.

이것을 보아도 아기가 말과 의미를 짝짓는 데는 많은 도움이 필요하다는 것을 알 수 있다. 이 시기의 '말걸기 육아'의 목적은 그것을 도와주는 것이다.

그 밖의 중요한 분야에서도 발달이 보인다. 선별하여 듣는 힘이 발달하고, 말 속의 소리를 모두 구별하여 들을 수 있게 되며, 단어를 말하기 시작하는 것이 그것이다. 또 주위 상황을 보다 많이 이해할 수 있게 된다.

말걸기 프로그램 중 몇몇 내용은 이전과 같지만, 그 목적은 달라진다.

아이와 상호작용 놀이를 계속하자

이전부터 계속해 온, 말과 동작이 하나가 되는 놀이가 여기서 크게 도움이 된다. 이 3개월 동안에도 줄곧 계속해 주자.

이전에 아기가 이해하는 것은 당신이 하는 이야기의 대략적인 윤곽과 가락뿐이었지만, 몇 번이고 되풀이하면 말의 의미를 알게 된다.

아기는 사물이나 사건의 의미를 알고, 그것에 관계되는 단어를 익힌다. 예를 들어 '높이, 높이'라는 말은 안아 올리는 동작과 연결짓는다.

둘이서 같은 대상에 주의를 기울이고, 같은 것을 기대하며 기다리는 것을 여러 번 반복하는 가운데 이루어지는 놀이는, 같은 대상에 주의를 집중시키는 데 아주 좋은 방법이다.

　이 시기에 상호작용 놀이를 할 때 아기는 어엿한 한 사람 몫의 상대가 된다. 처음에는 어른이 주도하여 차례를 정하지만 몇 번 경험하면 아기는 곧 대등하게 참여한다. 아기는 목소리를 내기 전에 "다음은 엄마 차례예요" 하고 알려 주듯이 틈을 둘 것이다. 당신이 말하면 아기가 입을 다물고, 당신이 입을 다물면 아기가 소리를 내는 차례가 지켜지도록 주의하자. 아기는 대화의 기본 룰을 배우고 있는 것이다.

　놀이는 가능한 한 동일한 방법으로 하지만, 군데군데 변화를 주자. 변화를 주는 방법은 '놀이'를 다룬 부분에서 설명할 것이다. 간단하게 말하자면 틀렸다는 시늉을 하거나, 룰을 바꾸거나, 기다릴 때 일부러 공백을 길게 두거나 하는 것이다.

청소하면서 '윙윙' 하는 등 소리를 들려주는 것은 이 시기에 크게 도움이 된다. 놀이소리는 아기에게 소리를 듣는 것은 즐겁다는 메시지를 전달하여 소리를 듣는 준비자세를 갖추게 한다.

소리를 되돌려주자

이 시기에 대단히 중요한 사항이다. 아기가 내는 소리는 마침내 주위에서 들리는 모국어의 음과 같아지려고 한다.

아기는 수천이나 되는 단어를 듣고 그 단어가 어떤 음으로 구성되어 있는지 기억하는 대작업에 매달려 있다. 소리를 흉내내어 되돌려주는 까닭은 입술과 혀를 어떻게 움직이면 어떤 소리가 나오는가를 아기가 이해하기 쉽게 하며, 자신이 내는 소리와 주위사람이 내는 소리를 쉽게 비교할 수 있게 하기 위해서이다.

놀이 소리를 계속하여 들려주자

장난감 자동차를 굴릴 때 "부릉부릉" 한다든지, 청소하면서 "윙윙" 하고 소리를 들려주는 것은 이 시기에 크게 도움이 된다.

이러한 놀이 소리는 아기에게 소리를 듣는 것은 즐겁다는 메시지를 전달하여 소리를 듣는 준비자세를 갖추게 한다.

> 션은 8개월이 되어도 거의 입을 열지 않아 나에게 찾아오게 되었다. 지나치게 얌전한 아기여서 엄마나 주위사람들에게 무언가 조르는 일도 없었다. 소리를 내는 경우도 그다지 없고, 커뮤니케이션에도 별반 흥미가 없는 것 같았다. 내는 소리는 모음뿐이고, 음절 몇 개가 있는, 5개월 된 아기 정도의 수준이었다.
> 우리는 '말걸기 육아'를 적용하여 엄마에게 다양한 소리를 내어 들려주는 동시에 션이 내는 소리에 응답하여 주도록 조언했다.
> 2개월이 지나자 션은 모든 점에서 제 연령에 적합한 수준이 되었다.

이 3개월이 끝날 무렵까지는 아기는 주위에서 이야기하는 언어의 모든 음을 가려들을 수 있게 된다. 이 작업에 놀이 소리가 크게 도움이 된다. 아기는 서로 다른 소리가 차례차례 연속하여 흘러가는 식의 단어보다는 하나나 두 개의 음으로 구성된 단어에 더 주의를 집중하여 들을 수 있기 때문이다.

이것저것 궁리해 보자. 장난감을 떨어뜨렸을 때 사용할 수 있는 '놀이 소리'가 얼마나 많은가 생각해 보면 놀랄 정도이다. '쾅' '쿵' '쾌당' '아이쿠' 등등. 조금 변형된 소리도 마음껏 사용하자. '아이고' '아이구머니나' 등 찾아보면 많다.

아기가 주의를 기울이고 있는 대상을 잘 살펴 말을 걸자

이 시기에 결정적으로 중요한 사항이다. 사물이나 사건에 함께 주의를 기울임으로써 어른은 언어 학습에 최적의 조건을 만들어 주는 것이다. 언어란 같은 내용을 같은 문맥(전후 관계) 속에서 파악해 감으로써만 배울 수 있기 때문이다.

어른과 아이가 공통의 대상에 주의를 기울인 경험이 많을수록 아이의 어휘는 풍부해지고, 훗날 문법구조의 이해력도 증대된다고 하는 것이 여러 연구에서 확인되고 있다.

명칭의 이해에 관한 한 연구에서는, 아이가 주의를 기울이고 있는 사물의 이름을 말해 준 경우와, 어른이 마음대로 선택한 것에 관해 이름을 가르친 경우를 비교하면 전자 쪽이 훨씬 잘 기억되는 것이 확인되었다.

구체적으로 실천해 보자. 손이 닿는 곳에 흥미로운 물건을 잔뜩 준비해 두고 아기와 얼굴을 마주한다. 아기가 보고 있는 것, 갖고 있는 것이 무엇인지 관찰한 다음 "그것은 곰인형"이라고 이름을 말한다. 혹은 일어나는 일에 흥미가 있는 듯싶으면 "떨어졌다" 하고 움직임을 설명한다.

아기가 보고 있는 사물뿐만 아니라 아기의 마음 속에 있는 사물에 가능한 한 가까이 다가갈수록 아기에게는 도움이 된다.

아기가 책에 이것저것 흥미를 갖고 있다고 치자. 책을 이로 갉는 데 열심이라면 "책을 이빨로 갉고 있구나", 책장을 넘기면 "책장을 넘겨", 그림 그 자체에 흥미를 나타내면 "그것은 자동차야" 하고 꼭 알맞은 내용을 말해 준다. 한번 해 보자. 그다지 어려운 일이 아니다.

마찬가지로 아기가 엄마를 보고 있을 때도 잠깐 상태를 살펴보자. 엄마가 무언가 하기를 아기가 기다리고 있는 듯하면 특정한 것을 손가락으로 가리키며 그 이름을 말하거나, 장난감을 집어올려서 놀기 시작한다. 그 경우 무엇을 하고 있는지 확실히 알 수 있도록 말로 해 주자. 아기의 주의가 흐트러지면 곧바로 그만둔다. 설령 한 순간일지라도 아기의 주의를 강제로 끌려고 하지는 말라.

아기가 즐겁게 들을 수 있도록 해 주자

듣고자 하는 소리를 가려내고, 듣고 싶지 않은 소리를 무시하는 능력과 관련하여 가장 중요한 시기이다. 이 3개월이 끝날 무렵까지 모든 것이 순조롭게 진행되고, 환경이 바람직했다면 아기는 잘 들을 수 있지만, 그렇지 않은 경우도 적지 않다. 귀가 안 들리는 것일까 하고 의심될 정도이지만, 실은 청력에는 아무런 문제가 없는 학령 전의 유아를 나는 많이 보아 왔다.

해리는 1세 가까이 되어 클리닉에 왔다. 주변을 멍하니 둘러보며 말을 거는 사람들을 모두 무시했다. 엄마에게도 마찬가지였다. 굉장히 큰 소리가 나는 장난감을 주어도 거들떠보지도 않고, 옆방에서 다른 아이가 큰 소리로 떠들어도 아무런 기색을 보이지 않았다.

실은 나도 처음에는 이 아이는 귀가 전혀 들리지 않는다고 생각했다. 부모도 불안하여 어찌할 바를 몰라했다.

엄마에게 해리가 좋아하는 음식을 물어보았더니 쿠키라고 했다. 그리고 해리가 가져온 장난감 중 특별히 좋아하는 것은 조그만 곰인형이라는 것을 알았다.

나는 쿠키를 한 봉지 사 와서 작업에 들어갔다. 해리의 정면에 앉아서 쿠키를 하나씩 건네주고 그때마다 봉지를 꾸깃꾸깃해서 소리를 냈다. 그리고선 곰인형을 사용하여 게임을 시작했다. 곰인형을 갖고 가까이 다가가 "간다, 간다, 간다 까꿍……" 하는 게임이었다. 해리는 두 가지 놀이 모두 무척 즐거워했다.

다음에는 해리의 정면에서 다른 사람이 주의를 끌도록 하고서는 뒤로 자리를 옮겨서 쿠키 봉지로 소리를 내고, 때로는 오른쪽 왼쪽으로 옮기면서 아주 조용하게 이야기해 보았다. 그런데 내가 아무리 조용하

아기가 보고 있는 사물뿐만 아니라 아기의 마음 속에 있는 사물에 가까이 다가갈수록 아기에게는 도움이 된다. 토끼 그림에 흥미를 나타내면 "그것은 토끼야" 하고 말해 주자.

게 이야기해도 해리는 항상 정확하게 소리가 들려오는 쪽을 향했다. '말걸기 육아'를 4주간 실시한 후 해리는 어떤 상황에서도 매우 정상적으로 소리에 반응하게 되었다.

알렉산드라는 내가 처음 진찰했을 때 생후 11개월이었다. 귀여운 여자아이로, 잘 놀고 나를 잘 따르기도 했다. 그런데 만 1세에 가까운데도 6개월 된 아이 수준의 짧은 음절로 된 옹알이를 중얼거릴 뿐이었다. 특히 전혀 들으려 하지 않는다는 점이 문제가 되었는데, 목소리뿐만 아니라 주위에서 들리는 잡다한 소리도 거의 무시한다는 것이었다. 하지만 청력검사에서는 정상이라고 진단받았다.

엄마의 얘기로는 알렉산드라는 자주 자기 혼자만의 세계에 빠져 있는 듯이 보인다는 것이었다. 알렉산드라는 쌍둥이로, 다른 한 쪽 아이에 비해 약했으며, 게다가 한 쪽 아이는 매우 활발한 오빠였다. 어른과 둘만의 시간을 보낸 적이 없고, 조용한 시간 따위는 가질 수 없었음은 물론이다. 또 생후 3개월 이후 여러 차례 귓병을 앓았다니까 들리지 않는 시기가 있었을지도 모른다.

우리는 듣는 것에 중점을 둔 프로그램을 지도했다. 한 달이 지나 알렉산드라의 엄마가 보내온 편지에는 곧바로 큰 효과가 나타났고 눈에 띄게 좋아졌다고 씌어 있었다. 소리에 곧잘 반응하고, 옹알이도 훨씬 길고 복잡한 것으로 변해 갔으며, 조용한 시간에는 매우 잘 듣고 있다는 것이었다.

한 달 후에 다시 한번 진찰해 보았더니 알렉산드라의 듣는 힘, 내는 소리, 말에 대한 이해는 모두 제 또래의 정상치 안에 정확하게 자리잡고 있었다.

이 아이들의 문제는 소리와 음원을 정확하게 연결할 수 없었던 데 있었다. 때문에 소리의 세계 전체가 아무런 의미를 지니지 않으므로 듣는 행위를 그만두어 버렸던 것이다. 이런 경우 도움을 받지 않으면 학교에서 매우 곤란한 지경에 놓이게 된다.

이 시기의 '말걸기 육아'에서는 듣는 것은 쉽고 재미있다는 메시지를 아기에게 듬뿍 전달하는 것이 가장 바람직하다. 그러기 위해서는 주위의 시끄러운 소리를 없애고 즐겁고 듣기 쉬운 소리를 들려주어야 한다. 소리가 나는 장난감을 많이 준비해서 어떻게 해서 소리를 내는지 보여 준다. 듣기 위한 시간을 제공해야 하므로 소리를 냄과 동시에 말을 걸어서는 안 된다. 어떻게 하면 큰 소리와 조용한 소리가 제각기 다르게 나는지 보여 주는 것도 재미있겠다.

한 가지 주의해야 할 것이 있다. 소리가 나는 기성제품 장난감, 특히 컴퓨터로 제어하는 것 중에는 아주 날카롭고 높은 소리를 내는 것이 있다. 이것은 아기의 귀에 해롭다.

'말걸기 육아'의 시간에는 동작을 수반하는 동요를 활용하거나, 무릎에 앉힌 채 재미있는 소리를 내면서 간질이거나 해 주자. 아기는 기뻐하며 소리를 듣는 것은 즐겁다고 생각하게 된다.

'말걸기 육아'의 시간 이외에는 청소기를 작동시키거나 방울을 울릴 때 정해진 소리가 난다는 사실을 알게 해 주면 아기가 소리와 음원을 연결짓는 데 도움이 된다.

어떻게 말을 걸까

지금까지 당신은 주의력을 키우고 감정 교류를 잘 할 수 있도록 말을 걸어 줌으로써 아기를 도와 왔다.

이 말걸기 방법이 이번에는 말을 이해하는 데 결정적으로 중요해진다. 9개월부터 만 1세까지의 시기는 언어발달에서 매우 중요한 시기이기도 하다.

문장은 짧고 간단한 것으로 사용한다

이 시기에는 짧은 문장을 사용하는 것이 매우 중요하다. 이유는 여러 가지 있다.

우선, 짧은 문장이 훨씬 쉽게 의미를 알 수 있기 때문이다.

"개가 있다"라고 들으면 무슨 상황인지 바로 알 수 있지만, "개와 고양이가 막 길을 건너고 있는 참이네"라고 들으면 아기는 어리둥절할 것이다.

다음으로, 아기는 어떤 소리가 어떤 단어에 포함되어 있는지 알아야만 하는데, 이것은 쉽지 않은 작업이다. 짧은 문장 쪽이 소리의 연결(단어)을 알아듣기 쉽다는 것은 말할 필요도 없다. 이렇게 해서 점차 말을 기억하여 구

아기에게 말을 걸 때 표현은 간단하게, 그러나 문법적으로 아주 정확하게 한다. "로봇이 마루에 떨어졌네"는 괜찮지만 "로봇, 마루"는 피해야 한다.

사할 수 있게 된다.

어떤 경우에도 어른의 말 걸기는 아기의 언어 이해 수준에 맞춰져야 한다. '말걸기 육아'의 소중한 원칙이다.

이 시기의 아기는 한 번에 단어 하나를 이해하는 수준이므로 중요한 단어 하나가 들어간 짧은 문장으로 말을 걸자. 예를 들어 "고양이로구나"라든가 "공이야" 등이다. 이 단계가 되어도 아기의 주의집중 시간은 얼마 안 되기 때문에 짧은 문장이 바람직하다.

엄마가 이 시기에 간결한 언어구사를 하면 할수록 아이가 사용하는 문장의 길이가 빠른 속도로 길어진다는 연구결과가 있다.

표현은 간단하게, 그러나 문법적으로 아주 정확하게 한다. "멍멍이가 책상 위에 있네"라고 하는 것은 괜찮지만, "멍멍이, 책상"은 피해야 한다. 문법적으로 올바른 말하기 방법은 아기의 '언어습득장치'를 작동시키는 데 매우 중요한 역할을 한다.

짧은 문장의 끄트머리에 잠깐 쉬는 틈을 넣어서 아기가 소화할 시간을 제공한다. 아기는 쉬는 틈과 틈 사이의 '말이 정돈된 상태(문장)'에 주의를 기울이고, 나아가 더 작은 단위의 소리나 단어 하나하나에 주의를 기울인다.

화제가 달라질 때는 조금 더 길게 틈을 두자. 이 무렵의 아기는 그렇게 쉬는 틈이 들어간 언어구사 방법을 좋아하며 듣는다고 알려져 있다. 여기서도 아기는 어떤 방법이 가장 도움이 되는지를 정확하게 아는 것 같다. 조금 느리고 큰 소리로 다양한 가락을 입혀 말하자. 이 시기의 아기가 집중하기 쉬운 방식이다. 다양한 가락이나 액센트는 문법을 이해하기 쉽게 해 준다.

"엄마가 왔어요"라고 말할 때 조금 높은 소리로 '엄' 소리를 강조하여 말해 주면 이 문장에서 중요한 것은 '엄마'라는 사실을 안다.(그렇다고 지나친 강조는 금물이다. 자연스럽게 구사하자)

사물의 이름을 가능한 한 많이 사용하도록 노력하자. "그것, 거기 뒤"보다는 "컵을 식탁에 두자꾸나"라고 말하도록 하자.

반복도 중요하다. 우리가 어떤 단어를 기억해서 사용할 수 있게 되려면 다양한 문장 속에서 여러 차례 되풀이하여 들어야 한다. 외국어를 배울 때나 뉴스에서 이제 금방 들은 외국 수상의 이름을 기억해낼 때를 생각해 보자. 외국어 단어나 복잡한 이름을 말하기까지에는 여러 차례 되풀이하여 듣는 과정이 필요하다. 아는 것과 외우는 것에는 큰 차이가 있다는 것은 아기에게도 마찬가지이다.

말이 되풀이되는 놀이나 동요를 활용해 보자. 또한 짧은 문장 속에 여러 차례 사물의 이름을 넣어 말할 수도 있다. 예를 들어 "강아지가 있네. 귀여운 강아지. 강아지야 이리 와"라는 식으로. 목욕할 때나 옷을 갈아입을 때도 얼마든지 써먹을 수 있겠다. 같은 말을 여러 번 듣는 것은 아기에게 매우 즐거운 일이다. 이 월령의 아기는 이미 알고 있는 단어일지라도 되풀이하여 듣는 것을 매우 좋아한다.

몸짓을 많이 사용한다

몸짓을 사용하는 것도 아주 좋은 방법이다. 사물의 이름을 말하면서 가리키는 것도 좋지만, 이 시기에 무엇보다 중요한 것은 아기가 손가락질하는 사물의 이름을 말해 주는 것이다.

생후 9개월이 되면 아기는 눈 앞 직선방향에 있는 것은 볼 수 있지만, 시계(視界)를 가로지르는 것을 발견하기는 어렵다. 이 사실을 알아두면 아기와 같은 대상에 주의를 집중하기 쉬워지며, 그 결과로 아기는 사물과 그 이름을 정확하게 익힐 기회를 갖게 된다.

이것이 잘 안 되어 말과 그 의미를 잘못 짝지어버린 아이들도 많이 있다.

짧은 문장 속에 여러 차례 사물의 이름을 넣어 말한다. "꽃이 있네. 예쁜 꽃. 꽃이 예쁘게 피었구나"라는 식이다. 목욕할 때나 옷을 갈아입을 때도 얼마든지 활용할 수 있다.

세 살짜리 곱슬머리 아이 몰리는 자동차를 문이라 하고 셔츠를 구두라 말했다.

몰리는 열 번째 아이로, 각별히 눈길을 주는 어른도 없었으므로 당연한 일이기는 하지만 사물을 보고는 나름대로 귀에 담아 두었던 틀린 단어와 잘못된 짝짓기를 하고 있었던 것이다.

우리는 숙모에게 하루 30분씩 몰리의 상대가 되어 주도록 부탁했다. 또 그 30분 동안은 숙모가 보기에 몰리가 분명히 주의를 기울이고 있는 사물에 대해서만 그 이름을 말해 주도록 당부했다. 몰리의 가족이나 선생님께도 가능한 한 같은 작업을 해 달라고 부탁하고, 몰리가 틀린 이름을 말하면 아주 자연스럽게 고쳐 말하도록 했다.

천천히, 하지만 확실하게 몰리는 사물의 올바른 의미를 알아갔고, 잘

못된 이름을 말하는 경우도 거의 없어졌다.

몸짓은 당신이 말하고 있는 내용을 확실하게 하기 위해서도 사용할 수 있다. 예를 들어 우유를 부으면서 "우유를 붓고 있어"라고 말한다.
때로는 아기의 몸짓을 흉내내는 것도 재미있을 것이다. 아기는 웃으면서 커뮤니케이션을 더 하고 싶다는 마음을 갖게 된다.

아기에게 질문할 때는
아기의 주의를 끌기 위한 방법으로서 질문의 형식을 취하고 있을지도 모른다. 이것은 괜찮지만, 아기에게 말을 하게 하기 위해 질문하는 것은 절대로 삼가해야 한다.

'말걸기 육아'의 시간 이외에는
아기가 흥미를 갖고 있는 것이라면 무엇이든 말하자. 목욕을 즐기고 있으면 "첨벙첨벙 오리가 물을 튀기네. 물 속에 들어갔어. 어머 저기 나왔네", 컵을 포개 놓고 놀고 있으면 "또 하나 있고, 자 봐, 또 하나 있네" 하는 식이다.

놀이

놀이는 이 3개월 동안에 급속하게 발달한다. 사물에 대한 탐색이 계속되는 가운데 다루는 방법이 능숙해진다. 눈과 손의 협조가 진전되고 몸을 자유롭게 움직일 수 있게 되었으며, 특히 양 손을 자유롭게 사용할 수 있게 되었기 때문이다.

이러한 능력 덕에 어떤 물건을 상자에 넣고 빼내고, 상자를 열고, 포장을 풀고, 겹쳐 쌓고, 자동차를 밀고, 공을 굴리고, 그림과 장난감을 맞추는 등 목적을 가진 다양한 놀이방법이 가능해져 아기는 매우 즐거워한다.

이 3개월 동안에는 일생의 즐거움인 독서도 시작된다. 또 하나의 중요한 도달점에 이른 것이다.

아기는 또한 연필을 쥐고 종이에 휘갈겨 쓴다. 글자를 쓰는 행위로 첫걸음을 내디딘 것이다. 주고받기 놀이도 여전히 매우 좋아한다. 놀이를 시작하는 것이나 계속할 것인지의 여부도 아기에게 맡겨 두자.

또 하나 중요한 것은 아이들 사이의 관계이다. 다른 아이에게 장난감을 보여주거나 건네주고 재미있는 것을 가르쳐 주거나 할 것이다. 다른 아이의 장난감을 빼앗을 때도 있다. 사이좋게 지내다가 싸우다가 하는 관계가 시작되는 것이다.

만 9~10개월

아기는 물체를 손바닥 전체로 감싸쥐던 데서 한 걸음 나아가 검지로 찔러 탐색할 수 있게 된다. 사물의 감촉이나 형태에 관한 지식을 늘려가는 계기가 된다. 여전히 입으로 가져가서 확인하는 경우도 종종 있지만, 눈과 손으로 탐색하는 쪽이 많아진다.

세세한 것에 흥미를 갖게 되어 인형의 옷 모양을 가만히 살펴보기도 한다. 여기저기 돌아다니며 이것저것 손에 넣거나 탐색하는 것을 무척 좋아한다. 그렇게 하여 점점 주위의 상황을 이해해 간다.

이렇게 스스로 옮겨 다니며 움직인 덕으로 주위 상황에 대한 이해가 진전되어 음원을 찾으러 갈 수 있게 된다. 선별하여 주의를 기울이는 힘의 지속적 발달에 아주 중요한 요소이다.

이러한 탐색 놀이는 개념이나 카테고리 분류에 대한 이해를 진전시키는데 도움이 된다. 개념이나 영역을 모르고서는 언어를 의미 있는 것으로서 사용할 수 없다. 아기는 예를 들어 두껍다와 얇다를 구별하고, 굴러가는 물건과 던지는 물건이라는 구별을 할 수 있게 된다. 언어는 이러한 작업이 먼저 선행되고 난 다음 덧붙여지는 것이다.

이런 행동이 저런 결과를 낳는다는 인과관계에 대한 이해는 아직 매우 한정된 범위에서만 이루어진다. 쌓기 막대로 테이블을 두드리면 소리가 난다는 것을 아는 정도이다. 아기는 소리가 나는 장난감은 무척 좋아한다.

아기는 어른이 하는 행동을 흉내내어 장난감을 가지고 논다. 엄마가 시범을 보이면 곰인형을 폴짝폴짝 뛰게도 할 수 있다.

노래 부르기는 이 시기에 가장 적합한 놀이다. 위대한 언어학자 핑커는 인간의 눈은 줄무늬에 이끌리고, 마찬가지로 귀는 동요에 이끌린다고 했다. '언어습득장치'가 여기서도 작동한다. 아기는 어른 무릎에서 동요 듣는 것을 제일 좋아한다. 친숙한 사람이나 동작에 관해 노래하는 단순하고 귀에 익은 곡조를 마음에 들어한다.

'자장자장 우리 아기' 등의 자장가나 '눈은 어디 있나, 요기' 처럼 몸의 일부를 활용하는 것, 옷이나 옷 갈아입기를 소재로 한 것, '아침바람 찬 바람에' 처럼 동작을 수반하는 노래도 무척 좋아한다.

아기는 자기 스스로 적극적으로 놀이에 가담하게 되어 이 시기부터 어른과 대등한 파트너가 된다. 몇 주일이나 질리지 않고 같은 놀이를 되풀이한다. 놀이에 쓰이는 말과 동작을 알고 있어 다음 순서를 기대하는데, 아기가 기다리고 있다는 사실을 아기의 몸짓과 목소리로 분명하게 알 수 있다. 되풀이하여 노는 동안에 자신이 좋아하는 리듬, 가락, 액센트 등을 만들어낸다.

차례대로 하는 게임이 이 시기에 가장 좋아하는 놀이다. 흥미로운 것은, 아기가 바로 이 무렵 마치 한 계단 올라선 것처럼 목소리에 의한 대화를 시작한다는 것이다.

어른과 교대로 자동차를 밀거나 공을 굴리는 것을 매우 재미있어한다. 숨바꼭질이나 술래잡기처럼 역할을 교대하는 것도 아주 좋아한다.

만 10~11개월

아기는 물건을 제각각 구별하여 다룬다. 쌓기 막대를 상자에 넣고 빼고, 상자를 열기도 한다. 자동차를 능숙하게 밀고 '부릉부릉' 등 단어 비슷한 소리를 덧붙인다. 어른이 시범을 보여 주면 흉내내는 것을 무척 좋아한다.

컵과 받침접시는 짝이 되는 물건이라는 관계를 알기 시작한다. 이것은 언어를 조합하는 데 없어서는 안 될 능력이다.

아기는 그림과 실물의 관계를 알고, 일생의 즐거움인 독서를 향해 첫걸음을 내디딘다. 친숙한 사물이 선명한 색으로 그려져 있는 그림을 좋아하고,

책을 물어뜯지 않고 제대로 볼 수 있게 된다. 책장을 넘길 수도 있다.

대체로 10개월 안에 동요를 부를 때 곁들이는 몸동작을 익혀 그 동작을 미리 앞서 기다린다.

만 11~12개월

부드러운 장난감을 갖고 노는 것을 매우 좋아하고 아주 간단한 흉내 놀이가 나타난다. 천으로 만든 곰인형을 껴안고, 인형이 타는 유모차를 미는 놀이가 시작된다.

진짜 컵이나 머리빗을 갖고 노는 것도 좋아한다. 엄마가 사용하는 것을 보아 왔으므로, 자신이 사용하면 어떻게 될까, 생활 속에서 어떤 역할을 하고 있는가를 알고 싶어하는 것이다. 진짜와 닮은 장난감 동물 등도 좋아한다.

아기는 물건의 사용법을 아는 듯한 놀이방법을 구사한다. 자동차를 달리게 하고 곰인형을 걷게 하지만, 그 반대로는 하지 않는다. 어른용 도구의 사용방법, 예를 들어 전화는 이야기하기 위한 물건이라는 것을 알고서 가지고 논다.

아기는 눈과 손의 협조가 진전되고 손끝도 민첩해지므로 구멍 뚫린 말판에 나무못을 찔러 넣거나 입이 넓은 컵을 겹쳐 쌓거나 할 수 있다. 종이나 골판지 상자를 갖고 놀고, 자신이 들어갈 만한 커다란 상자가 있으면 굉장히 기뻐한다.

정해진 놀이에 어른이 변화를 주면 무척 좋아한다. 다음과 같은 식이다. '까꿍 놀이'를 하면서 '까꿍' 전에 잠깐 시간을 두는 등, 다음 동작을 하기 전에 틈을 둔다. 또 술래잡기 놀이를 시작하기 전에 아기가 이제 쫓아와도 좋아요 하고 사인을 보낼 만한 시간을 두도록 해 보자. 아기가 자기 쪽으로 공이 올 것이라고 예측하고 있을 때 일부러 곰인형 쪽으로 굴리는 시늉을 해서 아기를 놀라게 해도 좋겠다.

놀이 재료

놀이 종류가 늘어남에 따라 적절한 장난감을 제공하는 것이 점점 중요해진다.

좋은 장난감이라면 앞으로 몇 개월 동안은 큰 도움이 될 것이다. 주의를 집중할 수 있는 시간은 짧기 때문에 계속해서 아기의 관심이 옮겨가도 상관없도록 장난감을 많이 준비할 필요가 있다. 장난감을 가지고 놀 때 아기는 엄마가 곁에 있으면서 때때로 놀이방법을 보여 주면 좋겠다고 생각한다.

아기가 물건을 손에서 놓는다는 새로운 능력을 익혀 무엇이든지 떨어뜨리면 그때마다 주워서 되풀이하게 해 준다. 아기는 도와 주는 어른이 곁에 있으면 보다 풍부한 놀이방법을 구사한다. 하지만 당신이 주도권을 가져서는 안 된다. 이 시기에 아기가 장난감을 새롭게 사용하는 방법을 찾아내면 어른은 한 걸음 물러나는 것이 좋다. 아기가 스스로 탐색하고 스스로 충분히 활용할 수 있기까지 시간이 필요하기 때문이다.

장난감 상자

사물이 무엇을 위해 존재하며, 그것으로 무엇을 할 수 있는지 알게 해 주는 종류의 장난감으로 다음과 같은 것을 준비한다.

▶ 부드러운 동물
▶ 목제로 된 간단한 탈것
▶ 인형용 유모차
▶ 인형용 브러시와 빗

▶소꿉놀이 도구

탐색과 조작 능력을 강화시키기 위한 장난감도 필요하다.
▶천으로 된 쌓기 막대
▶쌓아 올릴 수 있는 링
▶겹쳐 쌓을 수 있는 입구가 넓은 컵
▶크고 부드러운 공
▶연필과 종이
▶플라스틱 컵
▶서로 다른 사이즈의 골판지 상자.
아기가 기어오를 수 있는 크기의 것도 포함
▶숟가락
▶부드러운 헤어 브러시

아기에게 소리를 내거나 듣는 것은 재미있다고 생각하게 해 주는 장난감은 다음과 같은 것들이다.
▶방울
▶쌀, 콩 등 다양한 물건이 들어간 놀잇감
▶큰 북
▶냄비 뚜껑과 숟가락
▶실로폰
▶구기기 쉬운 종이
▶탬버린
▶캐스터네츠

책꽂이

아기는 그림과 실물을 연결지을 수 있게 되고, 책을 물어뜯거나 주무르지 않고 제대로 보며, 책장을 넘기려고도 한다. 색이 선명한 카드, 눈에 익은 컵이나 장난감 오리 등이 실물 그대로 그려져 있는 책을 좋아할 것이다.

'말걸기 육아'의 시간에 함께 그림책을 보는 것도 좋다. 특히 중요한 것은 책 읽기를 즐거운 교류의 시간으로 만드는 것이다. 책 읽기는 즐거운 것이라는 생각을 애초부터 갖게 되는 계기가 될 수 있다.

아기를 무릎에 앉혀서 꼭 끌어안고는 함께 그림책을 보고 어떻게 책장을 넘기는가를 보여 준다. 두 사람이 꼭 붙어서 같은 각도에서 책을 보자. 때로는 그림과 관계있는 실물을 보여 주는 것도 재미있겠다. 오리 그림에는 꽥꽥처럼 그림에 관계된 소리를 덧붙일 수도 있다. 그림을 보는 시간만큼이나 책 그 자체를 탐색하는 시간도 아기에게 듬뿍 주자. 아기는 아직 손으로 만져서 탐색하는 시기에 머물러 있다.

텔레비전과 비디오

아직 보여주지 말자. 아기에게는 배울 것이 많이 있는 중요한 시기이다. 텔레비전과 비디오는 방해가 될 뿐이다.

summary

여기 씌어져 있는 것은 평균적인 발달양상이다. 아기에 따라 제각각 발달의 정도는 다르다. 당신의 아기가 여기 씌어 있는 것을 모두 다 할 수는 없다고 해도 염려할 필요는 없지만, 만 1세에 아래서 제시한 '이럴 땐 전문가에게'에 해당되는 경우는 말 그대로 전문가에게 상담해 보길 권한다. 또 아기에 대해 의문나는 사항이 있으면 언제라도 보건소나 늘 다니는 병원에 데리고 가 보자.

한 돌 무렵의 아기들은
- 음악에 맞춰 노래하려 한다.
- 자신의 이름을 안다.
- 늘 보던 장면에서 사람이나 물건의 이름을 들으면 안다.
- 고개를 흔들어 '싫어'를 나타낸다.
- 1개에서 3개 정도의 단어를 말한다.

이럴 땐 전문가에게
- 모자처럼 친숙한 사물에 대해 엄마가 말해도 둘러보며 찾으려 하지 않는다.
- 자신의 이름을 불려도 그쪽을 쳐다보지 않는다.
- 가락이 좋은 옹알이를 그다지 하지 않는다.
- '쎄쎄쎄'와 같은 간단한 놀이를 하려 하지 않는다.
- 어른이 손가락으로 가리키는 쪽을 보려 하지 않는다.

참고문헌

J. Cooper, M. Moodley & J. Reynell
Helping Language Development
(London, Edward Arnold, 1978)

S. Pinker
The Language Instinct: The New Science of Language and Mind
(London, Penguin, 1994)

Kaye
The Mental and Social Life of Babies
(University of Chicago Press, 1982)

K. Nelson
Making Sense: The Acquisition of the Child's Shared Meanning System
(New York, Academic Press,1985)

G. Wells & W. Robinson
'The Role of Adult Speech in Child Development' in C. Fraser & K. Scherer(eds)
The Social Psychology of Language
(Cambridge University Press,1982)

L. Baumwell, C. Tamis-Lemanda, R. Kahana-Kalaman & J. McClune
'Maternal Responsiveness and Infant Language Comprehension,'
SRCD Conference New Orleans(1993)

만 1세부터 1세 4개월까지

짧고 간단한 문장을 사용하자

이 시기 엄마가 구사하는 문장이 간단할수록 아이가 표현하는 문장의 길이가 나중에 급격하게 길어진다. 엄마가 말을 많이 걸고는 있지만 문장이 너무 길어 아이가 이해하지 못하고 있지는 않은지 주의한다.

만 1세~1세 2개월

🔊 언어 발달

최초의 말은 대체로 음식물이나 장난감 등의 이름이다

이 시기에 아기는 언어의 법칙을 알기 시작한다. 특기할 만한 점은 두 가지 있다.

먼저, 말에 대한 이해 정도는 아기마다 상당한 차이가 있으며, 지금까지의 경험에 좌우된다는 것이다.

다음으로, 아기가 이해할 수 있는 말의 가짓수는 급격하게 늘어나는데도 실제로 말하는 것은 비교적 천천히 발달하여 커다란 틈이 생긴다는 것이다. 예를 들면, 아기는 말할 때는 네 발로 걷는 모든 동물을 '고양이'라고 하지만, 그림에서는 고양이와 말과 양을 각각 정확하게 구별하여 손가락으로 가리킨다.

1세까지 순조롭게 자라 온 아기는 많은 단어를 이해하게 되어 이미 두 단어나 세 단어 정도는 말하고 있을지도 모르겠다. 사람이나 사물의 이름을 들으면 주위를 탐색하는 듯 둘러보므로 부모는 아기가 매주 새로운 말을 익히고 있음을 알 수 있다.

아빠나 엄마가 자신이 한 행동에 기뻐하는가 아닌가 등 말을 듣고 기분을 짐작하는 데도 한층 능숙해진다.

친숙한 사물이 그려져 있는 그림책 보기를 좋아하고, 그려져 있는 사물의 이름을 어른이 말해 주기를 바란다. 독서를 향해 나아가는 전조인 것이다.

아기는 놀이를 하고 있는 중에는 "엄마에게 줘요"라는 요청을 잘 알아듣는다.

아기는 또 사회적 관계 맺기에서 훌쩍 성장한다. 1세가 되면 아기는 자신이 타인과는 분리되는 한 사람의 인간이라는 사실을 인식하기 시작하여 상호작용 과정에서 거의 대등한 파트너가 된다. 음성을 사용한 '대화'를 시작하거나, '짝자꿍 짝자꿍'처럼 목소리를 내는 손놀이를 시작한다.

커뮤니케이션 방법에 따라 효과가 달리 나타난다는 것도 알게 된다. 익살을 떨면 웃음이 되돌아온다는 것은 이미 알고 있으며, 어른 쪽을 보고서 물건을 손가락으로 가리키면 집어 준다는 것도 알고 있다.

대체로 1세 2개월 안에 아기의 입말은 네 개에서 다섯 개의 단어를 반복하여 사용할 수 있는 데까지 발달하고, 좋아하는 단어는 무척 자주 사용한다. (내 아이 중 한 명은 안아 주기를 바랄 때뿐만 아니라 자신을 쳐다봐 달라고 요청할 때도 항상 "안아" 하고 말했다)

흥미로운 것은 이러한 단어를 사용하는 연령과 성장수준은 아기가 처해 있는 환경이 달라도 그다지 차이가 없다는 것이다.(조금 더 시간이 지나면 대단한 차이가 나타난다) 이 사실에서 보자면, 이 시기에 말을 하게 되는 것은 생물학적으로 본디 결정되어 있다고 할 수 있을 것 같다.

생애 첫 낱말은 대체로 음식물, 옷, 신체의 일부분이나 장난감 등 낯익은 것의 이름이다. 다음으로 '안아'처럼 동작에 관한 말이 뒤따른다. 이 시기에 아기는 어떤 말을 들은 경험이 있는 장소에서만 그 말을 한다. 예를 들어 '숟가락'이라고 말하는 것은 자기 집에서 식사할 때뿐인 식이다.

이러한 초기의 언어 구사방법은 다양하다. 아기는 우리 어른들과는 꽤나 다르게 말을 사용한다. 무언가 가리키는 말로서만이 아니라 문장 전체를 대신하여, 그리고 질문이나 요구, 전달이나 명령으로서 종종 사용한다. 예를 들어 '컵' 이라는 말은 '마실 것을 달라' 가 되거나 '그건 내 컵이야' 또는 '내 컵은 어디에 있어?' 라는 의미가 되기도 한다.

아기는 자신이 말하고자 하는 것을 전달하는 데 능숙해져, 억양을 바꾸거나 몸짓을 덧붙여 다른 의미를 나타낸다. 말끝을 올리면 단 한 마디만 해도 질문이 되는 것도 안다. 이 한 단어 문장 단계에서도 아기는 주위의 상황이나 자신에게 가장 중요한 장난감과 사람에 대해 이야기를 한다. 세계가 확장되는 데 따라서 새로운 단어도 늘어간다.

꼭 알맞은 단어를 모를 때, 아기는 비슷한 의미의 단어를 사용한다. 집에서 기르고 있는, 목을 가르릉거리며 털이 있는 귀여운 동물은 '고양이' 라고 불리는 것을 알고 있으므로, 다리가 네 개에 털난 동물은 전부 그렇게 부른다. 문장의 한 단락이 한 단어로 축약되어 있는 경우도 있다.

이와 같은 초기의 말은 변덕스러운 쓰임새를 보인다. 2,3일 혹은 몇 주일 사용하고는 얼마 동안 사라지거나 한다. 그렇기 때문에 "단어를 몇 개 정도 구사합니까?" 라는 질문을 받으면 부모는 대답하기가 곤혹스럽다. 흥미로운 것은, '첫 낱말' 은 상당히 오랜 기간 동안 사라지는 경우가 많다는 것이다. 그 이유는 알 수 없지만 염려할 필요는 없다. 조만간 다시 나타나니까 말이다.

아기는 아직은 대체로 손가락으로 가리키며 "아, 아"라고 말함으로써 커뮤니케이션을 시도한다. 또한 매우 가락이 좋고 긴 옹알이를 하는 가운데 진짜 단어가 섞여 나온다. 사물을 흉내내는 것이 능숙해져 동물의 울음소리나 탈것의 소리뿐만 아니라 어른이 사용하는 단어도 흉내내려 한다. 다른 아기가 내는 소리도 흉내낸다. 다른 아이의 소리는 잘 알아들어 '돌아라 돌아라

방을 돌아라' 같은 차례로 말을 하는 놀이를 시작하기도 한다.

전반적 발달 양상

최초의 한 걸음을 뗄지도 모른다

이 시기의 첫머리에 아기는 기어다니며 부지런히 탐색한다. 또 혼자 서 있을 수 있고, 낮은 계단을 올라가기도 한다. 이 시기에 생애 최초의 한 걸음을 뗄지도 모른다.

아기는 자신과 주위의 상황을 잘 인식하게 된다. 공이 굴러가서 보이지 않게 되어도 공을 기억하고 있으므로 그 방향을 쳐다보고 있다. 주위사람들을 웃게 했던 방법을 기억하고 있어서 같은 짓을 되풀이한다.

이 시기에는 대체로 지시하는 바를 따르고, 옷을 갈아입을 때는 손발을 내밀어 주기도 한다. 유머감각까지 보이고 다양한 감정이 겉으로 드러난다. 깜짝 놀래키면 큰 소리로 웃는다.

손의 움직임도 민첩해져서 주변세계를 탐색하기 위한 새로운 능력을 체득한다. 대체로 1세가 되자마자 쌓기 막대를 능숙하게 다룰 수 있게 되지만, 솜씨 좋게 쌓으려면 한 달이 더 지나야 한다.

빠른 아기는 어느 쪽이 잘 쓰는 손인지 분명하게 드러나기도 하지만, 조금 더 지나야 알 수 있는 경우가 더 많다. 물건을 쥐는 능력도 어른과 비슷해져 한 손으로 쌓기 막대 두 개를 쥘 수 있다. 장난감을 상자에 넣고 끄집어내며, 휘갈겨 낙서하는 것도 여전히 좋아한다. 아기는 창을 통해 바깥을 바라보고, 본 것을 손가락으로 가리키며 즐거워한다.

👁 주의를 기울이는 힘
수많은 말과 의미를 연결짓는다

　주의를 집중할 수 있는 시간은 매우 짧지만 자신이 선택한 물건이나 동작은 때때로 집중하여 본다.

　'자신이 선택했다'는 점이 중요하다. 1세 무렵에는 어른이 보고 있는 곳을 함께 볼 수는 있지만, 계속해서 볼 수 있는 상태가 되려면 아직 멀었다. 그럴 때, 다른 곳을 보지 말라고 얘기해도 무리다. 지시하는 것을 아기가 따르지 않는 것이 아니라 따를 수 없기 때문이다.

　이 무렵, 아기는 수많은 말과 그 의미를 연결짓고 있다. 또 단시간이라면 그림에 주의를 기울여서 그림과 그 이름을 관련지을 수 있다. 이것이 가능하려면 아기와 어른이 같은 대상에 주의를 기울이고, 어른이 말로 그림을 설명할 필요가 있다.

　아기가 주의를 기울이고 있는 대상에 관해 말해 주도록 하라. 이 과정을 통해 아기는 어른이 말하는 대상에 주의를 기울일 수 있게 된다. 학교에서 학습할 때 반드시 필요한 능력이다. 혼자서 놀 때보다는 어른과 상호작용 놀이를 하고 있을 때 아기가 주의를 더 잘 집중한다고 한다.

　이 시기에 아기는 어른이 보아 주기를 바라는 대상을 표현할 때 먼저 그것을 가리키고서는 어른을 쳐다본다. 대체로 1세 2개월 안에 대상을 가리키는 동작과 어른을 쳐다보는 동작을 동시에 할 수 있게 된다.

👂 듣는 힘
가려듣는 능력은 조용한 환경에서만 자란다

　듣기 능력이 순조롭게 발달했다면 아기는 어느 정도 듣고자 하는 소리에 집중할 수 있지만, 주위가 시끄럽지 않고 주의를 흐트러지게 하는 것이 없을 때만 가능하다. 이 중요한 새 능력은 주위 환경이 나빠지면 곧 사라져 버리므로 주의해야 한다.

메리는 1세 2개월이었다. 선천적으로 한쪽 귀가 전혀 들리지 않았지만, 부모는 이 사실이 앞으로 특별히 문제가 되지는 않을 것이라고 진단받았다.
그런데 그렇지가 않았다. 우리는 양쪽 귀에 도달한 소리의 크기 차이와 시간 차로 음원을 찾는다. 메리에게는 그것이 안 되기 때문에 들은 소리가 어디에서 왔는지 알 수 없고 무슨 소리인지도 알지 못했다.
그 때문에 메리는 소리에는 조금도 흥미를 갖지 않고, 보는 것과 손에만 집중하여 듣는 작업을 거의 하지 않고 있었다. 특히 말소리에는 전혀 흥미를 갖지 않았다. 형제가 셋 있어 집안이 항상 시끄럽다는 것은 메리에게 한층 더 나쁜 조건이었다.
우리는 듣는다는 행위에 중점을 두고 메리가 단어의 의미를 이해하도록 고안한 '말걸기 육아'를 시작했다. 메리에게는 주위가 조용하고 불필요한 소음이 없는 환경이 필요했다.
소리가 나는 재미있는 장난감을 잔뜩 놓아 두고 천천히 큰 소리로 가락을 붙여 말하여 듣기 쉽게 배려하자 메리는 듣는다는 것은 즐겁다고 느끼게 되었다.
메리가 주의를 기울이고 있는 대상에 관해 이야기해 주자 메리는 말이 의미를 가진다는 것을 알게 되었다. 불과 4개월만에 메리는 듣기뿐 아니라 말을 이해하는 데서도 제 또래 수준을 따라잡았다.

아이에게 청각장애가 있는 경우, 그것이 영속적이건 젖먹이 때나 유아기 때에 흔히 앓는 코와 귀의 병에 의한 것이건, 주위가 조용해야 한다는 조건은 매우 중요하다.

소리가 지니는 의미를 알게 되면 주위의 세계를 이해하는 데 크게 도움이 된다. 예를 들어 식사, 목욕, 손님, 외출 등과 관계된 소리를 알면 생활의 리듬과 일과를 파악하기 쉬워진다.

손님이 와서 아기가 붙임성 있게 행동해 주었으면 하고 바라는 바로 그때, 주변이 소란스러우면 아기는 입을 다물어 버린다. 그것은 아기가 사교적이지 않아서가 아니라 주위에서 들려오는 소리를 전부 듣고 이해하려 하는 중이어서 무척 바쁘기 때문이다. 거기에다 목소리까지 낸다는 것은 무리인 것이다.

한 돌이 지나면 손의 움직임이 민첩해져
주변 세계를 탐색하기 위한 새로운 능력을 체득한다.
장난감을 상자에 넣고 끄집어내며,
휘갈겨 낙서하는 것도 여전히 좋아한다.

만 1세 2~4개월

🔊 언어 발달

옹알이 속에 단어가 섞여 나온다

　아기는 단어를 빠른 속도로 익혀간다. 옷이나 가구 등 일용품의 이름을 많이 알고 있다. 머리카락이나 귀 등 신체부분을 가리키는 명칭이 자신의 몸뿐만 아니라 인형에게도 적용된다는 것을 안다. 사물이나 동작뿐만 아니라 '안에'나 '위에' 등의 단어도 안다. 어른이 몸짓으로 '저기'라고 손가락질하면 어디를 가리키는지 안다. 처음에는 가까운 곳뿐이지만, 점점 먼 곳도 알게 된다. 아기는 몸짓과 소리로 자신이 알고 있음을 전달한다. "마실 것은 어디 있지?" 하고 물으면 "아 — 아 —" 하고 말하면서 가리킬 것이다.

　이 시기에 단어뿐만 아니라 문장을 알기 시작한다는 커다란 변화가 일어난다. "부엌에 가서 컵을 가져와"라는, 중요한 단어가 두 개 들어 있는 지시를 이해한다.

　말에 대한 이해는 질적으로도 발달한다. 이 시기 끝무렵에는 전체를 구성하는 부분들의 명칭을 이해한다. 예를 들어 집을 구성하는 부분으로서 '문'과 '창문'이 있고, 코트를 구성하는 부분으로서 '소매'와 '단추'가 있다는 것을 안다.

아기의 초기 말은 아주 가까운 사람이 아니면 알 수 없는 경우가 많지만, 대체로 1세 4개월 안에는 옹알이가 주변 언어(모국어)의 음으로 바뀌는 과정이 완성된다.

아기의 언어는 대체로 어른의 언어에 비해 아주 간단하다.(예를 들어 내 딸은 자신이 좋아하는 담요를 '반나'라고 불렀다) 이러한 아기말 중 어떤 것은 아기들이 큰 다음에도 온 가족이 오랫동안 즐겨 사용하기도 한다.

입말에 사용되는 소리의 종류도 늘어난다. 혀 앞부분에서 만드는 트(t)나 드(d)의 소리, 혀 깊숙한 곳에서 만드는 그(g)나 크(k)의 소리, 입술을 둥글게 하여 단단히 다물어서 내는 브(b), 가볍게 다물어서 내는 프(p) 등의 소리도 나온다.

1세 4개월 안에 대다수 아기는 여섯 개에서 일곱 개의 단어를 사용하고, 옹알이 속에도 의미가 있는 단어가 섞인다. 어른들이 소리내어 말하는 것이 한 덩어리로 뭉쳐진 단어가 아니라 소리를 길게 이은 것이라는 사실을 잘 아는 아기는 비슷하게 흉내내려 애쓴다.

아기는 열심히 말하고자 노력한다. 아직 몸짓을 곁들이지만 대부분의 커뮤니케이션을 말로 한다. 아기가 무엇을 전달하려는지도 명백해진다. 이 월령이 끝날 무렵에는 사용하는 단어수가 부쩍부쩍 느는 아기도 있지만, 시간이 더 걸리는 아기도 있다.

이 무렵, 아기들은 무언가가 떨어졌을 때는 어른을 흉내 내어 "어어" 하고 즐거운 듯 큰 소리로 말한다.

지능과 언어의 발달은 자동차의 양 바퀴와 같다. 언어가 발달하려면 지능이 일정 수준까지 발달해야 한다는 조건이 충족되어야 하고, 또한 언어발달이 지능발달을 촉진하게 된다.

이 시기에 아기는 사물의 개념을 착실하게 익혀간다. 예를 들어 컵과 윗도리는 자신과 관계가 있다는 것뿐만 아니라, 컵이라는 카테고리와 윗도리라는 카테고리에는 이것저것 서로 다른 것이 포함되어 있다는 사실도 안다.

이러한 개념은 '식사할 때 사용하는 것'이라는 넓은 범주에서 시작하여 '수저류' '식기류'라는 식으로 세세하게 갈라지고, 마지막에는 '숟가락' '젓가락'으로 나뉜다. 수량이나 크기를 나타내는 '하나'와 '많이', '커다란'과 '작은' 등의 것도 알게 된다. 이러한 개념을 알지 못하면 의미가 있는 말을 제 것으로 삼을 수 없다.

전반적 발달 양상

공을 굴리는 것쯤은 식은 죽 먹기이며 기어서 계단을 올라간다

대부분의 아기는 이 시기에 혼자서 똑바로 설 수 있고, 손을 자유롭게 쓸 수 있게 되므로 이전에 비해 왕성하게 탐색한다. 아직까지 걷지 못했던 아기도 두세 걸음 뗄 수 있을지도 모른다. 하지만 급하게 멈춰서거나 방향을 돌려 걸을 수는 없다. 발을 단단히 벌리고 힘껏 버티며 걷는다. 기어서 계단도 올라갈 수 있다. 공을 던지려고도 하지만 그냥 굴러가는 정도다.

자신의 일은 스스로 하기 시작하여 여기저기 흘리면서도 숟가락으로 먹고, 모자나 구두, 양말도 벗을 수 있다. 제멋대로 하는 행동도 줄어들어 만져서는 안 될 것과 맞닥뜨리면 스스로 "안 돼"라고 말하면서 손을 움츠린다.

손끝도 한층 민첩해져 쌓기 막대를 두 개 쌓아올릴 수 있다. 손끝이 민첩해지는 만큼 물건을 던지는 것도 줄어들지만, 던지고 줍는 놀이는 여전히 무척 좋아한다. 장난감을 달라고 하면 장난감을 내밀고는 손을 놓는다. 손쉽게 공을 굴리고, 상자에 쌓기 막대를 넣을 수 있다. 어른과 노는 것도 좋아하지만 혼자 하는 놀이도 그만큼 즐긴다.

책도 좋아하게 되어 책장을 넘기는 것을 돕고, 흥미롭게 그림을 보며, 때로는 그림을 가볍게 두드리곤 한다.

주의를 기울이는 힘

아기의 '하고 싶다'는 욕구를 충족시켜 주는 것이 중요하다

자신이 선택한 물건이나 동작에 집중하는 경우가 늘어난다. 이 시기에는 아기가 무언가를 하고 싶다고 생각할 때 그것을 충족시켜 주는 것이 가장 중요하다.

집중할 수 있는 시간은 매우 짧아 어른이 선택한 대상에 주의를 계속 집중하는 것은 무리다. 어른이 아기의 시선을 따라가서 아기가 주의를 기울이고 있는 대상에 관해 이야기하는 것이 아주 중요하다.

어른의 주의를 끄는 방법이 한층 능숙해진다. 1세 때는 사물을 가리키고는 어른을 보았고, 1세 2개월에는 사물을 가리키는 동작과 어른을 보는 동작이 동시에 되었다. 그러던 것이 대체로 1세 4개월 안에 아기는 가리키기 전에 어른을 쳐다보아 어른의 주의를 끌 수 있는지 확인한다.

듣는 힘

근처에서 다른 아이의 목소리가 들리면 들떠서 소란을 피운다

아기는 주위에서 들리는 소리의 의미를 점점 더 잘 알게 된다. 아버지가 현관문 열쇠를 돌리는 소리나 근처 아이들의 소리를 듣고 아기는 들떠서 소란을 피운다.

말에 대한 흥미도 이 시기에 부쩍 커진다. 꽤 긴 시간 동안 말하고 있는 사람의 목소리에 귀를 기울인다. 표정이나 태도에서 새로운 단어를 무척 흥미로워한다는 것을 알 수 있다. 누군가가 자신에게 말을 걸고 있을 때도 이전처럼 주의가 흐트러지지 않는다.

자신이 내는 소리에도 흥미를 나타낸다. 이 시기에는 자신의 소리와 다른 사람의 소리를 비교할 수 있으므로, 아기가 내는 소리는 주위에서 이야기하는 말(모국어) 소리에 점점 가까워진다.

1세 4개월 안에 대다수 아기는 6~7개 단어를 사용하고 옹알이 속에도 의미가 있는 단어가 섞인다. 책도 좋아하게 되어 책장을 넘기는 것을 돕고 흥미롭게 그림을 본다.

BABYTALK PROGRAMME
하루 30분
말걸기 육아

매일 30분 아기와 둘만의 시간에 집중한다

   매일매일의 일 대 일 말 걸기 시간은 아기가 말을 배우는 최적의 장이며, 아기의 정서 발달에도 매우 중요하다. 얼굴만 보아도 좋은 엄마가 매일, 어김없이 자신에게만 마음을 다하여 상대하여 준다는 사실은 어린아이에게 무엇에도 비길 수 없는 안심감을 준다. 특히 아이가 둘 이상 있는 경우, 아이는 엄마가 그렇게 자신에게만 주목해 주기를 원한다.

   어른과 마찬가지로 아기들의 성격도 저마다 다양하다. 사교성이 넘치고 모자람도 마찬가지다. 시간에 쫓기는 가정에서는 아이가 오랫동안 혼자서 잘 놀면 부모는 크게 손을 덜 수 있다. 하지만 슬프게도 그 결과 아이가 2세 무렵이 되어도 입을 열지 않는 경우가 곧잘 있다.

   2세 6개월 된 나타샤가 나의 클리닉에 왔을 때는 단지 3단어밖에 말하지 못했다. 그러나 머리가 좋은 아이라는 것은 척 보면 알 수 있었다. 나타샤는 곧 내 장난감을 갖고 곰인형에게 점심을 차려주는 등 매우 적극적으로 놀기 시작했다. 하지만 내가 가까이 가도 일체 무시하고,

놀이에 방해가 되는 존재로만 여기는 것 같았다. 엄마의 이야기를 들어보아도 나타샤는 항상 혼자서 노는 것을 좋아하는 것 같았다.

나타샤의 어머니께는 '말걸기 육아'를 할 때 특히 나타샤의 주의가 향하고 있는 대상에 관심을 기울이고, 절대로 놀이방법을 지도하지 말도록 부탁했다. 어머니가 노력하자 나타샤는 어느새 엄마와 함께 있으면 놀이가 재미있어진다고 생각하게 되었다. 두 사람의 감정이 서로 잘 통하는 모습을 지켜보니 내 마음도 따뜻해졌다. 나타샤는 제 또래의 언어 발달 수준을 금세 뒤쫓아가서는 바로 추월했다.

최근에 나타샤와 어머니가 생후 6개월 된 동생을 데리고 들렀다. 어린 동생은 내 얼굴을 보자마자 나와 커뮤니케이션을 하고 싶다는 기분을 얼굴 표정과 몸짓으로 분명하게 나타냈다.

귀여운 아기의 요청을 모른 척할 수 없어 나는 나머지 두 사람과의 대화는 조금 미루었다. 수많은 부모님들이 느끼는 것이지만 나타샤의 어머니는 두 아이의 성격이 크게 다른 것에 놀라고 있었다.

시작하기 전 이것만은 챙기자

이 시기의 아기는 배경에 있는 소리를 버리고 필요한 소리에 귀를 기울일 수 있게 된다. 하지만 이 능력은 이제 막 몸에 붙은 것으로 안정된 것은 아니다. 조심해서 촉진시켜 주지 않으면 사라져 버린다. 이 시기에도 '말걸기 육아'의 시간에는 조용한 환경이 아주 중요하다.

이 시기의 아기는 이전과 비교하여 더 많은 놀이도구를 사용한다. 놀이도구가 다양하면 탐색놀이와 상호작용놀이, 흉내놀이도 할 수 있다. 아직 주의를 기울일 수 있는 시간이 짧으므로 놀이장소에는 이것저것 서로 다른 종류의 장난감을 준비하도록 한다.

전에도 그랬듯이 아기와 함께 바닥에 앉아 얼굴이 같은 높이가 되도록 한다. 장난감은 두 사람의 손이 닿는 거리 안에 놓아서 함께 주목할 수 있도록 준비한다.

아기가 방 안을 돌아다니면 아기를 따라 걷는다. 엄마가 가까이에 있으면 아기는 엄마의 말이나 엄마가 내는 소리를 전부 들을 수 있다.

어떻게 말을 걸까

이 시기에 우리가 도울 수 있는 것은 많다. 아기의 언어 발달은 어른인 우리가 할 나름이다.

아기가 주의를 기울이고 있는 대상에 관심을 가져라

이 원칙을 되풀이하여 강조하는 것은 그만큼 중요하기 때문이다. 어른과 아기가 같은 대상에 주의를 기울이는 것이 잘 될수록 나중에 아기의 언어가 풍부해지고 사용하는 문장의 수준이 높아진다고 알려져 있다. 다음의 두 가지 장면을 비교한 연구가 있다.

(1) 어른이 선택한 사물이나 움직임에 아기의 주의를 끌려고 하는 장면
(2) 아기의 시선에 맞추어서 아기가 보고 있는 것에 관해 이야기하는 장면

아기는 후자의 장면에서 들은 말을 전자의 장면에서 들은 말보다 훨씬 잘 알고 있었다. 말의 의미를 이해하는 힘은 이 무렵 크게 자란다.

아기가 주의를 기울이는 대상에 어른이 시선을 맞추어야 하는 이유는 또 하나 있다. 아이가 매우 기뻐하기 때문이다. 우리들 어른도 자신이 흥미를 가지는 것에 자신이 좋아하는 사람이 진정으로 흥미를 가져 주면 기쁜 법이다.

당신이 줄곧 '말걸기 육아'를 해 오고 있다면 아이의 관심에 맞추는 것은 매우 당연한 일이 되어 있을 것이다. 당신과 아기는 놀이를 함께 했던 공동

의 추억을 가져 두 사람에게 있어 무엇이 소중하고 재미있는지 알고 있다.

지금까지와 마찬가지로 아기가 흥미로워하는 것에 관해 이야기하도록 한다. 질문이나 지시는 절대로 해서는 안 된다. 이것은 이 시점에서 더욱더 중요한 '말걸기 육아' 원칙 중 하나이다.

대답을 찾아야 하는 질문은 아기에게 무거운 짐이 되고, 또 지시는 따라야 할 것인지 아닌지 고민하게 만든다. 둘 다 듣는 행위에 방해가 되는 것은 물론이다. 아기가 놀고 있을 때 말을 거드는 정도에서 머물러 주면 아기의 흥미를 배가시켜 줄 수 있을 것이다.

아기가 그때그때 무엇을 생각하고 있는지 정확하게 알면 알수록 많은 도움을 줄 수 있다. 아기가 어떤 대상에 흥미를 가지고 그 이름을 알고 싶다고 생각할 때 "그것은 병아리야"라고 말해 주거나, "삐약삐약" 하고 소리를 덧붙여 주면 아기는 기뻐할 것이다. 쌓기 막대가 무너질 때 "전—부 무너졌네!"라고 말하거나, 장난감 자동차가 부딪치면 "콰당" 하고 말한다. 어떤 것이 안성맞춤인지 알아차리기는 어렵지 않다. 당신은 이미 커뮤니케이션에 꽤나 능숙해진 아기와 상대하고 있으니까.

나는 시시콜콜 잔소리를 들어 온 아이를 많이 보아 왔는데, 그런 아이들은 내가 얼굴을 마주하려 아무리 애써도 외면해 버리고 만다. 하지만 내가 아이들이 주의를 기울이고 있는 대상을 찾아내어 아이가 자동차를 잡았을 때는 "부릉부릉" 하고 소리를 붙이거나, 자동차의 이름을 말해 주면 아이들은 30분도 채 지나지 않아 내게로 다가온다. 이럴 때 나는 늘 깊은 행복감을 느낀다.

듣는 것을 즐기도록 도와준다

소리나는 장난감을 마련하여 조용한 시간에 듣는 즐거움을 맛볼 수 있게 한다.

소리가 나는 그림책 등을 사용하여 어디서 소리가 나오는지 아기에게 보여 준다. 아기가 방안을 돌아다닐 때도 사물의 소리를 들려줄 수 있다. 창문을 손가락으로 똑똑 두드리거나 손가락으로 블라인드의 날개를 튕겨 울려 본다.

동요나 손놀이 노래 등을 들려주면 엄마의 목소리를 듣는 즐거움 때문에 아기가 무척 좋아한다. 아기가 당신을 쳐다보면서 무언가 시작해 주기를 바랄 때 들려주면 좋을 것이다.

숨바꼭질이나 '짝자꿍 짝자꿍' 등 교대로 하는 놀이도 계속할 수 있다. 아기는 그런 놀이를 무척 좋아하는데 진짜 대화가 시작되었을 때 도움이 된다.

언어의 규칙을 알도록 해 준다

아기가 말에 집중하기 쉽도록 조절하여 말하는 의도적 노력이 한층 더 중요해진다. 당신이 외국어를 배울 때를 생각해 보면 잘 알 수 있을 것이다.

동요나 손놀이 노래 등을 들려주면 엄마의 목소리를 듣는 즐거움 때문에 아기는 무척 좋아한다. 아기가 당신을 쳐다보면서 무언가 시작해 주기를 바랄 때 들려주면 좋을 것이다.

짧고 간단한 문장을 사용한다

이미 실행하고 있겠지만 잊지 말고 계속하라. 이 시기의 끝무렵이 되어 아기는 가까스로 단어가 둘 들어 있는 짧은 문장을 이해하게 된다. 아직 중요한 단어가 하나인 문장을 사용하는 것이 원칙이지만, 아기가 이해할 수 있도록 말을 건다는 원칙을 지키는 한에서 조금 덧붙여도 본다. "엄마의 구두" "유미의 오리" 하는 식이다. 아기가 한창 알고 싶어하는 것은 이름이므로 "자아, 이거야" 등으로 말하지 않고 분명히 이름을 말한다.

중요한 단어에 약간 액센트를 두지만 어색한 느낌이 되어서는 안 된다. 아주 자연스럽게 말하도록 한다.

문법도 정확하게 사용해야 한다. "그것, 자동차"가 아니라 "그것은 자동차야"라고 해야 한다. 짧은 문장 사이에 잠깐 틈을 넣어서 아기가 자기 것으로 소화할 시간을 주도록 한다.

이 시기에 엄마가 구사하는 문장이 간단할수록 아이가 표현하는 문장의 길이가 나중에 급격하게 길어진다는 연구결과가 있다. 엄마가 많이 말을 걸고는 있지만 문장이 너무 길어 아이가 이해하지 못하는 경우도 많이 있다.

> 이즈라의 엄마는 자주 이즈라에게 말을 걸었다. 이런 식이었다. "장보러 갈 시간인데 오늘 빵을 사는 게 좋을까, 아니면 내일 사는 게 좋을까 생각하고 있어."
> 당연한 일이지만 이즈라가 가까스로 이해하고 있는 것은 자신의 이름과 '아빠'와 '안 돼' 뿐이었다. 엄마가 자신의 잘못을 깨닫고 짧은 문장을 사용하도록 주의하자 이즈라는 믿을 수 없을 정도로 빨리 말을 익히게 되었다.

조금 느리고 큰 소리로 말하며 다양한 가락을 붙여 준다

이런 방식으로 말하면 아기는 엄마의 이야기에 집중한다. 이 월령의 아기가 가장 좋아하는 방식이므로 아기가 열심히 듣고 있음을 알 수 있다. 또 이렇게 말하면 하나하나의 단어의 소리를 익히기 쉽다.

충분히 되풀이하라

외국어를 배우고자 하는 자신을 상상해 보라. 한 단어를 몇 번이고 되풀이하여 들을 필요를 느낄 것이다. 아기도 그렇다.

아기는 이미 모국어의 소리를 자신의 것으로 만들었다. 소리를 바른 순서로 늘어놓고 목표로 하는 단어를 말할 수 있게 되려면 같은 단어를 여러 번 듣는 것이 가장 바람직하다.

또 다양한 장면에서 같은 단어를 들으면 한층 더 잘 이해하고 기억할 수 있다. 예를 들어 모자는 머리에 올라앉아 있거나 바닥에 굴러다니고 있거나 엄마의 가방 속에 꾸깃꾸깃 구겨져 있거나 간에 항상 '모자'라고 불리고 있다는 것을 안다.

가장 바람직한 방법은, 아기가 재미있어하는 한, 짧은 문장에 사물의 이름을 넣어 반복하는 것이다. 예를 들어 아기가 공을 주워 놀면 "그것은 공이야. 너의 공. 공이 굴러 갔네"라고 말한다.

옷을 벗길 때 "장갑 벗고, 모자 벗고, 양말 벗었다"라고 말하는 것도 재미있을 것이다. "해수가 난다, 엄마도 난다, 아빠도 난다" 같은 놀이도 좋을 것이다. 새로운 단어를 말할 때는 약간 강하게 말하면 아기가 알기 쉽다.

아기가 낸 소리를 흉내내어 아기에게 되돌려준다

이것은 여전히 매우 중요하다. 엄마가 소리를 되돌려 주면 자신이 낸 소리와 엄마가 낸 소리를 듣고 비교할 수 있기 때문이다. 아직 단어를 제대로 사용할 수 없는 아이와 '대화'를 하려면 소리를 사용하는 것이 제일 좋다. 낼 수 있는 소리가 늘어남에 따라서 아기가 낸 소리를 되돌려주는 것도 조금 어려워진다. 만약 아기가 긴 소리를 여럿 이어 냈을 때는 마지막 음절 몇 개를 흉내내어 보라. 아기는 무척 기뻐해서 더욱 왕성하게 소리를 되돌려줄 것이다.

상황에 알맞은 재미있는 소리를 내어 보라

이것도 반드시 계속해 준다. 자동차의 '부릉부릉', 비행기의 '부웅 부웅' 등의 소리는 아기의 주의를 끄는 데 더할 나위 없는 것들이다. 목소리를 듣는 것은 즐겁다는 중요한 메시지를 전달하고, 소리를 하나씩 가려듣는 기회를 제공할 수 있기 때문이다. 아기를 안아 올리면서 '높이 높이' 하거나 계단을 오르면서 '쿵쿵' 하는 것 등은 이 시기에도 여전히 즐길 수 있다. 아기의 얼굴을 보면 얼마만큼 기뻐하고 있는지 알 수 있을 것이다. 설령 아기의 기분이 조금 좋지 않을 때라도 귀로는 열심히 듣고 있다.

아기가 말하고자 하는 것에 응답한다

아기가 단어 몇 개를 말할 수 있게 되었다고 해서 무리하게 말을 시키지 말라. 아기는 준비가 되면 말을 한다. 그리고 말을 하도록 압력을 넣지 않는 편이 훨씬 빨리 준비가 된다.

어떤 방법이든 아기가 전달하려는 내용에 응답하는 것이 중요하다. 이제 아기는 몸짓, 표정, 태도, 흉내까지 능숙하게 구사할 수 있으므로 무엇을 말하고 싶어하는지 금방 알 수 있다. 아기가 표현하고자 하는 기분에 부모가 얼마만큼 주의를 기울이는지가 나중의 언어발달에 커다란 영향을 미친다.

당신이 말하고자 하는 내용을 아기에게 눈에 보이듯 표현해 주자

이 시기에 아기에게 말의 법칙을 알게 하고 싶다면 당신도 몸짓을 사용해야 한다. 여기서도 외국어를 배우는 경우를 머리에 그려 보자. 어떤 경우에 어떤 말이 해당되는지 알아야만 한다. 당신이 사물의 이름을 말하면서 그것을 가리키면 아기에게는 크게 도움이 된다. 예를 들어 아기가 개를 보고 있다고 하자. 당신이 "개야"라고 말하고는 손가락으로 가리키면 '개'라는 말의 의미를 잘못 아는 일은 없을 것이다. 이런 과정이 원활하지 않아 잘못된 의미가 입력되어 버리는 일이 아이들에게 곧잘 일어난다. 언어를 다루는 전문가라면 자주 목격하는 경우다.

표정과 몸짓을 덧붙이면 언어뿐만 아니라 기분이나 태도를 이해하는 데도 도움이 된다.

제리의 말은 매우 혼란스러운 상태였다. 단추를 윗도리, 포크를 접시라고 부르고 있었다. 제리의 가족은 많았지만, 어머니는 오랫동안 우울증을 앓고 있었다. 그 때문에 제리에게는 말을 걸어주는 사람도 별로 없었고, 일 대 일의 시간 따위는 전혀 없었다.

제리는 어떤 사물을 보면서 관계없는 말을 듣고 혼자서 잘못된 짝짓기를 하고 있었다. 얼마만큼 혼란된 세계에 살고 있었는지 상상이 가는지? 아주 조금일지라도 기본적인 부분을 잘못 알면 그 다음에는 큰 혼란에 빠진다. 그 혼란에서 제리를 구해내는 데는 아주 긴 시간이 걸렸다.

'말걸기' 시간과 그 이외의 시간에도 주위 어른들이 제리가 주의를 기울이고 있는 대상에 관해 말을 걸도록 노력했으므로 제리는 잘못 알고 있던 것을 조금씩 바로잡게 되었다.

이 시기에 '해서는 안 될 것'

　여기서 몇 가지 중요한 '해서는 안 될 것'이 있다. 아기는 활발하게 움직이게 되어 전기 플러그나 조명기구 혹은 귀중한 장식품을 가리지 않고 무엇이든 만져서 탐색하고 싶어한다. 부모는 "안 돼요" "만지면 안 돼" "그만 해"를 연발하는 처지에 놓일 것이 뻔하다. 하지만 조심해야 한다.

　될 수 있는 대로 '부정적인' 표현을 피하라. 목소리를 듣는 것은 즐겁다는 메시지를 아기에게 전달하는 데 많은 시간을 들여 지금까지 노력해 왔다. 누구든지 부정적인 말은 듣고 싶어하지 않는다. 이 시기의 아기에게 하던 짓을 그만두게 하거나 주의를 딴 데로 돌리게 하려면 아기를 안아 올리거나 대상물을 멀리 치워버리는 것이 가장 효과적이며 바람직하다.(아기에게 무엇이든 허용해도 좋다는 것은 아니다. 내가 문제로 삼고 있는 것은 그만두

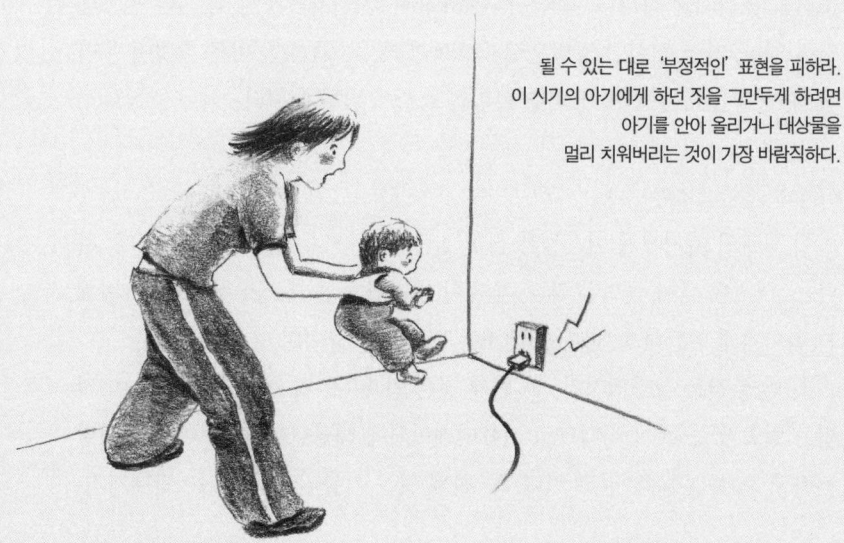

될 수 있는 대로 '부정적인' 표현을 피하라. 이 시기의 아기에게 하던 짓을 그만두게 하려면 아기를 안아 올리거나 대상물을 멀리 치워버리는 것이 가장 바람직하다.

게 하는 방법이다)

　이 시기에 아기의 입에서 마치 마법과 같은 최초의 말이 나올 것이다. 그렇다고 해서 그 말을 '아빠에게 말해 보렴.' '할머니께……' '아주머니께……' 하고 시키는 것은 참아라. 아기는 그것이 정상적인 커뮤니케이션이 아니라는 사실을 너무도 잘 안다. 그 결과 수줍어하거나 움츠러들 뿐이다. 아기가 듣고 있지 않을 때 전화를 통해 기쁨을 나누면 된다.

　또한 결코 네가 무엇을 말했다, 어떻게 말했다 하고 아기에게 이러쿵저러쿵 말해서는 안 된다. 그 대신, 아기의 커뮤니케이션 요구에 성실하게 응답하도록 한다. 특히 아마도 당신만이 의미를 알 수 있는 첫 낱말에 대답해 주면 아기는 매우 기뻐할 것이다.

　나와 나의 동료들은 말을 시작한 아이들이 6개월 혹은 그 이상 동안 입을 닫아버리는 경우를 많이 보아 왔다. 가족이 지나치게 열중했기 때문이다.

　또 하나 '말걸기 육아' 전체를 통해 중요한 원칙은 결코 아기에게 말이나 소리를 흉내내게 하거나 말하도록 강요하지 않는다는 것이다. 그럴 필요는 전혀 없다. 가장 적절한 방법으로 아기에게 말을 거는 것, 바로 그것이 우리가 해야 할 일이다. 그렇게 하면 아기는 스스로 말하게 된다.

아기에게 질문할 때는

　이 월령의 아기에게 어른들은 곧잘 질문을 한다. 두 가지 목적이 있다. 하나는 '사과를 깎아 줄까?' 라는 식의 단지 가볍게 물어보는 것이고, 두 번째는 아이에게 대답하게 하려는 '이것은 뭐―지?' 등이다.

　첫 번째 것은 상관없지만, 두 번째 것은 안 된다. 첫 번째 것은 어른이 정답을 알고 있는 것이 아니므로 커뮤니케이션에 해당한다. 아주 어린 아이일지라도 그 사실을 잘 알고 있다. 두 번째 것은 커뮤니케이션과는 관계가 없고, 실제로는 테스트다. 아이는 그 사실을 눈치 채고 있다. 아이가 이미 답을 알고 있다면 질문을 받았다고 해서 새로운 지식이 얻어지는 게 아니며, 만약 모른다면 아이는 기분이 나빠질 뿐이다.

나의 클리닉에서 만난 어떤 남자아이는 '이것은 뭐—지?' 라는 말밖에 못했다. 아이가 어떤 질문을 수도 없이 받아왔는지 금세 알 수 있었음은 물론이다.

이 월령과 이후 얼마 동안은 어른이 정말로 답을 모르고 아이가 알고 있을지도 모르는 경우가 아니라면 '이것은 뭐—지?' 하고 묻는 것은 절대 금지라고 못박아 두고자 한다.(아이가 더 자라면 잘 궁리된 질문은 아이가 생각을 정리하는 것을 돕고 대화의 진행을 돕게 되지만, 그것은 한참 후의 일이다)

'말걸기 육아' 시간 이외에는

지금까지와는 양태가 달라졌으므로 '말걸기 육아' 시간 이외에는 어떻게 말하면 좋을지 혼란스러울지도 모르겠다. 바쁜 가운데 아기와 마음을 통하고자 한다면 '실황방송'을 계속해서 하든가, 아기가 흥미를 갖는 사물이나 사건을 손가락으로 가리켜 주는 등의 방법이 있다.

하지만 아기에게 말을 걸 때는 되도록 짧은 문장으로 한다는 것을 잊지 말도록. 어른이 말하는 방법에 신경을 쓰면 쓰는 만큼 아기는 쉽게 말을 배운다. 이 시기에는 가족 전원의 협력을 얻는 것이 바람직하다.

놀이

이 시기의 아기는 '세계는 어떻게 생겨 먹었을까'를 탐색하는 데 여전히 바쁘다. 탐색놀이나 상호작용 놀이에 더하여, 장난감 컵을 진짜 컵을 나타내는 상징으로 사용하는 흉내놀이, 쌓기막대를 기차에 비유하는 놀이 등 다른 사람을 끌어들이는 다양한 놀이를 한다. 흉내놀이나 상징놀이 등이 시작되는 것은 중요한 포인트인데, 이러한 놀이는 창조성과 상상력을 키우는 토대가 된다.

아기는 손끝이 민첩해지고 몸을 자유롭게 움직일 수 있게 되어 어떤 사물이나 상황에서도 배워 나간다. 모든 경험이 주위의 세계를 이해하는 데 도움이 되어 딱딱하다, 부드럽다, 크다, 작다 등을 금방금방 알게 된다. 이러한 것들을 알지 못하면 언어가 의미를 갖지 못한다.

이 시기에도 아기가 혼자 놀면서 스스로 확인하는 시간이 필요하다. 물론, 어른이 놀아 주는 것도 중요하다. 어떤 때 손을 내밀어 도와줘야 할 것인가, 어떤 때 아기가 혼자서 탐색할 수 있도록 조용히 놓아둬야 하는지 잘 아는, 감수성이 풍부한 어른의 존재가 중요하다.

어른이 시범을 보여주면 흉내놀이는 왕성하게 확산되어 갈 것이다. 어떤 놀이든 적절한 도움말을 덧붙여 주는 어른이 있으면 매우 알차게 된다.

아기는 상호작용 놀이나 사물을 사용한 놀이도 매우 좋아한다. 때로는 물건에 열중해서 다른 사람을 가까이 오지 못하게 하는 경우도 있다.

탐색놀이

아기는 손끝이 민첩하게 되어 장난감을 자세히 탐색할 수 있다. 이전에는 물건의 크기, 형태, 재질 등 기본적인 성질을 탐색하기 위해 문지르거나 두드리고 씹었다. 지금도 여전히 보고 만지지만, 끼워 맞추거나 합치고 쌓는 행위를 재미있어하게 되어 형태를 변형시킬 수 있는 장난감으로 열심히 논다.

아기는 사물과 사물의 관계를 알고자 상자에 물건을 넣고 빼며, 장난감을 붙였다 떼었다 하며 즐긴다. 이러한 활동을 통해 '어느 쪽이 크고 작은가' '위인가 아래인가' 등 크기와 위치를 판단할 수 있게 된다.

나무쐐기와 해머 등의 장난감을 사용하기 시작하는 것도 이 무렵이다. 나무망치로 쐐기를 두드리면 구멍에 박힌다는, 매우 간단한 원인과 결과를 알게 된다.

잡아당겼다 밀었다 하는 장난감도 다룰 수 있게 된다. 물놀이도 아주 좋아한다. 물놀이는 말을 공부하는 데 그만이어서 '쿠룩쿠룩' '졸졸' '첨벙첨벙' '똑똑' 등의 멋진 말을 많이 가르칠 수 있다. 또 물놀이를 통해 '가볍다, 무겁다' '뜬다, 가라앉는다' '가득, 텅 빈'과 같은 여러 개념을 획득해 간다.

아기는 예전처럼 책을 물어뜯거나 찢는 대신에 책장을 넘기거나 그림을 가만히 지켜보게 된다.

소리의 탐색은 여전히 매우 중요하다. 오르골이나 심벌즈 등 소리가 나는 장난감을 갖고 기뻐하며 논다.

여기서 꼭 말해두고 싶은 것이 있다. 어떤 종류의 장난감, 특히 컴퓨터가 장착되어 있는 장난감은 소리가 너무 커서 아기의 귀에는 좋지 않다. 장난감은 사용하기 전에 반드시 체크해 보자.

아기의 눈은 어른의 알 수 없는 행동을 쫓는다. 아기는 청소 등의 가사를 '도와서' 그것이 어떤 일인지 알고자 한다. 이 연령의 어린 여자아이를 둔 어머니께 "따님은 가사 돕기를 즐겨하고 있습니까" 하고 물었더니, "딸아이에게 집안일은 시키지 않아요"라는 대답이 돌아와 조금 씁쓸했던 기억이 있다.

이 연령의 아기는 전화 등 어른이 사용하는 물건을 흉내낸 장난감을 좋아한다. 그것이 어디에 쓰이는 물건인지를 알아 멋지게 흉내내어 보여줄 수 있기 때문이다.

상호작용놀이

동요나 손놀이 노래도 한껏 즐길 수 있다. 특히 아기에게 친숙한 사물이나 사람, 움직임이 주제가 되고 멜로디나 가사가 낯익은 것을 좋아할 것이다. 몸을 움직이는 것도 좋아하여 되풀이하며 즐거워한다. 어떤 노래라도 좋다.

거의 모든 문화에서 공통되는 전통적 자장가는 이 월령의 아이에게 꼭 맞는 확실한 가락과 리듬, 반복으로 구성되어 있다.

교대로 하는 상호작용 놀이는 이 기간 동안 중요한 놀이 요소가 된다. 이미 아기 쪽에서 시작하는 경우가 많아지고, 몸짓으로 더 하고 싶다고 조른다. 이 놀이에도 장난감이나 다양한 물건을 활용할 수 있다. 바구니에서 쌓기막대를 넣고 꺼내거나, 둥근 막대기에 고리를 끼우는 놀이도 교대로 할 수 있다. 이렇게 간단히 교대로 할 수 있는 놀이는 예를 들어 서로 손을 흔들며 바이바이를 하는 식의 흉내놀이로 금세 확산되어 간다.

처음에는 부모가 아기의 흉내를 내고 다음에는 차례대로 놀 수 있게 된다. 아기는 정확하게 차례를 지켜 자신의 차례를 끝내고선 상대방을 기다린다. 어른이 변화를 주면 아기도 정확하게 새로운 동작을 흉내낼 수 있다.

언어를 이용한 이러한 놀이를 통해 아기는 어떻게 말을 사용하면 사물을 움직일 수 있는지, 동작이나 사건에 어떤 의미가 있는지 이해할 수 있으므로 사람과 상호작용하는 것이 능숙해진다.

흉내놀이

간단한 흉내놀이가 왕성해지는 시기이다. 흉내놀이란 어떤 사물(장난감 컵 등)을 다른 사물(진짜 컵 등)을 나타내는 상징으로서 사용하는 것인데, 이것은 아이의 지능 발달에 꼭 필요한 놀이다.

어떤 사물을 특정한 사물을 상징하는 것으로서 사용하는 능력은, 문제에 관해 생각하고 스스로 해결을 이끌어내어 가는 능력의 바탕이 된다. 언어를 사용하여 상상의 날개를 자유롭게 펼치는 능력은 이제부터 일생에 걸쳐 도움이 된다. 아인슈타인은 '상상력은 지식보다 중요하다'고 말했다고 한다. 흉내놀이와 언어는 동일한 지적 능력에 기반하는데, 그것은 세상사를 추상적으로 표현하는 능력이다.

아이는 장난감을 이용하여 일상적인 행동을 놀이로 재현한다. 장난감 컵으로 마시는 흉내를 내고, 인형에게도 마시게 한다.

흉내놀이는 처음에는 아기가 어떤 행동을 하고 인형은 그것을 당하는 일방통행이지만, 점점 인형 쪽도 역할을 연기하게 된다. 곰인형이 물을 마신 컵을 아이에게 되돌려주거나 하는 식이다.

아기는 어른이 상대해 주는 것도 무척 좋아한다. 엄마에게 봉제인형을 건네주고 안아 주라고 시키거나, 소꿉놀이에서 엄마를 접대한다.

대체로 1세 3개월 안에 아기는 그다지 실물과 닮지 않았을지라도 상자를 인형 침대로, 쌓기막대를 샌드위치로 간주하여 갖고 논다. 또 이 월령에는 복수의 사물을 함께 사용한다. 인형을 침대에 눕히고 침대에 커버를 씌우는 것 등이다.

어른이 아기와 함께 흉내놀이를 하는 것은 매우 바람직하다. 늘 하던 것과는 다른 놀이도 할 수 있으며, 어른이 보이는 시범을 바탕으로 둘이서 놀이를 확장시켜갈 수 있다.

컴퓨터

아직 컴퓨터 게임을 시키지는 말자.

컴퓨터 제조업체는 5세 이하를 잠재 시장으로 겨냥하고 있으며, 생후 9개월부터 사용할 수 있는 소프트웨어가 이미 개발되어 있다. 하지만 아주 어린 아이가 컴퓨터를 사용하는 것은 걱정스러운 일이다. 컴퓨터는 텔레비전이나 비디오와 마찬가지로 아이를 매혹시켜서 몇 시간이나 혼자서 놀게 할 위험성이 있기 때문이다.

이 월령의 아이에게는 사람과 상호작용하면서 주위의 세계를 익혀가는 경험이 꼭 필요하다. 컴퓨터와의 만남은 얼마든지 뒤로 미루어도 좋다. 컴퓨터를 늦게 시작했다고 해서 아기 때부터 시작한 아이에 비해 불리할 것은 없다.

컴퓨터를 아기 때부터 만지기 시작한 아이는 재미나게 놀고 사람과 교류하는 가장 소중한 시간을 잃어버릴 뿐이다.

장난감 상자

다음과 같은 장난감이나 놀이도구는 이 시기 아기의 놀이에 적합하다. 이 시기에도 다양하게 사용할 수 있으며, 나중에 또 다른 놀이방법을 적용할 수 있다.

인형놀이 등의 흉내놀이용으로 장난감을 선택할 때는 반드시 진짜와 비슷한 것으로 고른다. 말하는 기차라든가 하늘을 나는 자동차는 더 크고 난 다음에는 무척 재미있겠지만, 아기가 세계를 이해하려고 하는 이 단계에서는 혼란을 초래한다.

여기서는 일단 탐색놀이와 흉내놀이용으로 나누어 놓았지만, 둘 다 상호작용 놀이에도 사용할 수 있다. 아기가 생각지도 못한 방식으로 장난감을 갖고 노는 경우도 있을 것이다.

이 연령의 아이에게 가장 적합한 장난감 중 가정에서 돈을 들이지 않고 만들 수 있는 장난감이 많이 있다. 상자와 작은 수건은 인형의 침대와 이불이 되고, 구멍 뚫린 상자나 골판지 통에는 장난감을 넣을 수 있다. 종이나 상자 자체도 아직 충분히 활용할 수 있다. 상자 속에 쌀이나 콩을 넣어 소리가 나도록 하는 것도 만들어 주자.

탐색놀이용

- ▶ 보행기나 트럭 등 밀 수 있는 장난감
- ▶ 끈이 달린 오리 등 잡아 끌 수 있는 장난감
- ▶ 굵은 크레용
- ▶ 간단한 형태 맞추기 장난감

- ▶ 보트에 탄 목제 인형
- ▶ 큰 북, 실로폰, 마라카스, 탬버린, 삐걱거리는 소리를 내는 장난감 등 소리나는 장난감
- ▶ 간단한 물건을 넣는 상자
- ▶ 나무쐐기와 나무망치

흉내놀이용

- ▶ 장난감 전화
- ▶ 단순하고 커다란 인형이나 봉제 곰인형, 부속으로 딸린 침대나 옷
- ▶ 간단한 기차
- ▶ 비행기
- ▶ 요리기구
- ▶ 쓰레받기나 빗자루 등 가정용품 장난감

책꽂이

이 시기의 아기에게 가장 중요한 것은 엄마와 함께 책을 보는 즐거움이다. 독서라는, 일생 동안 계속되는 즐거움의 기초 만들기는 지금 여기서 시작된다. 아기를 무릎에 앉히고 바짝 붙어서 책을 보자. 엄마가 책보다도 아기의 상태에 마음을 뺏길지도 모르지만, 그래도 괜찮다.

친숙한 사물이 선명한 색으로 그려져 있는 그림이 아기에게 적합하다. 진

짜 사람이나 사물의 사진도 좋다. 잡지에서 그림을 잘라내어 책을 만들어도 재미있다. 아기는 그림의 세세한 부분까지 즐길 수 있게 되었으므로 처음 볼 때보다 세세한 그림이나 배경이 있는 책도 괜찮다.

지금 책방에 진열되어 있는 아이용 책에는 손가락으로 쓰다듬으면 감촉이 다른 것을 즐길 수 있는 책이나, 누르면 소리가 나는 책도 있다. 오리가 실제로 울면 아기는 무척이나 기뻐할 것이다.

아기가 좋아하는 대로 하게 하자. 이 시기 중반에는 아기가 책장 넘기는 것을 도와준다. 두드리거나 그림을 보고 말을 걸거나 하므로 아기가 어떤 그림을 좋아하는지 확실하게 알 수 있다. 아기를 무리하게 책에 집중시키려 해서는 안 된다. 이 연령에 좋은 책으로는 다음과 같은 것들이 있다.

읽을 만한 책들
1. 꽥꽥 오리 1 2 3/심조원 글, 김재환 그림/호박꽃
2. 아가야, 좋은 꿈 꾸렴/애플비 편집부 엮음/애플비
3. 아빠 비행기 타고 슈웅/호박벌 글, 나애경 그림/시공주니어
4. 아기 동물 까꿍!/애플비 편집부 엮음/애플비
5. 투둑 떨어진다/심조원 글, 김시영 그림/호박꽃
6. 하마들의 잔치/샌드라 보인튼 글, 그림/지양어린이
7. 색깔/존 버닝햄 글, 그림/비룡소
8. 우리 같이 놀자/이모토 요코 글, 그림/문학동네어린이
9. (고미 타로 아기 놀이책)잡아 봐!/고미 타로 글, 그림/문학동네어린이

텔레비전과 비디오

아이를 위한 텔레비전 프로그램이나 비디오는 이 월령부터 즐길 수도 있겠지만 올바른 시청방법이 중요하다.

아무리 길어도 하루 30분에 묶어 두도록 한다. 사람과 관계하고 놀이하면서 배우는 시간이 많아야 할 시기이다. 지금 그 기회를 잃으면 되돌릴 수 없다. 아기는 텔레비전의 화려한 색, 격렬한 움직임에 눈을 뺏기고 말아 방치해 두면 긴 시간 동안 계속해서 본다.

하루 6시간 이상이나 텔레비전을 본 아이를 나는 많이 알고 있다. 그 아이들은 말이 크게 늦을 뿐만 아니라, 사람과 관계하거나 놀려는 의욕을 보이지 않고 주위의 세계를 이해하는 것도 늦었다. 아이들은 가엾게도 혼란스러운 상태에 빠져 있었다.

텔레비전을 볼 때는 아기와 함께 보도록 하자. 엄마가 같이 보면 아기가 본 것을 설명해 줄 수 있다. 동요 비디오라면 둘이서 함께 보고 따라해 보면 더 즐거울 것이다.

내용은 아기가 알고 있는 것으로 선택해 주자. 대부분의 프로그램은 더 나이 많은 아이들을 위한 것이다. 탈것이나 동물이 이야기를 하고 하늘을 나는 판타지, 예를 들어 〈토마스 기차〉나 〈핑구〉 같은 것은 그것이 판타지인 것을 아는 조금 더 큰 아이에게는 상관없지만, 이 시기의 아기에게는 혼란을 준다. 아기는 이제 겨우 사람이나 동물, 물건이 어떤 것인지를 알기 시작했을 뿐이다.

아기가 말을 알게 되었다고 해서 텔레비전에서 말을 배울 것이라고 착각해서는 안 된다. 아기나 유아는 움직이는 빛과 선명한 색에 마음을 뺏겨 소리는 전혀 듣지 않는다. 독일어 텔레비전을 꽤 오래 본 네덜란드 아기가 독일어는 전혀 배우지 않았던 것으로 나타난 실험결과도 있다. 귀가 들리지 않은 부모를 둔 아이가 텔레비전에서는 전혀 말을 배우지 못하고 부모한테 수화를 배웠다는 예도 있다.

당신이 잠깐 쉬고 싶을 때 텔레비전을 켜 두면 당신이 편해질지는 모르지만 아기에게 어떤 결과를 가져오게 될지 마음에 새겨 두자. 텔레비전의 혜택을 보는 것은 당신뿐이다.

텔레비전을 볼 때는 아기와 함께 보도록 하자. 엄마가 같이 보면 아기가 본 것을 설명해 줄 수 있다. 내용은 아기가 알고 있는 것으로 선택해 주자.

엄마의 정성으로 만드는 간단 장난감 & 놀이

마스카라가 따로 필요없는 곡식소리 장난감
준비물: 비닐 랩이나 쿠킹 호일을 다 쓰고 난 뒤 남는 심, 여러 가지 곡식(콩, 쌀 등), 종이 테이프나 셀로판 테이프, 리본이나 색종이, 가위, 풀
① 원통모양 심을 적당한 크기로 자른 뒤 한 쪽을 종이테이프로 꼼꼼히 막는다.
② 속에 곡식을 적당하게 넣는다. 심을 여러 개 준비해 종류별로 곡식을 넣으면 서로 다른 소리가 나는 장난감을 여러 개 만들 수 있다.
③ 다른 쪽 입구 역시 종이테이프로 꼼꼼히 막는다.
④ 선물이나 케이크 상자를 포장할 때 썼던 리본을 모아두었다가 원통을 장식한다. 색종이를 갖가지 모양으로 오려 붙여도 예쁘다.

손바닥 움찔움찔, 귀는 간질간질 방울 만들기
준비물: 여자들 머리를 세팅할 때 쓰는 플라스틱 클립, 크고 작은 방울, 공예용 전선.
① 머리를 세팅할 때 쓰는 플라스틱 클립을 깨끗이 씻어서 말려 놓는다. 이 클립에는 올록볼록한 요철 부분이 있어서 아이들이 촉각적으로도 자극을 받을 수 있다.
② 공예용 전선을 10cm씩 자른 다음 끄트머리에 방울을 하나씩 단다.
③ 플라스틱 클립에 준비해 놓은 방울을 단다. 아이가 손에 쥐기 편하도록 방울을 배치한다.

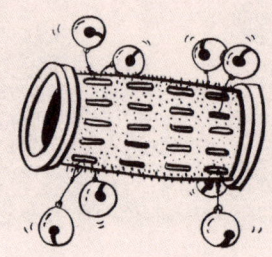

summary

　여기 씌어져 있는 것은 평균적인 발달양상이다. 아기에 따라 제각각 발달의 정도는 다르다. 당신의 아기가 여기 씌어 있는 것을 모두 다 할 수는 없다고 해도 염려할 필요는 없지만, 만 1세 4개월에 아래서 제시한 '이럴 땐 전문가에게'에 해당되는 경우는 말 그대로 전문가에게 상담해 보길 권한다. 또 아기에 대해 의문나는 사항이 있으면 언제라도 보건소나 늘 다니는 병원에 데리고 가 보자.

1세 4개월 무렵의 아이들은
- 6개에서 8개 정도 의미가 통하는 단어를 사용할 수 있다.
- 그림을 즐겨 본다.
- 하고 싶은 것, 갖고 싶은 것을 알리기 위해 몸짓을 한다.
- 이름을 들으면 그 사람이나 물건을 찾는다.

이럴 땐 전문가에게
- 당신과 교대로 목소리를 내는 일이 전혀 없다.
- '모자는 어디에 있지?' 라는 질문에 제대로 된 방향을 쳐다보지 않는다.
- 마치 이야기를 하고 있는 듯한, 서로 다른 소리가 많이 섞여 있는 옹알이를 하지 않는다.
- '영차영차' 등 몸짓을 사용하는 놀이를 하려 하지 않는다.
- 몇 초 이상은 무언가에 집중하는 일이 없다.

참고문헌

K. Nelson
Making Sense: the Acquisition of Shared Meaning
(New York, Academic Press, 1985)

J. Cooper, M. Moodley & J. Reynell
Helping Language Development
(London, Edward Arnold, 1978)

M. Beeghley
'Parent Infant Play' in K. Macdonald(ed)
Parent Child Play
(State University of New York Press, 1993)

J. Mandler
'The Development of Categorisation: Perceptual and Conceptual Categories' in G. Bremner, A. Slater & G. Butterworth(eds)
Infant Development: Recent Advances
(Psychological Press, Taylor & Francis, 1997)

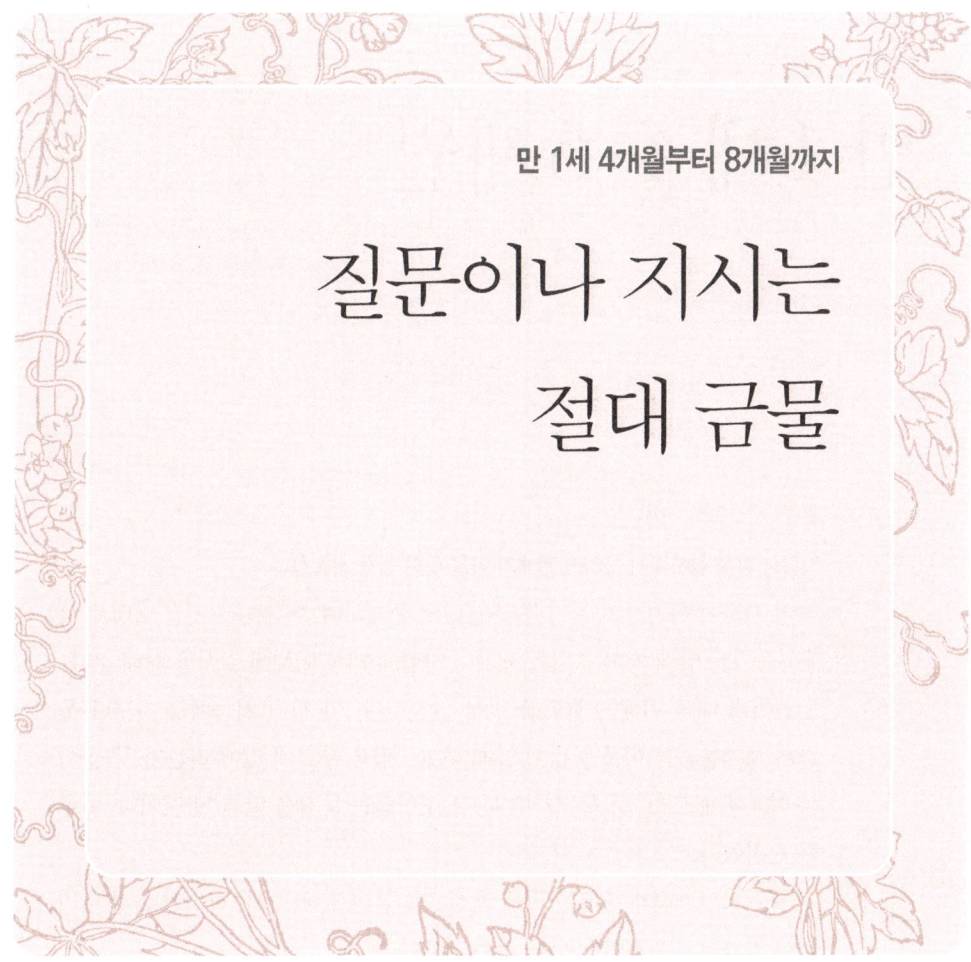

만 1세 4개월부터 8개월까지

질문이나 지시는 절대 금물

대답이 필요하지 않는 한 질문하지 않는다. 이것이 철칙이다.
만약 아기가 답을 알고 있다면 아무런 도움이 되지 않으며,
모른다면 아기를 겸연쩍게 할 따름이다.
완전히 말걸기에 투철할 것, 거꾸로 말하면 절대로 아기에게 억지로 말을
시키지 않을 것이 '말걸기 육아'의 철칙이다.

만 1세 4~6개월

🔊 언어 발달

적당한 말을 찾아내지 못하면 관계가 있을 듯한 말을 사용한다

이 시기에 아기는 사물이 무엇을 위해 존재하며, 어른이 그것을 어떻게 사용하는가를 알게 되어 주위의 세계나 사람에 대한 이해에 깊이를 더해 간다.

언어에 대한 이해는 놀라울 만큼 진전된다. 이 시기 처음에는 가구나 옷 같은 생활용품의 이름을 많이 알게 되고, "컵은 부엌에 있어"라든가 "곰돌이를 아빠에게 드려" 등 두 가지 내용을 포함하는 문장을 알게 될 것이다. 아주 큰 진전이다.

아주 자연스럽게 중요한 말에 액센트를 붙여 말해 주자. 하지만 문장의 리듬이 망가질 정도로 강조하는 것은 피해야 한다.

아기는 주위에서 일어나는 일에 열심히 반응한다. 엄마가 외출 준비를 하고 있으면 자신의 신발을 가지러 간다. 엄마가 요리를 하고 있으면 식탁에 앉는다. 이제는 단어를 같은 종류끼리 관련지을 수 있다. 예를 들어 조끼는 옷의 일종으로 셔츠나 양말과 같은 무리에 속한다는 것을 안다.

"멍멍이는 어디에 있어?"라는 간단한 질문에는 올바른 방향을 보고 대답하기 시작하지만, 익숙한 장면에서밖에 알지 못하는 말도 있다. 예를 들어 공이라는 말을 듣고 금세 찾아내려면 자신의 공이 시야 안에 있는 때라야 가능할지도 모른다.

1세 5개월 무렵에는 말이 급속하게 발달한다. 매일 새로운 단어가 늘어가는데, 특히 신체의 부분, 옷이나 동물의 이름을 왕성하게 익힌다. 어른이 어떻게 말하는지도 잘 알아서 "사과 먹고 싶어?"라는 질문이나, "야옹이가 있네" 등의 코멘트, "신발을 가져와"라는 지시에 각각 정확하게 반응한다. 사물의 이름 이외의 단어도 알게 되어 '앉아' '와요' 등의 간단한 동사도 이해한다.

단어수가 늘면 두 가지 내용이 포함된 문장을 이해하게 된다. "방에 가서 윗도리를 가져와요"라는 지시를 알 것이다. "컵과 숟가락을 줘"라고 말하면 두 가지 다 건네줄지도 모른다. 물론 심부름을 하고 싶다고 생각할 때뿐이지만.

아기가 이만큼이나 영리해지면 과시하고 싶어지는 것이 부모의 마음이지만, 다른 사람 앞에서는 잘 안 되어 낙담하는 일도 있다. 이 시기, 대부분의 아기는 친숙한 사람의 말을 훨씬 잘 알아듣는다. 조금 더 자라면 낯선 사람의 말도 잘 알게 된다.

아기는 말하는 능력에서도 쑥쑥 진보한다. 1세 4개월에는 다양한 종류의 소리를 낼 수 있으며, 높낮이와 억양이 있는 옹알이를 많이 한다. 정확하게 말할 수 있는 단어는 6, 7개 정도이지만, 착실하게 늘어간다. 대다수 아기는 1세 8개월 정도까지는 단어수가 그다지 늘지 않으며, 말을 구사할 수 있게 되는 것은 이해하는 것보다 훨씬 나중이다. 초조해하지 말자.

처음으로 아기가 말하는 단어는, 재미있을 듯한 사물이나 사람의 이름일 경우가 많다. 아기는 무리에 끼는 것을 무척 좋아하므로 '야아' 라든가 '바이바이' 등의 말을 빨리 익힌다. '안아' 등 익숙한 동작에 수반되는 말도 빠르지만, 예를 들어 자신이 좋아하는 고양이만을 '야옹야옹' 이라고 하듯이 이 시기에는 잘 알고 있는 특정한 장면에서 사용하는 경우가 많을 것이다.

재미있는 것은, 아기는 관심을 가지는 대상의 이름은 길이에 상관없이 말할 수 있게 된다는 것이다. 내 딸은 장난감 하마를 좋아했는데 아직 말할 수 있는 단어수가 얼마 안 되는 1세 4개월에 "히포포타무스"(하마 '히포' 의 정식명칭) 라고 분명하게 말했다.

아기가 말하는 단어수가 급속하게 늘고 있다고는 해도 사용할 수 있는 단어수는 한정되어 있으므로 그 단어를 철저하게 써먹는다. 예를 들어 '타' 는 자기집의 고양이고 '비' 는 자신의 우유병이라는 식으로, 어떤 것은 매우 한정지어 사용하고 또 어떤 것은 광범위하게 사용한다. 말하고 싶은데 단어를 모르면 관계가 있을 듯한 단어를 능숙하게 사용한다. 예를 들어 달이나 자동차 바퀴 등 둥근 것을 표현하고 싶을 때 '공' 이라는 단어를 적용시킨다.

이러한 초기의 말은 하고 싶은 것, 생각하고 있는 것도 나타낸다. "자동차" 라고 말함으로써 "자동차를 갖고 싶어" "그것은 내 자동차야" 부터 "자동차는 싫어" 까지 전부 표현한다. 어떤 의미인가는 표정이나 몸짓으로 분명하게 알 수 있다.

대화도 능숙해져 말이 두 번 왕복하는 주고받기도 된다. 예를 들어 아기가 "자동차" 라고 말하고 당신이 "응, 여기 있어" 라고 대답한다. 다음으로 아기가 "부릉부릉" 하면서 자동차를 밀어 부딪치게 하고는 당신이 "쾅" 이라고 말하는 것을 기다린다.

대체로 1세 6개월 안에 아기는 사물이나 사건, 사람에 관해서 한층 추상적으로 생각할 수 있게 된다. 예전에는 '개' 라는 단어가 자기 집의 애완동물만을 나타내는 것이었지만, 이제는 모든 개를 가리키는 단어가 된다. 이 시기에 말이 급속하게 발달하는 것은 이처럼 말이 상징으로서 사용되기 시작하는 것과 관계있는 듯하다.

전반적 발달 양상

조그만 의자에 앉고 안정되게 걸을 수 있다

　몸을 자유롭게 움직이고 손끝을 민첩하게 사용할 수 있게 됨에 따라 주위의 세계에 대한 이해가 진전되고, 그것이 언어로 연결되어 간다. 이 시기 가장 중요한 지적 능력의 발달은 이해할 수 있는 개념의 수가 급속하게 늘어간다는 것이다.

　방안을 돌아다니고 물건을 집어 올리며 재미있어 보이는 물건을 탐색하는 것이 능숙해진다. 아기는 이렇게 실제로 해 보아서 개념을 넓혀 나간다. 예를 들어 무거운 물건을 들어올리려고 애써 보지 않는 한 '무겁다' 라는 개념을 좀처럼 알 수 없다.

　눈과 손을 함께 움직이는 능력이 발달하여 다양한 물건을 자유롭게 다룰 수 있게 되므로 개념 형성에 크게 도움이 된다. 용기가 꽉 찰 때까지 쌓기막대를 넣고서는 비우고, 연필이나 크레용으로 선이나 점을 그리고는 재미있다는 듯 그 모양새를 관찰한다. 커다란 장난감이나 탈것을 밀거나 끄는 것도 좋아하고, 그렇게 하여 사물의 크기나 위치를 이해해 간다. 시작한 일은 어떻게 해서든 마지막까지 할 수 있게 된다. 예를 들어 탈것 전부를 한 군데에 모아 놓거나 쌓기막대를 몽땅 장난감 트럭에 쌓아 놓거나 한다.

이 시기 이해할 수 있는 개념의 수가 급속하게 늘어나는데
아기는 실제로 해 보아서 개념을 넓혀 나간다.
무거운 물건을 들어올리려고 애써 보지 않는 한
'무겁다' 라는 개념은 좀처럼 알 수 없다.

받쳐 주지 않아도 등을 펴고 무릎을 꿇으며, 조그만 의자에 앉을 수도 있다. 보폭도 넓고 안정되게 걸을 수 있으며, 장난감 버스 정도는 밀 수 있게 된다. 높은 곳에 있는 물건을 만지기 위해 의자를 밀고 가며, 손을 잡아 주면 계단도 조금 올라갈 수 있다. 공도 차고 싶어하지만 아직은 걸어가서 공에 부딪치는 정도이다.

아기는 사회적인 학습거리도 왕성하게 탐색하고자 한다. 어른이 하는 것을 보고 같은 행동을 하면 어떤 기분이 되는지 확인하며, 다른 사람은 자신과 어느 정도 다른가를 확인하려고 한다. 다른 사람이 게임에 끼어드는 것도 무척 좋아하여 장난감을 내밀며 함께 놀자고 청한다.

👁 주의를 기울이는 힘

어른이 주의를 기울이는 대상에 흥미를 가진다

아직 주의를 집중시키는 것은 어렵고, 지금까지와 마찬가지로 여기저기로 관심이 옮겨간다. 하지만 강하게 흥미를 가진 것에는 가만히 집중하는 경우가 있다. 그럴 때의 아기는 방해받는 것을 매우 싫어한다.

그렇게까지 열중하고 있지 않을 때라면 어른이 주의를 기울이는 대상에 자신도 흥미를 갖고 주의를 기울인다. 하지만 무언가에 열심히 주목하고 있을 때는 어떤 이야기를 해도 듣지 않는다. 아기가 유일하게 들어주는 경우는 아기 자신이 지금 주목하고 있는 것에 관련된 것으로, 그것도 어른이 개입함으로써 한층 더 재미있어질 것 같다고 느낄 때뿐이다.

아기가 어떻게 해서 소매에 팔을 끼울까 하고 생각하고 있을 때 "팔은 어디 있지?"라고 말을 걸면 들어주지만, 그때 마당의 고양이를 가리키며 뭐라고 얘기하면 아기에게는 들리지 않는다.

듣는 힘

말을 무척 좋아하여 어른이 하는 이야기의 마지막 부분을 되풀이한다

　소리가 어느 방향에서 들려오든지 정확하게 찾을 수 있게 되어 어디에서 나는 소리인지를 안다. 순조롭게 발달하고 있다면 주위의 소리 가운데서 듣고자 하는 소리를 선별하고 듣고 싶지 않은 소리를 무시할 수 있으므로 전보다는 조금 긴 시간 집중하여 들을 수 있다. 그렇지만 이 능력은 아직 안정된 것이 아니다. 듣기에 좋은 환경이 필요한 것이다.

　보고 듣는 것을 동시에 하는 감각의 통합도 진전된다. 하지만 아직 주위에 신경을 흐트러지게 하는 것이 없고, 보고 듣는 대상이 동일하며, 아기가 스스로 주의를 기울이고 있을 때로 한정된다.

　말을 듣는 행위에 대한 흥미는 점점 높아진다. 때때로 어른이 하는 이야기의 마지막 말을 되풀이하는 모습 등을 보면 알 수 있다.

아기는 주위에서 일어나는 일에 열심히 반응한다.
엄마가 외출 준비를 하고 있으면 자신의 신발을
가지러 가고, 엄마가 요리를 하고 있으면 식탁에 앉는다.

만 1세 6~8개월

📣 언어 발달

매일 새 단어를 9개 익힐 수 있다

1세 4,5월에도 말에 대한 이해가 급속도로 진전되지만, 이 2개월 동안의 진전형태에는 한층 눈부신 데가 있다. 어른이 신경을 써 주면 매일 새로운 단어를 아홉 개나 익힐 수도 있다.

단어 그 자체의 의미만 익히는 것이 아니다. 1세 7개월 정도가 되면 친숙한 장면에서가 아니라도 들려오는 이야기의 내용을 안다. 예를 들어 자기 집이 아니라 이웃집에서도 "간식 먹어"라는 말을 들으면 그 의미를 안다.

마찬가지로 눈앞에 없는 사물이나 사람을 말로써 표현하는 것도 이해하여 할머니가 없을 때도 "할머니는 어디 계시지?" 하는 익숙한 말을 알아듣는다. 아이는 정말로 말의 의미를 이해하기 시작한 것이다.

언어를 상징으로서 파악할 수 있게 되었으므로 실물의 명칭뿐 아니라 장난감 자동차나 인형집의 가구의 명칭도 알기 시작한다. 그림 속의 사물의 이름도 안다. 2분 정도는 가만히 그림을 보고 있을 수 있으며, 그려져 있는 사람의 신체 부분이라든가 옷, 소품의 이름을 말해 주면 정확하게 그것을 가리킬 수 있다.

쇼핑이라든가 목욕 등 여러 번 경험한 것은 일이 진행되는 순서도 알고 있다. 세상사의 순서를 알면 의미에 대한 이해도 쉬워진다. 예를 들어 목욕탕에서 나올 때 "자, 수건으로 닦자"라는 말을 들었다고 하자. 다음에 일어나는 일이 수건으로 몸을 닦아 주는 것임을 알고 있으면 '수건'이라는 말의 의미를 아주 쉽게 이해할 수 있다.

몸짓을 보거나 이야기를 들었을 때의 상황, 말하는 사람의 얼굴표정 등 언어 이외의 힌트를 읽는 것도 능숙해져 엄마가 지금 이런 일에 관심을 갖고 있구나 등을 알게 된다.

이전에도 그랬지만 알게 된 말이라도 입 밖에 내어 말하는 것은 그보다 나중의 일이 된다. 이 월령의 아기들은 다양한 소리와 가락, 억양이 있는 목소리를 내는데, 구사하는 단어수에는 큰 차가 있다. 9단어에서 10단어를 말하는 아이가 있는가 하면, 이 시기가 끝날 무렵에는 50단어나 사용하는 아이도 있다.

1세 7개월 무렵 사용하는 단어수가 급속하게 늘어나는 아이도 있다. 아직 가족이나 애완동물, 좋아하는 장난감의 이름이 대부분이지만, '바이바이' 등 동작을 나타내는 단어, 구급 사이렌의 소리 등도 있다. "바이바이 해"라는 말을 들으면 처음에는 "바"라고 소리를 하나만 내거나 몸짓을 했던 것이 "바이바이"라고 단어로 말할 수 있게 될 것이다.

커뮤니케이션이 거의 말을 통해 이루어지므로 몸짓은 자취를 감춰간다. 급속하게 단어수가 늘어난 아기는 '마신다'라는 동사, '크다' '작다'라는 형용사까지 써서 다양한 종류의 단어를 말한다. "사과 줄까?"라는 간단한 질문에는 말로 대답한다.

그래도 아직 다양한 의미와 목적으로 언어를 사용한다. 아기가 "아빠"라고 말할 때 "아빠, 안아줘"의 의미가 있는가 하면 "아빠의 자동차"나 "아빠 차례야"라는 의미도 있는 것이다. 물론 말할 수 있는 단어의 수가 늘면 이렇게 생략된 사용법도 줄어든다.

1세 7개월 무렵에 50단어 정도 말할 수 있는 아이는 두 단어를 조합하기 시작한다. 물론 1단어만의 어법도 당분간은 사용한다. 아기가 처음 2단어 문장을 말했을 때 부모는 황홀함을 맛본다. 2단어 조합으로 초기에 등장하는 말은 "엄마, 여기" "아빠, 바이바이" "부—부, 있어" 등이다.

그러나 초기의 2단어 조합은 전혀 관계없는 말을 갖다 붙인 쪽이 일반적이다. "나, 자동차"는 "자동차를 갖고 싶어"라는 의미이다. 말의 순서도 틀리거나 한다. 이러한 초기의 2단어 문장은 복수의 의미를 가지는 경우가 많다. "현수(자신의 이름), 모자"는 "내 모자가 갖고 싶어" "모자 줘" 혹은 "모자가 싫어"까지 의미한다. 아기가 말하는 문장에 대해서는 약간의 해독이 필요하다.

이 무렵 아기는 흉내내는 것을 무척 좋아한다고 말했는데, 이것은 언어에도 해당한다. 2단어 문장을 곧잘 흉내내고, 주위의 소리도 흉내내어 소방차가 지나가면 "엥엥", 개를 보면 "우—"라고 말한다.

발음은 아직 완성되지 않아서 아이의 말을 부모만 알아듣는 경우도 많다. 아이는 아직 어떤 소리를 어떤 순서로 이어가면 되는지 완전히 익히지 못했으며, 혀와 입술도 정교하게 움직일 수 없기 때문이다. 자신이 내는 소리와 주변의 어른이 들려주는 소리를 비교할 수 있는 기회가 많으면 아이의 발음은 올바르게 된다.

가장 흔한 발음의 오류는 다음과 같은 것들이다.

- 어려운 소리는 보다 더 발음하기 쉬운, 아주 비슷한 소리로 대체된다. 예를 들어 '로봇'이 '도봇', '자동차'가 '다동타'로 된다.

- 비슷한 자음이 두 개 있으면 같은 자음을 두 번 사용한다. 예를 들어 '나무'가 '마무'로 된다.
- 모든 소리를 다 알지는 못하므로 발음을 틀리게 한다. 예를 들어 어미가 생략되어 '보트'가 '보—'가 되고, '뱀'이 '배'가 된다.
- 아주 비슷한 소리로 대체되는 경우도 있다. 예를 들어 '사자'를 '샤자'라고 하듯이 '사'는 '샤'가 된다.
- 다음절 단어에서는 닮은 음절로 대치된다. '코끼리'를 앙징맞게 '코꼬리'라고 말하는 식이다.
- 어미만, 혹은 어두만을 말하는 경우가 자주 보인다. '요구르트'를 '요구트'나 '요트', '바나나'를 '나나' 하는 식이다.

전반적 발달 양상

사각이나 동그라미를 틀에 끼워 넣는다

손끝이 민첩해진다. 뚜껑을 비틀어 열고, 문을 열며, 한번에 책을 몇 페이지 넘긴다. 쌓기막대를 세 개 쌓거나 늘어 놓을 수도 있다. 구멍 뚫린 보드에 나무쐐기를 여섯 개나 찔러 넣고, 사각이나 동그라미를 틀에 끼워 넣는다. 같은 것을 모으는 것을 좋아하여 같은 자동차를 두 대 나란히 놓는다. 공도 던질 수 있지만 엉뚱한 방향으로 굴러간다.

몸의 움직임도 유연해진다. 발뒤꿈치와 발가락 끝을 사용하여 걷고, 걸음을 떼는 것과 멈추는 것이 안정되어 간다. 장난감을 줍기 위해 쭈그리고 앉으며, 커다란 의자에 기어 올라가서는 방향을 바꾸어 앉을 수 있다. 공간과 자신의 몸의 크기를 짐작할 수 있게 되어 상자를 보고 자신이 들어갈 수 있는 크기인지 아닌지 알게 된다.

어른이 하는 행동을 뭐든지 흉내내어 책을 읽고 녹차를 따라 붓는 등 일상적인 일들을 하나하나 그대로 해 볼 요량으로 따라 해 본다. 아기는 주위의 세계에 관해 힘 닿는 대로 탐색해 보겠다고 굳게 마음먹은 호기심 덩어리처럼 보인다.

👁 주의를 기울이는 힘

엄마의 시선을 따라가고자 하는 마음을 가진다

주의를 기울일 수 있는 시간의 길이는 1세 4개월부터 6개월과, 6개월부터 8개월 사이에 그다지 차는 없다. 어떤 대상에서 다른 대상으로 관심을 옮겨 가는 것은 전보다 빨라지지만, 가만히 집중하는 시간은 아직 짧다. 정말로 집중하고 있을 때는 다른 대상으로 주의를 옮기게 하는 것이 아직 불가능하다.

이전과 비교하여 한 가지 다른 점은 엄마가 조금 먼 곳의 사물을 가만히 보고 있으면 자신도 엄마의 시선 끝의 목적물을 확실하게 포착할 수 있게 된다는 점이다. 그리하여 엄마가 주목하고 있는 대상을 함께 보려고 하는 의지가 커진다. 대체로 1세 6개월 안에 이루어지는 발달이다.

👂 듣는 힘

소리와 음원 짝짓기가 한층 손쉬워진다

1세 4~6개월과 똑같지만 더 열심히 말을 듣는다. 아마도 소리와 음원을 연결짓는 것이 손쉬워졌기 때문일 것이다.

남자아이 여자아이 가릴 것 없이 흉내놀이를
좋아하여 인형에게 밥을 먹이거나 목욕을 시키고
유모차에 태워서 산책을 시킨다. 다른 사람에게도
같은 행동을 시키고 싶어한다.

BABYTALK PROGRAMME
하루 30분
말걸기 육아

매일 30분 동안 아기와 둘만의 시간에 집중한다

당신과 아기는 지금까지 매일매일의 '말걸기 육아' 시간을 즐겨왔으리라 믿는다. 반드시 계속하여 주자. 이것은 아기가 말을 배우는 데 있어서 최고로 좋은 기회일 뿐만 아니라 정서 발달에도 아주 바람직하다. 사랑하는 어른이 항상 줄곧 자신을 지켜보아 준다는 것을 알면 어린 아기뿐만 아니라 더 큰 아이들도 안정된 느낌 속에서 지낼 수 있다. 어른이 지켜보아 주지 않는 아이는 애정을 구하는 데 많은 에너지를 쏟아붓는다. 게다가 슬프게도 일부러 해서는 안 될 행동을 해서 주의를 끌려고 한다.

찰리는 나이 터울이 적은 3형제 중 막내였다. 처음 만난 것은 그 아이가 3세 때였는데 단지 2단어나 3단어로 된 문장밖에 말하지 못하여 부모가 데리고 온 것이다. 게다가 찰리는 또래들의 놀이를 엉망으로 만들어 버리므로 엄마가 손을 들 정도였다. 가장 좋아하는 물놀이도 할 때마다 사방을 물천지로 만들어버렸기 때문에 금지당했다.
찰리가 너무나도 불행한 것 같아 나는 가슴이 아팠다. 얼굴은 창백하고 신경질적이었으며 좀처럼 웃지 않았다. 나는 어머니께 찰리를 위해 시간을 내는 것이 얼마나 중요한지 이야기했지만 그것이 간단한 일은 아니라는 것은 잘 알고 있었다. 그래도 어머니가 친구나 친척의 도움을 받아 매일 조금씩이라도 시간을 내자 효과는 금방 나타났다.
2주 후에 찰리는 마치 딴사람 같았다. 등을 곧게 펴고 혈색이 건강하며 자신감이 넘치는 행복한 도련님이 되어 있었다. 말도 무척 빨리 익혔고, 어머니의 말에 따르면 제멋대로 하는 행동도 거의 없어졌다고 한다. 4주일이 지나자 찰리에 관해서는 전혀 염려하지 않아도 되었다.

시작하기 전 이것만은 챙기자

아무리 강조해도 지나치지 않은 주의사항은 '조용한 상태를 만드는 것'이다. 아이는 듣고자 하는 소리만을 선별하고 다른 소리를 무시하는 힘이 아직 확립되어 있지 않다. 주위가 조용하지 않으면 이 능력은 몸에 붙지 않는다.

텔레비전, 음악, 라디오, 전화 등을 모두 꺼 놓았는가 확인하자.

집 안에 있는 다른 사람들에게도 정말로 급한 경우가 아니면 방해하지 않도록 말해 둔다.

자라의 엄마가 '말걸기 육아'를 해도 이전만큼 진전이 없다고 말하여 나는 이상하게 생각했다. 자라의 엄마는 분명히 '말걸기 육아'의 원칙을 지켰다는 것이다. 그래서 나는 자라의 집을 방문해 보았다.
자라와 엄마가 노는 방에는 이웃사람이 크게 틀어 놓은 음악소리가 뚜렷하게 들리고 있었다. 어른에게는 그다지 신경이 쓰이지 않을 정도의 소리였으므로 엄마는 알아차리지 못했던 것이다.
곧바로 놀이방을 집 반대편으로 옮기자 자라는 다시 앞으로 나아갔다.

주의를 흐트러지게 하는 것이 별로 없는 환경에서 자라는 아기들 사이에서도 주의력 발달에서 커다란 개인차가 나타난다. 그것은 장난감을 제공하는 방식에 좌우되는 듯하다. 관심이 달라지면 차례차례 장난감을 바꿔가며 놀 수 있도록 장난감을 충분히 준비해 둘 필요는 있지만, 너무 많아 주의가 흐트러지지 않도록 균형을 잘 생각해 보아야 한다.

나는 아기가 고를 수 있도록 장난감을 많이 놓아 둘 때는 바닥에 놀 수 있는 공간을 충분히 비워두고 장난감을 잘 배치한다. 아기가 장난감을 전부 뒤집어 엎지 않아도 뭐가 있는지 금방 알 수 있도록 유의하고 있다.

탐색놀이와 흉내놀이를 둘 다 할 수 있도록 장난감을 준비해 주자. 형태를 분류할 수 있는 것, 쌓기막대, 퍼즐, 인형, 소리를 내는 것, 몇 권의 책 등이다.

어떻게 말을 걸까

이 시기에 아기에게 말을 걸 때는 아주 미세하지만 중요한 새로운 방법이 필요하다. 이 단계에서 아기는 믿을 수 없을 만큼 급속하게 말을 익히기 때문이다. 아기는 충분히 놀아야 한다. 사물이나 사건의 의미를 알고, 그것에 관련되는 말을 알기 위해서는 어른이 도움을 주어야 한다.

여기서 당신이 아기에게 해 줄 수 있는 것은 아주 많다. 게다가 그것은 아기의 일생을 통해 크게 도움이 될 것임에 틀림없다.

아기의 주의력 수준을 파악하자

아기의 주의력이 어떤 수준인가를 알아두어야 한다. 지금은 아기의 관심이 여기저기로 옮겨다닐 때와, 자신이 선택한 것이라면 꽤 오랫동안 집중할 수 있는 양 쪽이 다 존재한다.

이 사실을 알아두면 아이의 상태를 이해하기란 그다지 어렵지 않다.

어른의 생각을 강요해서는 안 된다

이 시기에는 아기의 주의가 향하는 방향을 무리하게 조정하려 해서는 안 된다. 아기의 주의를 끌려고 해도 아기가 집중하고 있을 때는 절대 무리이므로 둘 다 불만만 쌓일 뿐이다. 기다리는 수밖에 방법이 없다.

나도 아들아이에게 멋진 새 장난감을 보여 주고 싶어 안달이 났는데 아이가 골판지 상자에 쌓기막대 집어넣는 데 골몰하고 있어 초조해하면서 기다린 적이 있다. 당신이 고른 장난감에 아기를 무리하게 집중시키는 것은 절대로 불가능하다.

실황방송 같은 이야기방법을 취해도 아기가 전혀 들어주지 않는 것은 아기의 주의가 다른 것에 쏠려 있을 때이다. 아기가 그 순간에 생각하고 있는 것에 꼭 맞는 내용으로 말을 걸어주면 제대로 들어준다.

아기가 무엇에 주의를 기울이고 있나 파악하자

엄마가 어느 정도 아이와 같은 대상에 주목하고 있느냐 하는 것이 아이의 언어 학습에는 가장 중요한 요소이다. 그리고 주목하는 대상을 아이 스스로

아기의 주의가 향하는 방향을 무리하게 조정하려 해서는 안 된다. 아기의 주의를 끌려고 해도 아기가 집중하고 있을 때는 절대 무리이므로 둘 다 불만만 쌓일 뿐이다.

선택하는 것이 중요하다. 물론 때에 따라서는 재미있을 듯 보이는 것에 아이의 주의를 끌어들일 수도 있지만 그것은 다른 시간으로 미루고 이 시간만큼은 아이를 따르자.

이러한 노력이 아이에게 미치는 영향에 관한 연구는 많이 있다. 어른이 아이의 관심에 맞추면 맞출수록 아이는 말을 왕성하게 익혀 나간다는 것은 명백하다. 예를 들어 1983년 미국의 조사에서는 1세부터 1세 6개월 된 아이들의 어머니가 아이의 관심에 맞추어 지낸 시간의 양과, 그 후 아이가 구사하는 단어의 수 사이에 높은 상관관계가 있는 것으로 나타났다. 1993년 영국에서 행해진 1세 6개월 된 아이의 조사에서도 같은 결과가 나타났다.

아이가 지금 무엇에 관심을 가지고 있는지 파악하고 그것에 관해 이야기하자. 사물의 이름을 알고 싶어하면 "그것은 하마야", 무언가를 해주기를 바라면 "곰돌이를 점프시킬까?", 무슨 일이 일어났는지 알고 싶다고 생각하면 "부서졌나 봐"라고 설명한다.

아기는 몸짓이나 표정으로 매우 능숙하게 자신의 생각을 전달한다. 자연스러운 흐름에 맡겨서 아이가 원하는 대로 다양한 대상에 관심을 쏟게 하자.

단, 앞으로도 줄곧 아기의 속도를 따라가라는 것은 아니다. 이 시기를 자신의 속도로 넘긴 아이는 조만간 어른의 지시에 재빨리 따를 수 있게 된다.

나심은 만 2돌이 가까워졌는데도 전혀 말을 하지 않아 가족은 크게 낙심하고 있었다. 그런데 나심이 아버지와 놀고 있는 모습을 관찰하니 아버지가 쉴 새 없이 질문하고 지시하는 것을 알 수 있었다.

"나심, 이걸 봐. 무슨 색이지? 어떻게 움직이지? 그럼 이걸 봐. 쌓기막대가 몇 개 들어 있지? 어떤 형태지? 세모라고 말해 봐"

나심은 아버지의 말을 무시하고 아버지에게 등을 돌리는 경우도 자주 있어 아버지는 무척 초조해하고 있었다. 아버지는 아이라는 존재는 "기억해"라고 지시를 들었을 때만 말을 익히고, "이렇게 놀아라"라고 지시를 들었을 때만 노는 것이라고 굳게 믿고 있었다. 때문에 나심이 입을 떼지 않는 것은 아버지의 방법이 잘못 되어서가 아니라 나심이 아직 조금밖에 말을 익히지 못해서라고 생각하고 있었다.

나심의 언어 발달을 촉진하는 교류방법을 아버지에게 일러주자 아버지는 자신의 방법을 바꾸려고 노력했다. 1개월 정도 걸렸지만 그렇게 방법을 바꾸자마자 나심은 몰라보게 달라졌으므로 아버지는 납득했다. 아버지와 나심 모두 행복해하고 있다는 이야기를 들었을 때는 대단히 기뻤다.

4개월 후 나심의 말은 제 또래보다 훨씬 앞서가고 있었다.

무엇보다도 중요한 것은 '말걸기 육아'의 시간에는 질문이나 지시를 일체 하지 않는다는 것이다. 아이가 흥미를 나타내는 것에 관해서만 이야기하도록 해 주자. 질문을 당하면 아이는 대답할까 말까 고민한다. 지시를 받으면 그대로 따를까 말까 고민한다. 그러나 듣고 있기만 하면 되는 내용이라면 부담이 되지 않는다. 실제로 듣고 있기만 하면 되는 내용을 말하는 어른의 목소리는 가장 상냥하고 매혹적이다.

내가 본 바로는 대다수 아버지들에게는 이것이 꽤 어려운 듯하다. 참지 못하고 그만 질문이나 지시를 해 버리는 것이다. 하지만 아버지가 질문이나 지시를 하고 싶은 충동을 참는 연습을 해서 아이의 반응이 어떻게 달라지는가를 알게 되면 대부분의 아버지들은 아이에게 맞출 수 있게 된다.

듣는 것을 즐길 수 있도록 도와주자

아기가 조용한 환경 속에서 소리를 듣는 것을 즐길 수 있도록 해 주자. 바깥에 나가면 가게나 레스토랑, 심지어는 길에조차 시끄러운 소리가 넘쳐나므로 '말걸기 육아'의 시간만이 아이가 정색하고 들을 수 있는 시간인지도 모른다. 이 몇 개월 동안 해 왔던 일을 지속해 주자.

- 악기나 흔들면 다양한 소리가 나는 용기를 갖고 논다.
- 동요를 불러 준다.

동요 듣기는 사람의 목소리를 듣는 것이 즐겁다는 메시지를 전달할 뿐만 아니라, 동요를 듣고 자란 아이가 독서를 좋아하는 사람으로 큰다는 사실이 밝혀져 왔다. 동요의 또렷한 리듬과 반복은 아이에게 음절과 말을 어떻게 조직하는가를 알게 해 주므로 글로 쓰는 문장 훈련에도 도움이 된다.

문법을 알 수 있도록 도와주자

아이에게 말의 의미를 알게 하려면 반드시 당신이 짧고 간단한 문장을 사

아기가 조용한 환경에서 소리를 듣는 것을 즐길 수 있도록 해 주자. 악기나 흔들면 다양한 소리가 나는 용기를 갖고 놀게 하고 동요를 불러 주도록 한다.

용해야 한다. "자동차는 책상 위에 있어"라는 문장이라면 이해하지만 "너의 자동차를 전부 커다란 컨테이너 트럭에 실은 다음 테이블을 바닷가라고 생각하고 거기에 가져가자"라고 말하면 아이는 이해할 수 없다. 이것은 좀 극단적인 예이지만 나는 1세 4개월 된 아이에게 길고 복잡한 문장을 사용하는 부모들이 적지 않다는 사실에 놀라고 있다.

새로운 단어는 많이 사용해도 좋다. 전달하고자 하는 내용을 알기 쉽도록 단문으로 만들어서 무엇을 가리키는지 분명히 하면 아이는 많게는 하루에 9단어 정도까지 익힐 수 있다.

아이가 아직 모르는 단어를 사용할 때는 그 단어가 하나만 들어가는 단문으로 만든다. "자 봐, 고슴도치야" "넓구나"라는 식이다. 하지만 이때도 올바른 문법으로 말해 주자. "아빠는 일하고 있어"는 괜찮지만 "아빠, 일"은 안 된다.

이 시기에 아이는 두 가지 내용을 포함하는 짧은 문장을 이해한다. 큰 변화인 셈이다. 따라서 "신발은 현관에 있어" "멍멍이도 밥이 먹고 싶은가 봐" "손가락이 끈적끈적해" "조니는 공원에 있어" 등의 문장으로 말을 걸 수 있다.

금발머리의 귀여운 꼬마 레이첼은 2세가 조금 못 되어 클리닉에 왔다. 아이는 아주 건강해 보였지만 엄마는 레이첼이 어떤 장애를 가지고 있다고 굳게 믿고 있었다. 그도 그럴것이 2개월 전까지 레이첼은 매일 새로운 말을 왕성하게 익히고 있었는데 최근 몇 주일 동안은 단 2단어밖에 익히지 못했던 것이다.

엄마가 레이첼에게 말을 거는 것을 듣고 있노라니 의문이 풀렸다. 엄마는 굉장히 긴 문장을 사용하고 있었던 것이다. "자, 봐. 피크닉에 꼭 맞는 아주 깜찍하고 조그만 장바구니가 있으니까, 이 찰흙으로 작은

샌드위치와 케이크와 과일을 많이 만들자꾸나." 레이첼은 멍해져서 듣기를 포기했다. 최근 몇 주일간 왕성하게 말을 익혔으므로 엄마는 딸이 무엇이든 알고 있으며 어른에게 하는 것처럼 말을 걸어도 괜찮다고 믿었던 것이다.

레이첼의 수준에 맞는 짧은 문장으로 말하도록 했더니 레이첼은 다시 왕성하게 말을 배웠다. 2세 6개월이 되었을 때는 3세 된 아이처럼 말하고 의미 또한 잘 이해하고 있었다.

짧은 문장을 사용하는 것은 정말로 중요하다. 너무 빨리 진도를 나가 길게 말하지 않도록 조심하자. 긴 문장을 퍼부은 탓에 순조롭던 성장이 멈춘 아이를 나는 클리닉에서 많이 보아 왔다.

놀이 소리(의성어나 의태어)를 사용하자

놀이 소리는 아이에게 듣는 행위란 즐겁다고 느끼게 해 주어 주의를 집중하기 쉽게 한다. 또 대화 중에는 소리의 흐름이 빠르게 변화하는 데 비해 놀이 소리는 하나하나의 말소리를 듣는 좋은 기회를 제공한다. 예를 들어보자.

- '졸졸' '철벅철벅' '쏴―'는 물놀이에 꼭 맞는다.
- '콰당' '부릉부릉'은 탈것 놀이에 곁들이면 제격이다.
- '메에메에' '음메음메' '야옹'은 장난감 동물놀이를 재미있게 해 준다.

천천히, 크게, 가락을 붙여서 말하자

이 시기의 아이가 가장 듣기 쉽고 주의를 끌기 쉬운 방법이다. 당신의 이야기에 주의를 향하도록 하고, 어떤 소리가 어떤 말에 들어 있는가를 찾는 데 크게 도움이 된다.

마커스는 4세 가까이 되어 내게 왔다. 아이가 무엇을 말하는지 아는 사람은 엄마뿐인데 곧 학교에 가게 된다는 것이었다(영국은 만5세에 초등학교에 입학한다: 옮긴이). 마커스는 매우 머리가 좋고 커뮤니케이션에도 민감했다. 말을 잘 이해하고 있고 알고 있는 단어수나 문장을 만드는 능력도 염려할 필요가 없었다. 문제는 발음이었는데 그야말로 엉망진창이었다. 말소리는 대부분 낼 수 있었지만 마커스는 어느 음이 어느 말에 들어 있는 것인지 전혀 알지 못했다.

마커스의 엄마는 내가 만난 사람 중에 가장 말이 빠른 사람이었다. 조금이라도 화제가 바뀌면 나도 따라잡지 못할 때가 있었다. 그래서 엄마가 말하는 속도를 늦춰 다양한 음이 말 속에서 어떤 순서로 나오는지 마커스가 알아들을 수 있도록 하라고 조언하였다.

아이에게 말을 거는 데 가장 좋은 속도를 엄마에게 들려주고 실천하도록 했더니 1시간도 지나지 않아 마커스는 몇 가지 음을 정확한 곳에 사용할 수 있게 되었다.

놀이 소리는 아이에게 듣는 행위란 즐겁다고 느끼게 해 주어 주의를 집중하기 쉽게 한다. 졸졸, 철벅철벅, 쏴-는 물놀이에 꼭 맞는 놀이 소리이다.

많이 반복해 주자

여전히 되풀이는 매우 중요하므로 같은 말을 다른 문장, 다른 장면에서 사용한다. 아이가 각각의 말의 의미를 알려면, 또 소리를 몇 번이고 들음으로써 올바르게 기억할 수 있으려면 꼭 필요한 과정이다. 요령을 알아보자.

- 같은 말을 다양한 문장 속에서 사용한다.
 "코끼리가 있네. 코끼리는 커. 커다란 코끼리"
- 이름을 말하는 놀이는 여전히 즐겁고 유익하다. 이 시기의 아기는 이 같은 되풀이를 매우 좋아한다.
 "곰돌이의 코. 곰돌이의 귀. 곰돌이의 눈. 샐리의 코. 샐리의 귀. 샐리의 눈" 하는 식이다.
- 일상의 습관도 되풀이에 끌어들여 응용해 보자.

잘 때는 "바지를 벗고, 양말을 벗고, 셔츠를 벗어", 목욕할 때는 "손을 씻고, 얼굴을 씻고, 발을 씻자" 등이다.

사물의 이름을 많이 사용하자

아기는 아직 한창 새 단어를 익혀가는 중이다. 대명사가 아닌 정확한 이름을 사용하자. "그것, 거기에 둬"가 아니라 "책을 책상에 둬"라고 해야 한다.

이 무렵 '멍멍이' '꼬꼬' 등 아기말(유아어)을 사용해도 괜찮냐는 질문을 자주 받는다. 대답은 물론 '예'이다. 동요에서도 자주 등장하는 아기말은 아기가 알아듣기 쉽고 말하기 쉬운 것이다. 예를 들어 '까까'와 '과자'를 비교하여 말해 보자. 또 '꼬꼬'가 '닭'보다 쉽지 않은가?

그럼 언제까지? 하고 염려할 필요는 없다. 언제까지나 아기말만 쓰는 것이 아니라 아기는 곧 어른의 말을 사용하게 되니까.

아기가 말한 것을 되돌려주자

알고 있겠지만 아기는 어른과 다른 발음을 하는 경우가 있다. 가장 큰 이유는 소리의 순서를 아직 외우고 있지 못하기 때문이다. 몇 번이고 들어서 조금씩 익혀 나간다. 때문에 바르게 말해 되돌려주면 아기에게는 큰 도움이 된다.

그러나 조심해야 한다. 틀린 것을 고쳐주는 것처럼 말해서는 절대로 안 된다. 철칙은 '그렇구나'로 시작한다는 것이다. 만약 아기가 "나나"라고 말하면 "그렇구나, 바나나구나. 바나나 먹고 싶어?" 하고 말한다.

두 가지 내용을 포함하는 문장을 아기가 조금 틀리게 말했을 때도 어른이 줄 수 있는 도움은 바르게 말해서 되돌려주는 것이다. 만약 아기가 "자동차, 아빠"라고 말하면 당신은 "그렇구나, 저것은 아빠의 자동차네"라고 말한다. 이런 방법을 사용하면 아이가 무언가 잘못 말한 것처럼 들리지는 않는다.

커뮤니케이션을 하려 할 때마다 일일이 고쳐준 결과 점점 소극적으로 된 아기를 우리들은 많이 보아왔다.

3세 된 안나의 엄마는 안나가 정확하게 말하는가 아닌가에 집착하고 있었다. 안나가 말하면 딸의 얼굴을 쳐다보면서 천천히 한 마디씩 되풀이했다.

안나는 장난감 상자 속에서 작은 코끼리를 찾아내고 기분이 좋아졌다. 자신이 발견한 것에 대해 엄마도 함께 기뻐해 달라고 안나는 코끼리를 내민 채 "코끼!" 하고 말했다. 엄마는 안나의 기분에 공감을 표시하는 대신 표정도 바꾸지 않은 채 아주 천천히 "코/끼/리" 하고 말했다. 안나가 실망하는 모습은 옆에서 보아도 안타까울 정도였다. 장난감을 놓아버리고는 더 이상 엄마와 함께 놀려고 하지 않았다. 하지만 엄마

가 우리의 조언을 받아들여 안나에 대해 반응하는 방법을 바꾸자 두 사람 사이는 백팔십도 달라졌다. 그리고 그런 모습을 지켜보는 것은 언제나 그렇듯이 우리의 기쁨이고 보람이다.

아이가 표현하고자 하는 것을 대신 말해 주자

아기가 능숙하게 말로 표현하지 못할 때 아기가 말하고자 하는 내용을 헤아려 주는 것은 매우 중요하다. 아기에게 "네가 말하려 한 것을 엄마는 알고 있어요" 하고 전달하자. 아기가 말하는 방식이 아니라 말하고자 하는 내용에 신경을 쓰자.

예를 들어 아기가 하늘을 가리키며 "이— 우—"라고 말한다. 그 표정과 몸짓을 보면 비행기를 무척 재미있어하는 것을 알 수 있다. 아기는 이 느낌을 엄마와 더불어 즐기고 싶다고 생각하고 있으므로 당신도 표정과 목소리에 열의를 담아서 "그렇구나, 비행기가 굉장히 크구나"라고 말하며 즐거워하는 기분을 나타내자. 상호작용하고 있는 어른이 자신의 기분에 충실히 응답해 줄수록 아이는 바람직한 방향으로 성장한다.

무엇을 말하고 있는지 아기가 알 수 있도록 하자

어른이 무엇을 말하고 있는지 아기가 분명하게 알도록 하는 것은 매우 중요하다. 현재 하고 있는 동작에 맞추어 몸짓을 하고 말도 덧붙인다. 예를 들어 "커피를 타고 있어. 우유도 넣을 거야"라는 식이다.

이 시기에 '해서는 안 될 것'

아기가 말하는 방식이나 말한 내용에 대해 절대로 이러쿵저러쿵 말해서는 안 된다!

우마르는 기다리고 기다린 첫째 아이로 눈에 넣어도 아프지 않을 만큼 귀여워하는 대가족에게 둘러싸여 있었다. 아이에 대한 관심은 우마르가 한 마디 할 때마다 우마르의 눈앞에서 누군가가 기뻐하며 다른 누군가에게 그 내용을 전하는 식으로 나타났다. 그 때문에 우마르는 아주 신경질적이 되어 입을 다물게 되었다. 우마르는 사람과 교류하고 싶지만 너무도 부끄러워서 어떻게 하면 좋을지 모르게 되었던 것이다.

가족이 태도를 고쳐 우마르에게 들리지 않는 곳에서 우마르의 성장에 대해 조용히 기쁨을 나누게 되자 우마르는 언제나 즐겁게 말하게 되었다.

부정적인 표현은 피하자

아기는 의자에 기어 올라가거나 값비싼 장식물을 주무르는 등 늘 위험하게 돌아다닌다. 위험할 때는 아기를 강제로 떼어놓아야겠지만 그 경우에 "그만둬" "만지면 안 돼" "지금 당장 내려놓아" 따위의 말을 하지 않아야 한다. 그런 말은 누구든지 듣고 싶어하지 않는다. 당신의 목소리가 아기에게 듣고 싶은 것으로 느껴지도록 해 주자.

아기에게 질문할 때는

대답이 필요하지 않는 한 질문하지 말자. 이것이 철칙이다.

"이건 뭐지?"라든가 "소는 어떻게 울지?" 따위를 물어볼 필요는 없다. 만약 아기가 답을 알고 있다면 아무런 도움이 되지 않으며, 만약 모른다면 아기를 겸연쩍게 할 따름이다.

아버지들한테는 이 요구가 어쩌면 어려울지도 모른다. 내 경험으로 볼 때는 그렇다. 다른 프로그램은 어렵지 않게 해내는데, 아기에게 말을 시키고자 질문하는 유혹을 이기지 못하는 아버지가 많이 있다.

어렵겠지만 답이 필요하지 않은 질문을 하지 않도록 마음에 새겨 두자. 되풀이하여 말하지만 이것은 매우 중요한 원칙이다. '말걸기 육아' 원칙 중 하나는 완전히 말걸기에 투철할 것, 거꾸로 말하면 절대로 아기에게 억지로 말을 시키지 않을 것이다.

우리가 올바른 방법으로 아기에게 말을 걸면 아기는 스스로 말을 하게 된다.

크리스토퍼의 부모가 허둥대며 아이를 데리고 온 것은 아이가 2세 6개월이 되었을 때이다. 크리스토퍼는 매우 빨리 입을 떼었으므로 가족 모두 대단히 기뻐했다고 한다. 그런데 2세 때 몇 번 귓병을 앓아 청력에 영향을 받았던 듯하다. 이 문제를 안고 있는 대다수 아이들과 마찬가지로 크리스토퍼는 보는 것과 만지는 것에 집중하여 점점 말을 하지 않게 되었다. 형들과 누나들이 있어 시끄러운 가운데서 듣기가 어려웠던 탓도 있었다.

아이가 말을 하지 않게 된 것을 알아챈 부모, 걱정에 싸인 부모가 대체로 저지르는 것과 같은 잘못을 범했다. 크리스토퍼가 입을 열도록 "이 색은 뭐지?" "이건 뭐지?" 하고 질문을 계속해서 퍼부은 것이다. 크리스토퍼는 부모가 질문의 답을 알고 있다는 사실을 잘 알고 있었으므로 더더욱 마음이 무거워졌다. 그 결과 더더욱 입을 떼지 않는 악순환에 빠졌다.

크리스토퍼의 부모가 우리의 충고를 받아들여 이 악순환이 해소되자 크리스토퍼의 말은 눈에 띄게 늘었다. 최근에 5세가 된 크리스토퍼와 만났는데, 학교에서 아주 잘 지낸 얘기를 듣고 대단히 기뻤다.

'말걸기 육아'의 시간 이외에는

- 말을 많이 걸어주자. 지금 일어나고 있는 일에 대해 무엇이든지 이야기하자.
- 다양한 활동에 아이를 참가시키자. 친구를 방문하거나 공원이나 가게에 데리고 가자.
- 목욕할 때는 몸의 부분, 옷을 갈아입을 때는 옷의 이름을 말하는 놀이를 하자.
- 만약 가능하다면 될수록 많은 시간 동안 '말걸기 육아'의 30분과 같은 방법으로 말을 걸자.

'말걸기 육아' 시간 외에는 친구를 방문하거나 공원에 데리고 가는 등 다양한 활동에 아이를 참여시킨다. 목욕할 때는 몸의 부분, 옷을 갈아입을 때는 옷의 이름을 말하는 놀이를 하자.

놀이

탐색놀이, 상호작용놀이, 흉내놀이 등 급격하게 진보해 가는 놀이를 통해 아기는 주위의 세계가 어떻게 이루어져 있는지에 관해 지식을 늘려 간다. 학습하는 속도가 매우 빠르므로 장난감이나 다양한 놀이 상황을 많이 준비해 두어야 한다.

아기는 혼자서 노는 것과 어른이 상대를 해 주는 놀이 모두 아주 좋아한다는 사실을 알아 두자. 항상 아기가 무엇을 원하는가 주의 깊게 살펴 주어야 한다. 함께 놀아 주기를 바라면 아기는 분명하게 그것을 표시한다.

탐색놀이

여기까지 다다르면 아기는 있는 힘껏 성장한다. 몸놀림이 자유로워지고 손끝도 민첩하게 되며 눈과 손이 능숙하게 협조할 수 있게 되므로 호기심을 자극하는 소재를 끊임없이 발견한다.

다양한 사물들을 전보다 확실하게 짝지을 수 있게 되므로 인형 침대에 정성껏 커버를 씌우고는 한다. 부분과 부분을 연결짓는 데도 흥미를 가져 간단한 직소(jigsaw) 퍼즐에 구슬을 끼워 넣는 식의, 전보다 어려운 놀이를 할 수 있다. 퍼즐의 조각이 너무 크다든가, 너무 작다든가, 방향을 바꾸면 맞춰진다는 것도 배운다.

큰북을 두드리고 자동차를 미는 등 장난감의 본래 사용방법을 구사한다. 대체로 놀이가 전보다 오래 지속되며 능숙해진다. 예를 들면 쌓기막대도 쉽사리 무너지지 않도록 솜씨 좋게 쌓는다. 물건을 모아놓거나 분류하는 것도 즐기며, 상자에 넣고 빼는 것도 무척 재미있어한다. 두 가지 사물을 관련짓는 이러한 놀이방법은 바로 아기가 2단어를 연결짓는 시기에 등장한다.

점토도 좋아하게 된다. 아직은 어떤 형상을 만든다기보다 주물럭거리고 두드리는 것을 즐기는 정도이다. 다른 아이들이 있으면 모래밭에 주저앉아 노는 것도 즐거워하지만, 아직 모래로 형상을 만들지는 않을 것이다.

색연필이나 크레용 낙서도 여전히 좋아한다. 이제는 아래위 선 긋기도 흉내낼 수 있다. 번거롭기는 해도 물놀이는 정말 재미있다. 또 아름다운 소리가 나는 것은 무엇이든지 좋아한다. 새로이 발견한 놀이는 무엇이든 엄마에게 보이고 싶어할 것이다.

엄마와 아기가 함께 놀기에 정말로 즐거운 시기이다.

상호작용놀이

이 몇 개월 동안 즐겨온 상호작용놀이의 동요나 말놀이는 '말걸기 육아'에서 큰 몫을 차지한다.

지금까지는 정해진 내용을 되풀이하는 것을 좋아했지만 이제는 조금 변화를 주면 대단히 기뻐한다. 어른이 틀렸다는 시늉을 하면 아기는 야단법석을 떨며 좋아한다.

이제 완전히 한 인간으로서 아기가 주도권을 쥐는 경우도 많아진다. 두 사람이 서로 역할을 교대하는 숨바꼭질이나 술래잡기를 무척 좋아하는 것도 이런 변화와 관련이 있다.

이 놀이들은 동일한 대상에 주의를 기울이게 하는 아주 훌륭한 놀이이다.

교대로 상대방을 흉내내거나 곰인형 등의 장난감에게도 동작을 흉내내게 하는 것은 특히 바람직하겠다.

흉내놀이

　흉내놀이가 상호작용놀이의 자리를 차지할 만큼 왕성해진다. 엄마나 다른 어른의 행동을 지켜보고 자신도 해 보고 싶어하지만, 아직 빗자루로 쓸고 쓰레받기를 사용하는 등의 간단한 동작 정도이다.
　남자아이와 여자아이 모두 인형이나 봉제완구와 노는 것을 좋아하여 밥을 먹이거나 목욕을 시키고 유모차에 태워서 산책을 시킨다. 다른 사람에게도 같은 행동을 시키고 싶어한다.
　이 시기에 흉내내기는 줄곧 지속된다. 엄마가 책을 읽거나 요리하는 과정을 흉내내는 모습은 정말 볼 만하다. 엄마의 무심한 습관까지 완벽하게 흉내내어 깜짝 놀라게 한다.

장난감 상자

　이 시기에 장난감 상자에 넣어둘 만한 놀이도구를 알아보자. 아기는 다양한 사물에서 자기 나름의 놀이방법을 발견하는 재주꾼이다. 어른이 사 준 멋진 장난감이 얼토당토않은 방법으로 쓰이고 있다고 해서 낙담하지는 말자.

흉내놀이용

상자를 밀면서 자동차라고 간주하듯이 상징적으로 사물을 다룬다. 하지만 실물과 닮은 장난감이라면 더 흥이 날 것이다.

- ▶ 접시와 장난감 음식물
- ▶ 장난감 청소기 등 생활용품 장난감
- ▶ 작은 인형
- ▶ 인형 유모차, 침대용품, 욕조, 타월
- ▶ 장난감 탈것

탐색놀이용

- ▶ 뜨는 물건, 가라앉는 물건, 물놀이용의 용기
- ▶ 매우 간단한 직소 퍼즐
- ▶ 나사 장난감
- ▶ 길이가 다른 나무쐐기를 꽂아 넣을 수 있는 구멍 뚫린 보드
- ▶ 찰흙, 밀가루 점토, 색찰흙 등 다양한 점토

책꽂이

아기는 책을 펼치고 닫는 것을 매우 좋아하게 되어 책장을 넘기는 것을 돕고, 넘긴 다음에는 가만히 그림을 볼 것이다.

책을 보는 것은 두 사람이 몸을 밀착시켜서 친교의 시간을 갖는 것이 목적이므로, 아기가 자유롭게 책장을 넘기도록 하고 원하는 것을 충분히 볼 수 있도록 해 주자. 그림에 그려져 있는 것에 대해 이야기를 들려주기만 하고, 이것은 뭐지? 등의 질문을 하지는 말자.

지금까지 소개한 책일지라도 재질이 색다른 것, 소리가 나는 것, 넘기는 장치가 있는 것 등은 여전히 이 시기에도 즐겨 볼 수 있다.

책을 고를 때 주의해야 하는 것은 아기가 생활 속에서 경험하는 내용이고 세세한 부분까지 묘사되어 있으며 색이 분명하여 알기 쉬운 그림이어야 한다. 사물 그 자체만 그려져 있는 그림보다 아기가 잘 아는 행동을 묘사한 그림이 좋다.

쇼핑이나 공원에 가는 식의 매일의 생활을 묘사한 이야기에서도 많은 것을 배울 수 있다. 중요한 내용이 두 가지 포함된 문장이라도 "멍멍이가 짖고 있습니다. 밥이 먹고 싶은 걸까. 밥이 왔어요"와 같이 친숙한 장면의 설명이라면 아기는 잘 이해한다.

이 월령 용으로는 멋진 책이 많이 있다..

읽을 만한 책들
1. 응가 뿌지직 뿡!/행복의나무 글, 이정은 그림/큰북작은북
2. 튀어나와요! 움직여요! 동물원/와라베 키미카 그림/대교
3. 꼬까신/최계락 시, 조은화 그림/문학동네어린이
4. 반달/윤극영 시, 이광익 그림/문학동네어린이
5. 반대말/최정선 글, 안윤모 그림/보림
6. 숟가락 들고 냠냠/정은정 글, 신진주 그림/비룡소
7. 멍멍, 누구 소리일까요?/존 버틀러 글, 그림/그린북

8. 무슨 맛일까?/박정선 글, 남궁선하 그림/시공주니어
9. 꼭꼭 숨어라/이현숙 글, 오승민 그림/웅진주니어
10. 나랑 놀자/조은수 글, 그림/웅진주니어
11. 달려라, 붕붕/김성은 글, 안은진 그림/웅진주니어
12. 무엇이 무엇이 똑같을까/이미애 글, 한병호 그림/보림
13. 무엇이든 척척 일하는 자동차/이춘영 글, 김민선 그림/웅진주니어
14. 손, 손, 내 손은/빌 마틴 주니어, 존 아캠볼트 글, 테드 랜드 그림/열린어린이
15. 뭐하니?/유문조 기획, 최민오 그림/돌베개어린이
16. 어떻게 잠을 잘까요/야부우치 마사유키 글, 그림/한림

텔레비전과 비디오

지금까지와 같은 중요한 세 가지 원칙이 적용된다.
- 하루 30분 이상은 보이지 말자. 이 시기에는 해야 할 중요한 일이 잔뜩 있다. 놀고 실제로 경험하고 무엇보다 사람과 교류하는 것이 필요하다. 텔레비전에서는 이러한 것들을 전혀 배울 수 없다.
- 만약 아기에게 피치 못하게 텔레비전이나 비디오를 보이게 되면 절대로 혼자 보게 해서는 안 된다. 상호작용이 가능하도록 반드시 함께 보자.
- 아기는 세계에 대해 이제 막 알기 시작했을 뿐이다. 사물은 무엇을 위해 존재하는가, 사람은 왜 다양한 활동을 하는가를 배우는 중이다. 예를 들어 아

기는 기차는 말을 하지 않는다는 사실을 모른다. 때문에 텔레비전을 보고 말하는 기차가 있다고 쉽사리 믿어 버려 심각하게 혼란스러운 상태로 빠진다.

어린이용의 비디오는 무척 재미있어 그냥 두면 매일 몇 시간이라도 보게 마련이다. 나는 이 때문에 심각한 영향을 받은 아이들을 수없이 보아 왔다.

3세 된 빌리는 부모님과 보육원의 선생님께 걱정거리였다. 사람에게 조금도 흥미를 보이지 않았는데, 엄마에게까지 무관심했다. 말도 굉장히 늦었고 약간 별난 방법으로 놀았다. 장난감을 어떻게 다루어야 하는지도 몰라서 그냥 늘어놓거나 휘두를 뿐이었다.
빌리는 1세 때부터 매일 6시간이나 비디오를 보았던 것으로 밝혀졌다. 때문에 정상적으로 성장했다면 즐기고 있을 놀이나 사람과의 상호작용이 전혀 보이지 않았다.
우리는 빌리의 생활을 완전히 바꾸도록 해서 먼저 텔레비전을 금지하고 '말걸기 육아' 프로그램을 만들어서 아이다운 생활을 하도록 했다. 빌리는 착실하게 나아져서 4세 6개월이 되자 제 또래 수준을 따라가서 학교에 갔다. 그러나 나는 그 아이의 잠재능력을 충분히 발달시키지는 못했다고 생각하며, 장차 사회에 나가서도 곤란한 일을 겪지 않을까 걱정하고 있다.

summary

여기 씌어져 있는 것은 평균적인 발달양상이다. 아기에 따라 제각각 발달의 정도는 다르다. 당신의 아기가 여기 씌어 있는 것을 모두 다 할 수는 없다고 해도 염려할 필요는 없지만, 만 1세 8개월에 아래서 제시한 '이럴 땐 전문가에게' 에 해당되는 경우는 말 그대로 전문가에게 상담해 보길 권한다. 또 아기에 대해 의문나는 사항이 있으면 언제라도 보건소나 늘 다니는 병원에 데리고 가 보자.

1세 8개월 무렵의 아이들은
- 비행기나 동물이 내는 소리를 흉내낸다.
- '자, 간다' 등 짧은 문장을 흉내낸다.
- 물어보면 인형의 머리, 귀, 신발을 가리킨다.
- 10~50 단어를 말할 수 있다. 주위의 소리를 흉내낸다.
- 명사 이외에 '먹는다' '잔다' 등의 말을 몇 개 안다.

이럴 땐 전문가에게
- 아직 말을 하지 않는다.
- '신발은 현관에 있어' 라는 문장을 잘 이해하지 못하는 모습이다.
- 어른에게 쳐다봐 달라는 시늉을 하지 않는다.
- 함께 놀고 싶어하지 않는다.
- 소리가 들려도 어디서 들려오는지 확인하려 둘러보거나 하지 않는다.

참고문헌

J. Cooper, M. Moodley & J. Reynell
(London, Edward Arnold, 1978)

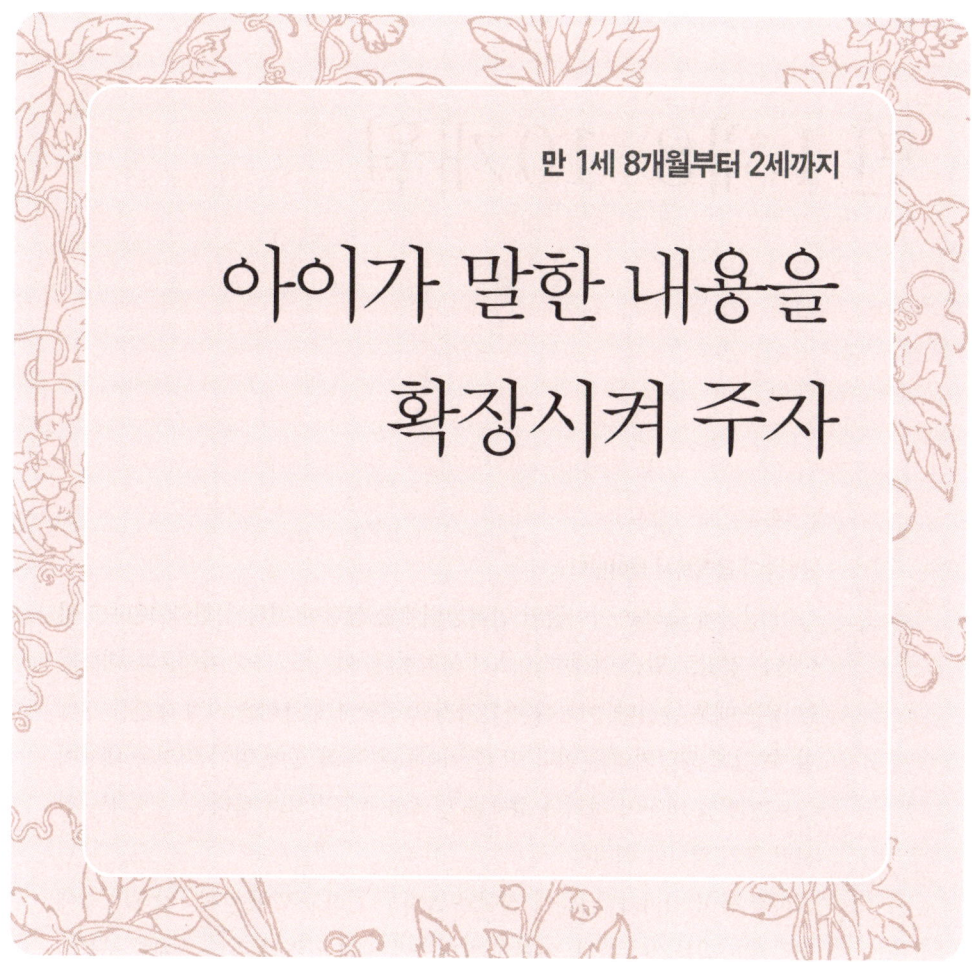

만 1세 8개월부터 2세까지

아이가 말한 내용을 확장시켜 주자

이 시기에 가장 도움이 되는 것은 아이가 말한 내용을 조금 확장시켜 주는 것이다. 예를 들어 아이가 "엄마, 간다"라고 말하면 당신은 "그래, 엄마는 일하러 가는거야", 혹은 "물 마셔"라고 말하면 "물이 마시고 싶어? 자, 여기 있어"라고 응답한다. 이렇게 하면 아이가 문법을 익히는 데 크게 도움이 될 뿐 아니라 둘이서 같은 대상에 주의를 기울이는 시간이 길어진다.

만 1세 8~10개월

🔊 언어 발달

단어수가 급격하게 늘어난다

    이 연령에 속하는 아이들의 언어능력에는 상당한 편차가 있다. 대다수 아이들은 정말로 말을 이해하고 쓰기 시작한다. 이 정도 자란 아이들과 대화하는 것은 매우 즐겁다. 어른과 마찬가지로 정확하게 차례를 지켜 대화를 진행할 수 있게 되었기 때문이다. 또한 아이들은 대화 중에 알기 어려운 내용이 있으면 말을 바꾸어 하거나 화제를 명백하게 규정하려 한다는 점에서도 한 사람 몫의 역할을 해낸다.

    예를 들어 엄마가 "나중에 경태와 놀자꾸나"라고 말했을 때 "경태의 집에서?"라고 되묻거나 한다. 이전에는 대충만 알고 있었던 것도 세세한 부분까지 알게 된다. 하루의 어떤 시점에서 외출복으로 갈아입는지를 알고, 옷을 입는 순서까지 아는 식이다. 마찬가지로 슈퍼마켓에 가면 돈을 지불하고, 쇼핑백에 물건을 담아온다는 것도 알고 있다.

    이 같은 지식이 바탕이 되어 새로운 단어에 의미를 부여하는 작업이 아주 쉬워진다. 예를 들어 새로운 옷의 이름이나 '돈'이라는 단어는 이미 알고 있는 상황과 관련하여 쉽사리 이해한다. 비누의 용도나, 그것이 미끌미끌하여 욕조 속에 떨어뜨리기 쉽다는 사실을 알고 있으면 '비누곽'이라는 단어를 금방 알게 되는 것과 마찬가지이다.

말을 어떻게 구사하는지에 관해 아주 잘 이해하게 되었다는 것도 매우 중요한 발달이다. 어떤 상황에서 어떤 인사말을 사용하는가 등을 아는 것이다.

또한 다른 사람이 무엇을 알고 있는가에 대해서도 이해하기 시작한다. 이것은 다른 사람과 대화할 때 꼭 필요한 능력이다. 예를 들어 형에 관한 이야기를 하면서 이름으로 말했다고 치자. 가족이라면 그것이 누구 이야기인지 알지만 이제 금방 만난 사람에게는 정확하게 설명해야 한다는 사실을 인식하는 것이다.

아이가 이해하는 단어의 수는 폭발적으로 늘어난다. 아마도 매일 몇 개씩 늘어날 것이다. 대체로 1세 9개월 안에는 가정에서 자신과 관계있는 것의 이름은 전부 알고 있을 것이다.

중요한 내용이 두 가지 포함되는 문장도 점점 더 잘 이해할 수 있게 된다. "옷장에서 모자를 집어와요"라고 말하면 척척 해낸다. "벽장을 열고 공을 꺼내서 아빠에게 줘"라는 세 가지 내용을 포함하는 간단한 지시에도 따를 수 있다. 아이는 또 직접 명칭을 듣지 않아도 이해하게 된다. 예를 들어 "가스렌지 옆에 있는 것"이라든가, "그것을 저 사람에게 줘" 등 장소나 대명사로 들은 것도 이해한다.

이 시기 초기에는 대략 200단어나 그 이상의 말을 이해하지만, 사용하는 것은 기껏해야 10단어에서 50단어 정도이다. 아주 빠른 아이라면 2단어로 된 문장을 흉내내어 말할지도 모른다.

아이는 다양한 종류의 단어를 새롭게 획득한다. 동사가 늘어나고 '살쪘다' '말랐다' 등 묘사하는 말도 알게 된다. 그 덕에 다양한 종류로 된 두 가지 단어가 들어간 문장을 사용하게 된다.

아이가 사용하는 초기의 문장에는 움직임을 나타내는 말이 명사와 연결되는 것이 보통이다. 이를테면 "엄마, 와" "멍멍이, 자" "아빠, 바이바이" 등이다.

단어수와 품사의 종류가 늘어남에 따라 말을 구사하는 방법도 훨씬 더 확장된다. 단 개인차는 상당히 있다.

아이는 자신이 보았거나 실행한 재미있는 일을 다른 사람에게 이야기하려 들기 시작한다.

모든 것을 말로 하기에는 확보하고 있는 어휘가 부족하므로 때때로 몸짓을 사용하여 보충하거나, 부족한 부분을 중얼거림으로 메꾸거나 한다. 때문에 무엇을 말하고 있는지 알 수 없을 때도 있다. 특히 흥분해서 이야기할 때는 알아듣기 어렵다.

"그것, 어디?"라는 질문형도 나오기 시작한다. 친구의 손녀가 한 최초의 질문은 "싱크대, 어디?"였다고 한다.

부정형도 사용하기 시작한다. "밥 아니야"는 "나는 밥 안 먹을래"라는 의미이다.

또 하나 뜻깊은 발달은 언어가 '동물'이나 '옷'처럼 사물의 대략적인 분류를 나타내는 기능을 한다는 것을 알게 되어 그처럼 사용한다는 것이다.

전반적 발달 양상

시력이 어른 수준으로 발달한다

돌아다니거나 주변세계를 탐색하는 능력이 부척 발달한 덕에 언어 발달에 필요한 경험을 얻게 된다. 몸놀림이 한층 자유로워져 물건에 어떻게 손을 뻗칠까, 어떻게 다룰까 등을 궁리하지 않아도 된다. 그 결과 자신이 지금 하고 있는 행동이나 배우고 있는 것에 더 집중할 수 있다.

안정적으로 달릴 수 있고, 뒤로 걸을 수도 있다. 쭈그리고 앉을 수도 있고, 균형을 잃지 않은 채 몸을 수그려 장난감을 집을 수도 있다. 공을 던진 다음에도 균형을 잃고 자빠지거나 하지 않으며, 어른의 지시에 따라 공을 찰 수도 있다. 손잡이를 잡고 계단을 오를 수 있으며, 장난감 탈것에 걸터앉아서 발로 바닥을 차며 앞으로 나아갈 수도 있다.

손끝이 민첩해지고, 눈과 손의 협조가 한층 좋아지므로 납득이 될 때까지 탐색할 수 있다. 아이 자신이 이처럼 새롭게 획득한 능력을 마음껏 즐긴다.

연필을 엄지와 두 개의 손가락으로 잡고 휘갈겨 쓸 수도 있다. 책장을 한 장씩 능숙하게 넘길 수 있다. 시력도 어른 수준으로 발달하고, 커다란 구멍에 끈을 통과시킬 수도 있다. 시범을 보이면 네모, 세모, 동그라미 등 세 종류의 구멍 형태를 구분해서는 메우는 놀이를 할 수 있고, 쌓기막대를 일곱 개나 쌓아올릴 수 있다.

수의 개념을 알기 시작하여 '하나' 와 '많이' 의 차이를 희미하게나마 알게 된다.

아이는 장난감을 갖고 노는 방법을 알고 싶어하여 어른의 손을 이끌고 와서 장난감을 보여 준다. 그리고는 어른이 시범을 보여 준 대로 흉내내어 기차를 끈다.

다른 아이들과 함께 노는 것은 아직 안 되지만 곁에서 노는 것은 좋아한다. 공유에 대한 개념은 전혀 없어서 장난감을 빼앗길 듯하면 필사적으로 저항한다. 이 시기에 초보적인 흉내내기 놀이가 시작되어 편지를 쓰고 있는 엄마흉내를 내 보거나 쇼핑하러 나가는 아빠흉내를 내 보거나 한다.

👁 주의를 기울이는 힘

지금 하고 있는 일에 대해 재미있게 이야기해 주자

아이는 자신이 하고 있거나 보고 있는 것에 집중하는 경우가 늘어난다. 이 주의력은 아직 하나의 감각회로에만 치우쳐 있다. 그래도 아이가 하고 있는 것과 관련된 내용을 이야기해 주면 아주 기뻐하며 귀 기울여 듣는 것을 알 수 있다.

윗도리를 머리에서부터 입힐 때 "손은 어디 있나, 요—기?"라는 식으로 노래를 불러 주면 "자, 잘 입어. 그러면 밖에 나갈 수 있으니까"라고 말하는 것보다 훨씬 좋아한다. 전자의 경우에는 아이가 생각하고 있는 것, 흥미를 가지고 있는 것, 하고 있는 것이 동일하기 때문이다.

아이가 사용하는 초기의 문장에는 움직임을 나타내는 말이 명사와 연결되는 것이 보통이다. 이를테면 "엄마, 와" "멍멍이, 자" "아빠, 바이바이" 등이다.

👂 듣는 힘

일상에서 듣는 수많은 소리의 의미를 점차 알아간다

이 말걸기 육아 프로그램을 따라해 왔다면 아이는 듣고자 하는 소리를 선별하여 자신이 원하는 동안은 계속하여 듣고 있을 것이다. 그럼에도 아직 듣고자 하는 소리가 그 밖의 소리보다 훨씬 크지 않으면 집중하여 들을 수 없다. 아직 주의가 흐트러지기 쉽기 때문이다. '주의 깊게 들으려면 아이 자신이 듣고 싶다고 생각하는 소리여야 한다'는 단서조항은 여전히 매우 중요하다. 선별하여 듣는 능력은 아직 자신이 골라서 주의를 기울이는 대상에 한해서만 작동한다.

아이는 청소기 소리나 가까운 사람의 목소리 등 일상에서 듣는 수많은 소리의 의미를 점차 알게 된다.

윗도리를 머리에서부터 입힐 때 "손은 어디 있나, 요-기"라는 식으로 노래를 불러 주면 좋아한다. 아기가 생각하고 있는 것, 흥미를 가지고 있는 것, 하고 있는 것이 동일하기 때문이다.

만 1세 10개월~2세

🔊 언어 발달

언어능력이 크게 발달하여 대화에 열심이다

　1세 8개월 무렵부터 아이의 커뮤니케이션은 한층 더 활발해지고 변화가 풍부해진다.

　아이는 감정을 표현할 때 울거나 칭얼대는 대신 말을 사용하기 시작한다. 예를 들어 "민수, 화났어"라고 분명하게 말한다.

　이름을 불러 대화를 시작하는 경우도 있고 엄마의 주의를 끌기 위해 "엄마" 하고 소리를 지른다. 더 중요한 것은 옹알이, 말, 몸짓, 흉내내기를 정교하게 섞어서 자신의 경험을 열심히 다른 사람에게 전달하려 하기 시작한다는 것이다. "아빠, 어디?"라는 질문도 한다.

　말의 의미를 부쩍 더 잘 이해하게 된다. 다양한 일상사를 통해 말의 의미나 순서를 알아가므로, 들은 것에 대한 이해가 빨라진다. 엄마와 쇼핑을 가면 음식재료가 장바구니에 들어가서부터 식탁에 오를 때까지의 순서를 알게 된다. 그 결과 "이 버섯은 달걀과 같이 요리해서 저녁밥으로 먹을 거야"라는 문장 중에서 '버섯'이라는 단어의 의미를 추리하는 것은 아주 쉽다.

이 단계에서 아이는 새로운 단어를 알면 몸의 부분이라든가 옷 등 넓은 분류에 적용시켜 본다. 이러한 작업도 언어에 대한 이해를 돕는다.

또 하나 흥미진진한 진전은, 언어가 눈앞의 사물만을 가리키는 것이 아니라 그 사물이 없는 곳에서도 언어를 사용하면 그 사물을 표현할 수 있음을 깨닫는 것이다.

아이는 또한 말을 구사하는 방법, 예를 들어 언제 인사하면 좋을까, 언제 전달하면 좋을까 등을 이해한다. 대화 규칙을 잘 알게 된 덕도 있어 새로운 말의 의미를 생각하는 것은 아주 간단하다. 여느 때라면 "바이바이"를 들을 장면에서 "자, 그럼"이라는 말을 들으면 새로운 말이 "바이바이"와 같은 의미임을 금세 안다.

2세 안에 꽤 길게 엮인 문장과 거기에 들어 있는 의미나 이유도 대체로 알게 된다. 예를 들어 "아버지가 돌아오시면 숨바꼭질하고 놀자"라는 문장을 이해하고(그때까지 기억하고 있다), 아버지가 "비가 들어치지 않도록 창문을 닫는 거야"라고 말한 이유도 안다.

이해력은 말하는 능력보다 훨씬 앞서 발달하지만, 말하는 쪽도 왕성하게 발달한다. 구사하는 단어수도 급격하게 늘어 만 2세가 될 때까지 많으면 200단어, 혹은 그 이상을 사용할 것이다.

이 무렵, 구사하는 품사의 종류도 늘어난다. '헤엄친다' '놀다' 등의 동사, '크다' '작다' 등의 형용사, '빨리빨리' '천천히' 등의 부사, 게다가 대명사도 있다. 단, 틀릴 때도 많다.

이만큼 품사의 종류가 늘어나면 말을 이어 붙여서 "경희가 미끄러진다" "빨리 간다"와 같은 문장 만들기도 훨씬 쉬워진다. 문법도 적용하기 시작한다.

누구를 말하는지 잘 알 수 있도록 자신에 관한 내용을 이름으로 가리켜 말하기도 한다.

부정의 '아니'나 '안 해'도 사용하기 시작한다. "떨어진다, 안 해"라는 말은 "나는 접시를 떨어뜨리지 않았다"라는 의미이기도 하다. "아빠, 어디에 간다?"라는 식으로 묻는 등 질문형의 사용법도 확장되어 간다.

때로는 중요한 내용이 셋 들어 있는 문장도 흉내내기 시작한다. 만 2세가 되기 전에 "주스 줘"라는 문장을 스스로 말할지도 모른다. 단어뿐만 아니라 문법도 사용할 수 있게 된 것이다.

이 시기에는 아직 빠뜨리는 단어가 있기도 하지만 꽤나 분명하게 말하고자 하는 내용을 전달할 수 있다.

아이의 말에서 모국어 이외의 음은 완전히 사라지지만, 발음은 아직 어른의 그것과는 상당히 다르다. '호랑이'를 '호양이', '기차'를 '기타'라고 하듯 발음하기 어려운 소리를 쉬운 소리로 대체하는 것은 계속된다. 또 '바나나'를 '나나'라고 하듯 짧게 줄이거나 음과 음절을 생략하거나 한다.

재미있는 것은 다른 사람의 말 속에 이같이 틀리는 부분이 있으면 아이가 금세 알아차린다는 것이다. 어른이 아이와 똑같이 틀리게 발음하면 아이는 이상하다는 표정을 짓는다. 자신은 틀린 발음으로 말하면서도 어른의 발음을 고치려 든다.

언어구사 능력이 꽤 발달했으므로 대화에 열심이다. 아이는 어른과 이야기하는 것을 즐기게 되어 대답이 돌아올 때까지 꿋꿋이 기다린다. 어른이 바빠서 상대를 해 주지 않으면 아이는 어른을 밀거나 당기며 몇 번이고 말을 건다. 아이는 말하는 방법을 바꿔보고 몸짓 손짓을 섞는 등 어떻게 해서든 반응을 이끌어내려고 애쓴다.

지능과 언어는 병행하여 발달한다. 이 시기에 특히 중요한 것은 개념 형성과 분류 능력의 지속적 발달이다. 그 결과 '까칠까칠과 매끈매끈' '넓다와

언어구사 능력이 꽤 발달했으므로 대화에 열심이다. 어른이 상대를 해 주지 않으면 밀거나 당기며 몇 번이고 말을 건다. 말하는 방법을 바꿔보고 몸짓을 섞는 등 어떻게 해서든 반응을 이끌어내려 애쓴다.

좁다' 등 개념에 관계되는 말을 구사하는 능력과, '옷'이나 '동물' 등 종류로 분류하여 사용하는 능력을 키워간다.

🔍 전반적 발달 양상

손끝이 한층 민첩해져 작은 물건을 집을 수 있다

이 시기에 크게 발달하는 운동능력에 힘입어 아이는 왕성하게 세계를 탐색한다. 창 밖을 보기 위해 의자에 기어 올라가고, 한 계단마다 두 발을 모두어 가면서 계단을 올라간다. 뿐만 아니라 장난감을 끌면서 뒤로 걷고, 넘어지지 않고 바닥에서 장난감을 집어 올린다. 팔을 휘두르며 공을 던지고, 세발 자전거에 앉아서 발로 페달을 젓는다.

 탁월한 소아과 의사인 아놀드 게젤은 "2세아는 근육으로 생각한다"고 말했다. 또 그는 이 단계의 운동능력과 정신활동의 완벽한 결합을 다음과 같이 표현하기도 했다. 2세아는 "활동하면서 말하고, 말하면서 활동한다."

 손끝도 급속도로 민첩해진다. 아이는 핀이나 실 따위의 조그만 물건을 집어 올리고, 쌓기막대 세 개로 기차를 만들며, 책장을 한 장씩 넘길 수 있다. 눈과 손의 협조가 진행됨에 따라 정면에서 보았을 때뿐만 아니라 다른 각도에서 보면서도 간단한 형태 메우기 놀이를 할 수 있다.

 일상의 생활 동작에서도 몇 가지 자립이 가능하여 대체로 만 2세 안에 어지간한 옷은 혼자 벗을 수 있으며 혼자서 손을 씻고 숟가락으로 흘리지 않고 먹을 수 있다.

 감정 면에서도 복잡해져 다른 사람의 기분에 민감해진다. 가까스로 매일의 생활 패턴을 익히게 된 참이므로 급격한 변화는 싫어한다.

👁 주의를 기울이는 힘

아이 자신의 속도로 나아가게 하자

 주의력 발달은 앞의 2개월과 그다지 큰 차이는 없다. 스스로 하고 싶어할 때는 저만큼이나 되는데, 왜 부모가 지시할 때는 집중할 수 없는 것일까 하고 의아스러워할지도 모르겠지만 걱정할 필요 없다. 다음 단계로 나아가는 것은 금방이다.

 당신이 도와 주면 지시에 따라 집중할 수 있게 된다. 아이가 준비될 때까지 어떻든 서두르지 말자. 아이 자신의 속도로 나아가게 하는 것이 가장 바람직하며 가장 빠른 길이니까.

듣는 힘

소리 내는 장난감을 매우 좋아한다

이제 아이는 거의 모든 소리에 흥미를 가지고 그 소리가 나는 곳을 쉽사리 발견해 낸다.

아이에게 듣는 행위는 생활 속에서 누리는 큰 즐거움이다. 어른이 이야기를 걸어주거나 노래를 불러 주는 것뿐만 아니라 소리를 내는 장난감을 갖고 노는 것도 무척 좋아한다.

그렇다 해도 조심하자. 주위의 소리가 너무 잡다하면 아직 소화하기에 벅차다. 슈퍼마켓처럼 시끄러운 장소에서는 당신의 목소리가 들리지 않을 때도 있을 것이다.

BABYTALK PROGRAMME

하루 30분 말걸기 육아

매일 30분 아이와 둘만의 시간에 집중한다

   이제 당신과 아이 모두 이 시간을 무척 기다리지 않는가? 어지간한 일이 있지 않고서는 이 놀이 시간을 놓치지 않기 바란다. 이 시간은 아이가 말을 배우는 데 최고의 터전일 뿐 아니라 아이의 정서 안정과 인생 전체를 지탱하는 신뢰감 구축에 크게 도움이 된다.

   이 시기에 놀이 능력도 자란다. 충분히 칭찬하여 더 어려운 과제에 몰두하도록 상냥하게 도와주자. 그렇게 하면 아이가 낙담하거나 초조해하지 않고 앞으로 나아간다.

   존은 1세 8개월에 말을 전혀 하지 못하여 아버지에게 이끌려 왔다. 아버지는 웬일인지 이 연령의 아이에게는 말을 많이 걸어줄 필요가 없고, 스스로 세상사를 깨쳐야 한다고 생각하고 있었다.
두 사람이 함께 놀고 있을 때 존은 마음에 드는 장난감을 발견했지만 조그만 손으로 돌리기에는 나사가 너무 빡빡했다. 해도 해도 안 되므로 몇 분이 지나자 존은 얼굴이 새빨갛게 되어 울기 시작했다.

도와주지 않을 수 없어 내가 나사를 조금 풀어주자 존은 금세 웃는 얼굴이 되어 그 장난감에서 다양한 것을 배웠다.

안토니아의 경우도 생각난다. 엄마는 아이가 조금이라도 초조해하면 참지 못했다. 안토니아가 깨닫기 전에 모든 문제를 해결해 주고, 자신의 생각만을 계속하여 말했다. 안토니아가 직소 퍼즐을 갖고 놀 때 구슬을 손에 쥐자마자 엄마가 '여기야' 하고 가르쳐 주던 장면은 지금도 기억난다. 존의 아버지가 개입하지 않는 것 이상으로 문제였다.
부모가 자신의 생각이 아니라 아이의 생각에 따라 말하는 것을 명심하게 하고, 놀이도 적절하게 도와주게 되자 두 아이 모두 밝아졌다.

시작하기 전 이것만은 챙기자

시끄러운 소리나 주의를 흐트러지게 하는 요소가 자신도 의식하지 못하는 사이에 들어와 있지 않은지 확인해 보자. 주위에서 들려오는 잡음 중 의미가 있는 것은 없다. 또 당신 자신이 아이를 방해하고 있지나 않은지 확인해 보자. 아이에게는 조용하고 듣기 쉬운, 그래서 듣는 행위를 충분히 즐길 수 있는 시간이 아직 필요하다.

장난감을 찾기 쉬운 장소에 두어 탐색놀이나 흉내내기 놀이를 할 때 이것저것 선택할 수 있도록 해 주자. 같은 장소에 두면 아이가 찾기 쉬울 것이다. 망가진 장난감은 없는지 미리 확인해 두자. 이 연령의 아이는 인형이 튀어나오지 않는 깜짝상자나 구슬이 빠진 퍼즐을 참을 수 없어한다.

바닥은 충분히 치운 다음 편안하게 놀 수 있도록 장난감을 배치하자. 바닥과 벽이 장난감이나 그림으로 꽉 차 있으면 자극이 너무 강하여 아이가 집중할 수 없다.

어떻게 말을 걸까
같은 대상에 함께 주의를 기울이자

당신과 아이는 여전히 같은 흥미와 주의를 공유하고 있는가? 아이가 주의를 기울이고 있는 대상이 무엇인지 항상 마음을 다해 살펴주어야 한다.

아이는 자신이 무엇을 재미있어하는지 말로써 활발하게 전달해 온다. 말로 할 수 있는 것이 늘어났으므로 전만큼 세세하게 가르치지 않아도 된다.

아이가 손가락으로 가리키며 웃는 얼굴로 "저기, 고양이"라고 말하면 무엇에 흥미를 가지고 있는지 의문의 여지가 없을 것이다. 당신이 눈치채지 못할 때는 아이가 어떻게든 전달하려 한다. 예를 들어 "곰돌이, 마셔"라는 말을 듣고 당신이 곰돌이에게 마실 것을 줬다고 하자. 하지만 진짜로는 곰돌이의 컵을 자신에게 건네달라는 요구였다면 아이는 몸짓으로 열심히 전달하고자 시도한다.

아마도 이 시기에 가장 중요한 변화는 아이가 반드시 '지금, 여기'서 일어나고 있는 일에 대해서만 생각하지는 않게 되었다는 사실일 것이다. 지식이 쌓이고 말을 할 수 있게 된 결과이다. 아이는 지금까지 일어난 일을 끊임없이 당신에게 전달하려 한다. 내 딸은 1세 9개월 때 처음 경험한 동물원에 무척이나 흥분해서 만나는 사람 모두에게 "엄마 기린, 아기 기린, 아기새 안녕" 하고 말했다.

이 시기, 아이가 말한 내용을 조금 확장시켜서 아이가 생각해내기 쉽게 얼마간 덧붙인다. 만약 아이가 공원에서 놀고 있는 아이들을 본 장면에 대해 "경희, 공 찼다. 모두 넘어져"라는 짧은 문장이나, 알 수 없는 말로 질질 늘인 긴 문장을 섞어 사용하면 당신은 "그렇구나. 경희가 공을 찼네. 넘어져서 경희 엄마가 일으켜 줬어. 모두 함께 집으로 돌아가서 간식을 먹었지" 하고 말해 주면 될 것이다.

아이는 지금부터 일어날 일에 관해서도 이야기하기 시작한다. 이 시기라면 대개는 아주 가까운 미래, 예를 들어 그날 늦은 시간에 일어날 일 등이다. 이러한 대화에는 정색하고 상대를 해 주자. 지금 현재 일어나고 있는 일에 관해 이야기하는 것이 아니면 아이의 흥미와 관계없는 것이 아닐까 하고 걱정할 필요는 전혀 없다. 미래의 일에 관한 대화도 아이의 흥미에 충분히 부합되는 것이다.

아이는 이제 금방 일어날 것 같은 일을 생각하여 "민수, 공원 간다. 토끼 본다" 하고 말할지도 모른다. 여기서도 당신은 그 밖에 공원에서 볼 수 있는 꽃이나 그네, 미끄럼틀에 관한 것을 생각나게 할 수 있다.

이러한 대화는 아이가 좀더 복잡한 문법, 예를 들어 과거나 미래 시제를 듣고 익히는 기회를 제공한다. 또한 "만약 비가 오면 공원에는 갈 수 없어"라는 보다 복잡한 문장을 아이가 이해하는 기회도 제공한다.

이 시기에는 잘 고안된 질문이 아이의 생각과 기억을 이끌어낸다. 예를 들어 "오늘은 공원에서 무엇을 볼 수 있을까나?" 하고 말하면 아이는 이제까지 공원에 갔을 때의 경험을 이것저것 생각해 낼 것이다. 아이가 대답하

이 시기에는 잘 고안된 질문이 아이의 생각과 기억을 이끌어낸다. "오늘은 공원에서 무엇을 볼 수 있을까나?" 하고 말하면 아이는 이제까지 공원에 갔을 때의 경험을 이것저것 생각해 낼 것이다.

지 않을 때는 반드시 당신이 대답하도록 한다.

대체로 만 2세 안에 대화의 절반 가까이가 과거에 일어났거나 미래에 일어날 일에 관한 것으로 채워진다. 이것은 아이의 언어습득에 매우 도움이 된다.

또 한 가지 새로운 사실은, 구체물에 관한 대화에서 한걸음 나아가 감정 상태에 관한 대화가 새롭게 시작된다는 것이다. "민수가 공을 뺏어갔어. 혜리 화났어"는 무척 재미있는 대화로 이어질 것이다.

같은 체험에 관한 대화가 늘어남에 따라 아이는 대화의 상대가 어느 만큼 '알고 있을까'를 생각하게 된다. 예를 들어 아이와 엄마가 깜짝상자를 무척이나 재미있어했다고 치자. "튀어나왔다"라고 말하면 엄마는 반드시 웃겠지만 그 장난감을 본 적이 없는 사람에게는 한참 설명하지 않으면 안 된다는 것을 아이는 알게 된다.

이러한 점에서도 매일의 '말걸기 육아' 시간이 얼마만큼 중요한지 이해하리라 생각한다. 클리닉에는 이 점이 부족한 아이들이 많이 왔다. 상대방에 관해 균형 있게 생각할 수 없다는 사실이 대화를 매우 어렵게 만들었던 것이다.

세라는 처음 방에 들어왔을 때 "그 아이, 크게, 크게, 부서졌다!"라고 말했다. 놀이 그룹에서 세라와 다른 아이들이 터질 만큼 풍선을 크게 불었다는 사실을 알게 되기까지 상당한 시간이 걸렸다. 다짜고짜 풍선에 관해 말하면 그곳에 없었던 내가 상황을 알아챌 수 없다는 사실을 세라는 몰랐던 것이다.

이 시기에 아이의 관심은 급격하게 방향을 바꾸는 경우가 있다. 아이가 그때까지의 대화를 잘라내고 '지금, 여기'로 돌아오는 순간을 알아채야 한다. 그때까지의 대화가 아무리 즐거웠다고 해도 그대로 계속하려 해서는 절대로 안 된다.

주의력 발달의 측면에서 말하자면 지금은 옮겨가며 변하는 시기이다. 아이의 관심이 갑자기 여기저기로 옮겨다니는 것은 앞으로도 종종 있을 것이다. 그래도 괜찮다고 아이에게 말해 주자. 그리고 아이의 관심이 얼마나 빨리 변하든 하나하나를 쫓아가며 말을 걸어주자.

이전처럼 아이의 흥미에 가능한 한 맞추어서 '실황방송'을 하자. "엄청나게 큰 자동차구나. 비탈길을 올라가고 올라가고 또 올라가서, 꼭대기에 도착했네, 이번에는 내려가네." 어른이 이처럼 아이의 관심에 맞추어 이야기하는 것이 아이에게 귀를 기울이게 하는 유일한 방법이자 말을 습득케 하는 최선의 방법이다.

명령하지 않도록 하는 것도 잊지 않았으리라 믿는다. 아이의 주의력 수준은 옷 갈아입을 때 "손은 어디 있지?"라는 식의 지시를 듣는 것이 고작이다. 매일의 생활 가운데라면 그것도 괜찮지만 '말걸기 육아' 시간에는 실황형 말걸기가 가장 듣기 쉽고 가장 즐거운 법이다. 그렇게 하면 아이에게 있어 어른은 자신의 행동을 방해하지 않고 더욱 재미있게 해 주는 존재가 된다. 아이가 낙서에 관심을 보일 때 "크레용을 가져와"라고 말하는 것은 물론 상관없다. 그것은 아이의 흥미에 맞춘 행위이니까.

이 단계에서는 아이의 관심대상을 바꾸려 하지 말아야 한다. 아이는 어른의 지시를 들으면 관심을 옮길 수 있는 단계에 와 있기는 하지만, 조금 더 지나면 그것이 무리 없이 된다. 이 시기는 어른이 아이의 주의력 발달을 방해할 위험도 크다. 아이가 무언가에 열중하고 있을 때 어른이 아이의 주의를 흐트러지게 하면 아이의 주의력은 산산조각나 버린다. 이것이 쌓이면 결과적으로 주의가 산만한 아이가 되어 버리는 것이다.

클리닉에는 주의가 여기저기로 자주 옮겨다니는 7,8세 정도의 아이들이 많이 온다. 클리닉에는 다양한 종류의 장난감이 준비되어 있지만 그 아이들은 겨우 30분 만에 놀이에 싫증을 내어 제대로 익히는 게 없었다.

나는 보육원에서 다나라는 어린 여자아이와 만났다. 보육원 선생님은 다나가 어쩌다가 어른의 지시에 따르기는 하지만 항상 그렇지는 않은 것이 걱정거리라고 했다. 내가 방에 들어가 보니 선생님은 다나의 머리를 누르며 숫자 세기에 집중시키려 하고 있었다. 하지만 선생님이 다나의 머리를 누를 때마다 다나의 눈은 딴 곳을 바라보았다. 나는 다나와 선생님 중 어느 쪽이 더 문제인지 알 수가 없어졌다.

1986년에 영국에서 실시된 어른과 아이의 공동주의(같은 대상에 주의를 기울이는 것)에 관한 연구에 따르면, 주의를 집중하고 있는 대상을 바꾸는 것은 아이보다 어른 쪽이 쉽다고 한다. 또 캐나다의 연구에서는 놀이에 간섭하는 엄마의 아이는, 아이에게 자유롭게 선택하게 하는 엄마의 아이에 비해 언어발달의 레벨이 낮다는 결과가 나와 있다.

여러분은 이미 아이의 흥미에 관해 충분히 알고 있을 터이므로 아이의 흥미를 쫓아가면서 새로운 말을 듬뿍 사용하자. 아이는 스펀지처럼 흡수해 갈 것이다.

다양한 종류의 말을 사용하자. 길거나 복잡해도 괜찮다. 당신이 아이의 흥미에 맞춰서 그 같은 말을 사용하면 아이는 무척 재미있어한다. 나는 최근 곧 두 돌이 되는 아이의 비행기가 떨어졌을 때 '대사건'이라는 말을 사용했다. 아이는 좋아서 깔깔거리며 흉내를 내려고 했다.

즐겁게 들을 수 있도록 도와주자

주변이 조용해야 한다는 조건 못지않게 소리를 듣는 것이 즐겁고 재미있다고 생각할 기회를 아이에게 제공하는 것도 중요하다.

깡통에 콩을 넣은 것이나 악기 같은 것을 장난감 상자에 한두 개 넣어주자. 그러면 아이는 스스로 놀려고 할 것이다.

동요도 여전히 좋아하므로 기회만 되면 불러 주자. 음악에 맞춰 춤추는 것도 무척이나 즐거울 것이다.

이 단계에서는 장난감 상자에 책을 넣어 두는 것도 좋다. 책을 보면서 '놀이 소리'를 들려줄 수 있을 뿐만 아니라 등장인물마다 상냥한 목소리, 큰 목소리 등으로 목소리의 빛깔을 달리 적용하여 들려줄 수 있다.

물놀이를 하고 있을 때는 거품 소리, 점토를 주무르고 있을 때는 으깨는 소리 등 아이가 하고 있는 동작에서 나는 소리에 관심을 갖게 하는 것도 좋은 방법이다.

'말걸기 육아' 시간에는 짧은 문장을 사용하자

이 월령의 끝무렵에는 당신이 말한 내용을 아이는 대부분 이해할 것이다. 그 때문에 아이에게 꽤 긴 문장으로 말을 걸기 십상이다. 그러나 하루 30분간의 '말걸기 육아' 시간 만큼은 문장의 길이를 제한하는 것이 매우 도움이 된다.

중요한 내용이 셋 이내로 된 문장을 사용하도록 하자. "경희야, 나중에 공원까지 가자꾸나"라는 식으로 한다. 이 단계에서 문장이 더 길어지면 아이는 각각의 단어 속의 음을 가려듣는 데에 시간을 뺏긴다. 또 의미를 쫓아가는 데 마음을 뺏겨서 문장 중의 어떤 부분은 놓칠지도 모른다.

2세 6개월 된 수지는 청력이 나쁜 아이로 여겨질 만큼 소리나 음절 중

많은 부분을 생략하여 말을 하므로 청력검사를 받으러 왔다. 검사해 보니 청력에는 문제가 없었으므로 모두들 이상하게 생각했다.

엄마가 말하는 방식을 듣고, 그리고 특히 집안이 항상 무척이나 소란스럽다는 것을 알았을 때 이유를 알 수 있었다. 수지의 엄마는 무척이나 긴 문장을 구사할 뿐만 아니라 목소리가 아주 작았다.

가엽게도 수지는 엄마가 말하는 내용의 의미를 파악하는 데 열중해서 작고 약한 소리나 음절에는 신경을 쓸 처지가 아니었던 것이다. 엄마가 문제의 원인을 깨닫고 말하는 방식을 바꾸자 수지의 말은 좋아지기 시작했고 불과 몇 개월 만에 제 또래 수준을 따라잡았다.

어른에게 말하는 것보다 조금 천천히, 크고 다양한 가락의 목소리로 말하자. 이렇게 하면 어린아이의 마음을 더 잘 잡아끌 수 있다. 단어 하나하나 속에 있는 말소리를 정확하게 파악할 수 있는 가장 좋은 방법이다.

또한 문장과 문장 사이에 한 호흡 쉬어서 당신이 말한 것을 아이가 이해

물놀이를 하고 있을 때는 거품소리, 점토를 주무르고 있을 때는 으깨는 소리 등 아이가 하고 있는 동작에서 나는 소리에 관심을 갖게 하면 아이는 듣는 것이 즐겁고 재미있다고 느낀다.

할 시간을 주자.

패트릭은 말하기에 문제가 있어 나에게 왔다. 8남매나 되는 아이들을 돌보는 엄마는 바쁜 만큼 말이 빨라 숨도 쉬지 않는 것 같았다. 그러나 엄마가 패트릭하고만 지내는 시간을 만들고, 그 시간에는 짧은 문장을 사용하며, 문장과 문장 사이에 한 호흡 쉬도록 지도하자 패트릭의 말은 아주 빠른 속도로 좋아졌다.

대명사보다 명사를 사용하는 것도 잊지 않도록. 이제 아이가 완전히 이해한다고 생각하기 십상이며, 실제로 그럴지도 모르지만 명사를 사용해서 나쁠 일은 전혀 없다. 아이가 구사하는 명사 속의 소리의 배열방식이 아직 부정확한 경우나, 생각만큼 이해하고 있지 못한 경우에는 크게 도움이 된다.

아이가 말한 내용을 조금 확장시켜 주자

이 시기에 가장 도움이 되는 것은 아이가 말한 내용을 조금 확장시켜 주는 것이다. 예를 들어 아이가 "엄마, 간다"라고 말하면 당신은 "그래, 엄마는 일하러 가는 거야", 혹은 "물 마셔"라고 말하면 "물이 마시고 싶어? 자, 여기 있어"라고 응답할 수 있을 것이다.

이렇게 하면 아이가 문법을 익히는 데 크게 도움이 될 뿐만 아니라, 둘이서 같은 대상에 주의를 기울일 수 있는 시간이 길어진다. 결코 아이가 말하는 방식을 고쳐 주는 것처럼 생각되지 않도록 조심하자. 반드시 '그렇구나' 혹은 '그래'로 시작한다는 철칙을 지키자.

아이의 말 속에 다른 사람은 알 수 없는 말이 있으면 그 말을 짧은 문장 속에 끌어들여서 아이에게 제대로 된 소리를 들려주자. 내 아이 중 하나는 이 시기에 비스킷을 빗트라고 말하고는 아무도 알아주지 않으면 매우 기분 나빠했다. 나는 이 말을 넣은 짧은 문장을 많이 사용하도록 마음을 썼다. "맛있는 비스킷" "비스킷이 좋아"라는 식이었다. 아이가 제대로 된 소리를 습득하기까지 그다지 시간이 걸리지 않았다.

당신이 말하고 있는 것을 눈으로 보아 알 수 있도록 나타내 주자

몸짓을 사용하여 당신이 말하고자 하는 내용을 아이에게 분명하게 전달하는 것은 매우 바람직하다. 새로운 단어여서 아이가 모를 것으로 생각될 때는 반드시 그렇게 해 주자.

"빙글빙글"이라고 말하면서 장난감을 돌리거나 "서랍을 열고 연필을 정리하자"라고 말하면서 실제로 그렇게 하면 정확하게 의미를 전달할 수 있다.

몸짓을 사용하여 당신이 말하고자 하는 내용을 아이에게 분명하게 전달하자. 새로운 단어여서 아이가 모를 것으로 생각될 때는 반드시 그렇게 해 주자.

하고 있는 동작에 맞춰 놀이 소리를 만들어 주자

놀이 소리는 아이가 말을 배우는 데 다양한 도움을 준다. 잊지 말고 계속해 주자. 일례로 놀이 소리는 아이가 각각의 말소리를 잡아채어 들을 수 있도록 해 준다.

청소기를 돌리면서 '슛슛', 물이 흘러가면 '좌아' 하고 소리를 덧붙여주자. 목소리를 듣는 것은 즐겁다는 소중한 메시지를 아이에게 전달할 수 있다. 이 시기에는 그림책의 그림에 꼭 맞는 소리를 덧붙이는 것이 특히 도움이 된다. 소리와 그림 사이에 관계가 있다는 메시지를 빠른 시간 내에 전달할 수 있기 때문이다. 나중에 아이가 귀에 들리는 소리와 그려져 있는 것을 연결지을 때 크게 도움이 된다.

반복은 여전히 도움이 된다

반복도 앞의 시기와 마찬가지로 매우 중요하다. 아이는 아직 몇 번이고 되풀이해서 말을 들을 필요가 있다. 그럼으로써 단어 속의 소리 모두를 정확하게 익히고 몇 개는 바르게 말할 수 있게 되는 것이다.

급속하게 이해가 진전되는 시기이므로 하나의 말을 다양한 장면에서 들으면 들을수록 그만큼 빠르고 분명하게 이해할 수 있게 된다. 예를 들어 아이가 자신이 기르고 있는 개를 가리킬 때만 '개'라는 단어를 듣고 있다고 치자. 그 경우 '개'라는 단어가 발이 네 개 달린 어떤 특정 동물 전체에 적용된다는 것을 이해하기까지는 다양한 장면에서 '개'라는 단어를 들은 아이에 비해 훨씬 시간이 많이 걸린다.

하나의 말을 다양한 장면에서 듣는 경험은 아이의 개념 형성에 중요하다. '개가 밥을 먹고 있다' '개를 쫓아가고 있다' '개가 더워하고 있다' '사람을 잘 따르는 개로구나' 등의 다양한 문장도 개가 어떤 동물인지 분명하게 아이에게 전달한다.

　매우 한정된 장면의 말밖에 듣지 못하는 아이는 그 의미를 완전하게는 이해하지 못한다. 때문에 이 시기에 당신이 새로운 단어를 사용할 때는 반복이 최고이다. 충분히 되풀이하면 아이의 말이 빠른 시간에 풍성해진다. 이렇게 말해 보자. "곰돌이는 코코아가 먹고 싶대. 곰돌이의 코코아. 이것이 곰돌이의 코코아예요."

아이가 말하고 싶어 하는 내용을 대신 말해 되돌려주자

　아이가 무엇을 말하고 싶어하는지 당신은 분명하게 알지만, 아이는 그것을 충분하게 표현할 수 있을 만큼의 말을 익히지 못했다. 몸짓을 많이 섞거나 옹알이처럼 입속말로 웅얼대는 경우가 여전히 있을 것이다.

　이럴 때 아이가 말하고자 하는 내용을 당신이 말해 되돌려주면 큰 도움이 된다. 예를 들어 아이가 창 밖을 바라보고 있다가 흥분하여 팔을 휘두르며 "작은 새, 작은 새!"라고 말하면 당신은 "그렇구나, 작은 새가 많이 있구나. 날고 있어. 모두 날고 있어"라고 말해 준다.

이 시기에 해서는 안 되는 일

　아이에게 말이나 소리를 흉내내어 말하도록 시키지 않는다. '말걸기 육아'의 대원칙 중 하나는 어른은 아이가 이해할 수 있도록 주의를 기울이고, 아이는 자유롭게 말하는 것으로 충분하다는 것이다.

　아이가 발음이 틀리고 문장을 뒤죽박죽으로 만들거나 말소리를 생략할 때는 단어나 문장을 몇 번이고 되풀이하여 분명하게 들려주면 된다. 잘 못한다고 나무라면 말은 전혀 늘지 않는다.

　아이가 말하는 방식이나 내용에 관해 어떤 경우에도 비평하지 않아야 한다. 말하는 방식에 대해 이러쿵저러쿵 말하는 것은 자연스러운 커뮤니케이션을 방해하고 아이를 신경질적으로 만들 뿐이다.

아기가 무엇에 주의를 기울이고 있는지 잘 살펴보자

이 시기의 아기에게 단어의 의미를 알려주려면 아기의 주의가 어디로 향하고 있는지부터 살펴 봐야 한다. 아기는 보는 대상과 듣고 있는 대상이 같을 경우에만 보고 듣는 것을 동시에 할 수 있기 때문이다. 아기가 무엇을 보고 있는지 알아챈 어른이 타이밍을 놓치지 않고 그 이름을 말하면 아기는 들을 수 있다.

아기의 주의가 향하고 있는 대상을 차례차례 따라가며 말해 주면 아기는 그때마다 사물의 이름을 들을 수 있다.

아기가 공을 바라보면 "공이예요"라는 짧은 문장으로 이름을 말해 준다. 만약 아기가 여전히 흥미를 나타내면 아기를 향해 공을 굴려 주며 논다. 만약 아기가 다른 것을 바라보면 "토끼예요"라고 그 이름을 말해 준다.

아기의 주의력을 길러 주는 첩경은 당신이 아기의 주의가 향하는 방향에 맞추는 것이다. 어떤 시기이든 아이에게 주의집중을 강요하면 '주의를 기울이는 힘'의 토대를 없애버리는 결과를 가져와 아기의 성장을 방해할 따름이다.

이 시기에는 당신과 아기가 같은 사물을 보는 경우가 부쩍 늘어나고, 집중하고 있는 시간도 늘어난다는 사실을 깨닫게 될 것이다.

아기에게 질문할 때는

과거나 미래의 일에 관해 말할 때 아이가 생각해 내기 쉽도록 몇 가지 질문을 던지는 것은 도움이 된다. 그 경우 질문에 대답하게 하기보다는 당신이 말하는 것을 아이가 열심히 듣도록 하는 것이 목적이다. 이러한 질문은 전체 대화의 극히 일부분으로 한정시켜 주자. 또한 아이가 대답할 기미를 보이지 않으면 곧바로 당신이 대답해 주자.

지금까지와 마찬가지로 아이를 시험하는 질문은 안 된다. 일부러 대답을 하게 하기 위한 질문은 자연스러운 커뮤니케이션이 아니며, 혹시 답을 모를 경우 아이는 부담으로 생각할 뿐이다.

'말걸기 육아' 시간 이외에는
- 정해진 일과가 흐트러지지 않도록 하자.
- 아이에게 그 날의 예정된 일과나 있었던 일에 대해서 말을 많이 걸어주자.
- 매일 책을 같이 보자.
- 어떤 일이 일어나고 있는지 아이에게 설명할 수 있을 때는 언제든 아이를 대화에 참여시키자.

아이의 주의가 향하고 있는 대상을 차례차례 따라가며 말해 주면 아이는 그때마다 사물의 이름을 들을 수 있다. 아이의 주의력을 길러주는 첩경은 당신이 아이의 주의에 맞추는 것이다.

놀이

탐색놀이

아이는 주위 세계를 알고자 하는 의지로 불타오르고 있다. 다양한 것들을 탐색하는 것을 무척 좋아하고 무엇이든지 배운다.

물놀이는 앞으로도 줄곧 즐겨할 수 있다. 이 용기에서 저 용기로 물을 따라 부으며 즐거워하고, 어떤 것이 뜨고 어떤 것이 가라앉는가, 금방 가라앉는 것은 어떤 것이고 천천히 가라앉는 것은 어떤 것인지 발견하고 기뻐한다.

이러한 놀이를 통해 '빠르다'와 '늦다', '가깝다'와 '멀다', '처음'과 '마지막'이라는 개념을 알게 되고 단어를 사용할 수 있게 된다. 이처럼 많은 것을 가르쳐 주는 놀이를 충분히 경험하지 못한 아이는 크게 손해를 보는 셈이다.

멜리사라는 4살 된 여자아이가 최근 나의 클리닉에 왔다. 멜리사의 부모가 선택한 학교는 아주 어린 아이에게도 입학시험을 보게 했는데, 멜리사는 합격하지 못했던 것이다.

엄마는 집 안을 깨끗이 정돈하는 데 너무나 집착해서 멜리사는 매우 한정된 놀이밖에 할 수 없었다. 물, 모래, 점토 놀이는 안 되고, 크레용이나 물감은 꿈도 꾸지 못했다. 가위도 안 되고, 쌓기막대와 같은 놀이 도구를 바닥에 늘어 놓는 것이나 탁자 같은 가구를 움직이는 것도 허락하지 않았다.

이러한 제한 때문에 멜리사는 다양한 경험을 하지 못해 개념을 제대로 익히지 못했고, 그 결과 언어 이해나 구사에서 제 또래에 비해 상당히 뒤떨어져 있었다.

'말걸기 육아'를 시작하고서 6개월도 지나지 않아 멜리사의 언어수준은 제 또래를 따라잡았다. 만약 더 다양한 경험을 했더라면 훨씬 더 잘 자랐을 것이다. 매우 유감스럽게 생각되었다.

점토나 밀가루 점토는 이 단계에서도 마음껏 즐길 수 있다. 2세가 가까워지면 점토를 자르고 늘이는 기본적인 손작업을 시작한다. 크레용이나 연필로 낙서하는 시간도 길어지고, 종이 가득 그리게 된다. 모래장난도 좋아한다. 이전처럼 단지 모래밭에 앉아 있는 것이 아니라 트럭이나 외바퀴 수레

이 시기에 아이는 포갤 수 있는 장난감을 무척 좋아하는데 특히 마트료시카처럼 크기 순으로 맞춰 포개 넣는 것을 즐겨 갖고 논다. 그림 맞추기나 색깔 맞추기도 매우 좋아한다.

에 모래를 담으며 즐겁게 논다.

공 던지기도 좋아한다. 공을 주고받으며 여러 사람과 함께 노는 것을 체험한다는 점에서 유익한 놀이다.

아이의 손끝 놀림이 정교해지고 집중하는 시간이 길어지므로 섬세한 조작을 필요로 하는 장난감을 즐겨 갖고 놀 수 있다. 구멍이 뚫린 커다란 구슬을 막대기보다는 끈에 끼우는 것을 더 흥미로워하고, 단순한 형태 맞추기보다는 간단한 직소 퍼즐을 더 재미있어한다. 포갤 수 있는 장난감을 무척 좋아하는데, 특히 마트료시카(러시아의 민속인형)처럼 크기 순으로 맞춰 포개어 넣는 것을 즐겨 갖고 논다.

조합하거나 분류하는 것에도 변함없이 흥미를 보인다. 그림 맞추기나 색깔 맞추기를 매우 좋아한다.

끼워 맞추는 장난감 중 비교적 쉬운 블록 조립놀이를 즐긴다. 딱히 무엇을 만들지는 않더라도 손끝을 사용하여 어떻게 조합할까를 생각하는 것은 크게 도움이 된다.

원인과 결과에 대해 잘 알게 되어 깜짝상자나 튀어나오는 장난감 등 자신이 어떤 작용을 가하면 유별난 결과가 일어나는 놀이도 좋아하게 된다.

상호작용놀이 · 흉내놀이

이 월령의 아이들이 좋아하는 놀이는 어른의 '심부름'을 하고는 나중에 같은 행동을 놀이에서 재현해 보는 것이다. 아이는 어른이 하는 것을 가만히 지켜보고는 나중에 흉내를 낸다. 대개는 냄비에 감자를 넣는다 등의 한 가지 동작이다. 인형을 상대로 놀이할 때 어른이 끼어드는 것도 대환영이다.

지식이 늘어나면서 사물을 다루는 방법도 제자리를 잡는다. 예를 들어 인형 베개와 커버를 똑바로 놓고, 수저와 밥그릇을 식탁에 제대로 놓는다. 다리미와 다리미판과 같이 어른이 사용하는 도구를 본뜬 장난감을 무척 좋아한다.

농장이나 동물원, 차고 등의 모형 장난감, 간단한 인형집이 이 시기에 환영받는 장난감이다. 이러한 장난감의 장점은 아이들이 놀이방법을 다양하게 궁리해 내어 오랫 동안 갖고 논다는 것이다.

탐색놀이에서는 어른이 장난감을 다루는 시범을 보여 준 다음에는 스스로 하고 싶어하므로 참견하는 것을 싫어한다. 이 시기에는 아이가 기본적인 기능을 몸에 익힌 다음에 어른이 다른 방법을 보여 주는 식으로 관계하는 것이 가장 바람직하다. 예를 들어 아이가 구멍 뚫린 구슬을 끈에 꿸 수 있게 된 다음에, 어른이 구슬의 색 배열을 바꾸어서 새로운 모양을 만들어 보이면 놀이가 확장된다.

흉내놀이에 어른이 끼어드는 것도 환영이다. 인형에게 밥을 먹이거나 손님과 가게 주인이 되어 수작을 주고받는 것을 좋아한다. 이러한 놀이에서 어른은 인형집의 가구 배치에 대해 조언을 한다든가, 장보기 놀이의 재료를 정리해 준다든가 하면서 아이를 도울 수 있다.

동요, 특히 동작이 따르는 노래를 무척 좋아한다. 아이는 친숙한 사물이나 사람을 노래한 가사가 붙어 있고 귀에 익은 멜로디로 된 노래를 가장 좋아한다.

앞의 시기와 마찬가지로 혼자서 놀이를 하고 싶어하는 아이도 있지만, 대개는 부모 곁을 좋아해서 부모가 없어지면 우는 경우도 많을 것이다. 언제 어느 정도 아이가 어른의 개입을 원하는지, 그리고 언제 혼자서 놀고 싶어하는지를 알려면 부모가 민감해져야 한다.

아직 다른 아이들과 진정한 의미에서 함께 놀지는 못한다. 아장아장 걷는 아기 둘이 곁에 앉아 흉내놀이를 하는 경우가 있을지도 모른다. 그러나 구체적으로 관계를 맺는 것은 서로의 장난감을 빼앗을 때 정도이다.

장난감 상자

이 단계에 적합한 장난감과 놀이도구를 알아보자. 여기서는 탐색놀이용과 흉내놀이용으로 나누었는데, 아이는 생각지도 못했던 놀이방법을 고안해 낼지도 모른다.

탐색놀이용

- ▶ 누르면 물이 뿜어져 나오는 병, 윗부분을 잘라내고 구멍을 여러 개 뚫은 페트병 등 물놀이용의 다양한 용기
- ▶ 점토용의 밀대나 카터로 쓸 수 있는 플라스틱 주걱 등
- ▶ 모래밭에서 갖고 놀 수 있는 트럭이나 손으로 미는 자동차
- ▶ 마트료시카 인형과 포개 쌓는 상자
- ▶ 색깔 맞추기 게임용 도구
- ▶ 끼워 맞추기 쉬운 큰 블록
- ▶ 새로운 소리를 내는 장난감이나 악기, 안에 콩이나 쌀 등이 들어 있어 특이한 소리를 내는 용기 등
- ▶ 깜짝상자나 팝업 장난감
- ▶ 커다란 구멍이 뚫린 구슬 혹은 골판지 조각과 끈

흉내놀이용

- ▶ 장바구니
- ▶ 다리미와 다리미판 등 친근한 생활용품 장난감
- ▶ 설거지용 스펀지나 수세미

▶ 동물 및 동물원 모형
▶ 동물 및 농장 모형
▶ 차고와 다양한 탈것
▶ 인형집과 가구

책꽂이

매일 아이와 함께 그림책을 보는 습관을 붙이자. '말걸기 육아' 시간이든 잠자리에 들 때든 형편이 닿을 때 같이 보자. 학령기 전에 어른과 아이가 그림책을 얼마만큼 함께 보았는가 하는 것이 후의 독서력을 측정할 수 있는 지표가 된다. 이것은 조기에 독서를 가르치는 것과는 다르다. 지나치게 빨리 가르치는 것은 역효과를 낸다. 중요한 것은 책을 즐기는 것이다. 부모 자식 간에 정서적으로 풍요로운 교류의 시간이 될 수 있도록 말이다.

추적조사의 결과를 살펴보았더니 말하기 능력은 아주 뛰어나지만 독서력은 낙담할 정도로 평범한 아이가 몇 명 있었다. 학령 전에 어른과 함께 책을 본 경험이 그다지 없었기 때문일 것이다. 슬프게도 너무나 많은 아이들이 독서력이 빈약한 채 학교에 입학한다. 개중에는 책장을 펼치는 방법, 어느 방향으로 읽는지, 이야기가 앞 페이지에서 다음 페이지로 이어진다는 것조차 모르는 아이도 있다. 내용으로 보자면 '1세 4개월부터 8개월'의 장에서 소개한 책을 여전히 좋아할 것으로 생각한다. 탈것이나 동물에 관한 책으로 당신이 '놀이 소리(의성어나 의태어)'를 듬뿍 붙여 줄 수 있는 것이 좋겠다.

이러한 책은 소리가 책 속에도 있음을 알게 하는 데 도움이 된다. 소리와 문자를 연결짓는 능력의 밑바탕이 되는 것이다. '놀이 소리'는 아이에게 말 속의 소리 하나하나를 알게 하여 나중에 독서에도 도움이 된다.

동요책도 이 시기에 아주 중요하다. 소리에 신경을 모으고 말의 울림에 주의를 기울이는 행위가 독서로 연결된다. 말의 울림을 모르고서는 독서가로 자랄 수 없다.

언어에 대한 이해력이 발달하여 주의를 집중하는 시간이 길어지면 쉬운 이야기를 즐겨 들을 수 있게 된다. 여기서 이야기의 내용이 현실감이 있어야 한다는 조건이 매우 중요하다. 아이는 아직 판타지를 받아들일 수 없다.

이야기의 내용은 아이 자신이 경험한 것이 가장 좋다. 자신이 경험한 이야기라면 앞으로의 진행을 예측할 수 있으므로 세계는 어떻게 이루어져 있는가를 잘 알 수 있다. 이야기 속에 일어나는 일을 아이의 경험과 연결지어 이야기해 줄 수도 있다. 이야기가 아이에게 생생하게 의미를 갖고 다가가는 것이다.

일어나는 일의 순서를 알면 아이는 그 속에 나오는 새로운 단어의 의미는 금세 안다. 흥미로운 것은, 아이들은 자신이 잘 알고 있는 내용에 관해 말할 때는 다른 경우에 비해 정확한 문장을 써서 말한다는 것이다. 사진을 보면서 아이 자신에 관한 내용을 이야기로 만들어 주는 것은 아이에게 아주 멋진 선물이다. 아이는 사진과 집 안의 실물을 맞추어 보며 무척 즐거워할 것이다.

읽을 만한 책들
 1. 고맙습니다/박정선 글, 백보현 그림/한울림
 2. 구멍이 뻥/이자벨 핀 글, 그림/키득키득
 3. 나도 나도/최숙희 글, 그림/웅진주니어
 4. 무엇이 무엇이 먼저일까?/로라 바카로 글, 그림/미래아이

5. 아빠가 지켜 줄게/이혜영 글, 그림/비룡소
6. 사랑해 사랑해 사랑해/로제 슈스탁 글, 처치 그림/보물창고
7. 괜찮아/최숙희 글, 그림/웅진주니어
8. 하나 하면 하나 있는 것은/임석재 시, 인강 그림/웅진주니어
9. 좋아 좋아/클라우디아 벨린스키 글, 그림/국민서관
10. 손바닥 동물원/한태희 글, 그림/예림당
11. 그건 내 조끼야/나카에 요시오 글, 우에노 노리코 그림/비룡소

텔레비전과 비디오

이전과 동일한 세 가지 원칙이 있다.
- 아이가 텔레비전과 비디오를 보는 시간을 하루 30분으로 제한하자.
- 당신도 함께 본다. 둘이서 보면 아이가 본 영상과 아이 자신의 경험을 연관시킬 수 있다.
- 내용은 반드시 아이가 배우려 하고 있는 현실세계와 관계가 있는 것. 앞 장에서도 말했지만 비현실적인 이야기는 아이의 한정된 경험으로는 아직 받아들일 수 없다.

간단한 줄거리는 따라올 수 있게 되었으므로 아이가 이해할 수 있는 내용 중 어린이나 동물을 묘사한 프로그램은 즐겨 볼 수 있다. 책과 마찬가지로 되풀이가 있으며 동일한 등장인물이 같은 짓을 하거나 말하는 시리즈물을 아주 재미있어한다.

summary

　여기 씌어져 있는 것은 평균적인 발달양상이다. 아기에 따라 제각각 발달의 정도는 다르다. 당신의 아기가 여기 씌어 있는 것을 모두 다 할 수는 없다고 해도 염려할 필요는 없지만, 만 2세 아래서 제시한 '이럴 땐 전문가에게'에 해당되는 경우는 말 그대로 전문가에게 상담해 보길 권한다. 또 아기에 대해 의문나는 사항이 있으면 언제라도 보건소나 늘 다니는 병원에 데리고 가 보자.

만 2세 무렵의 아이들은
- 상당히 길고 복잡한 문장을 이해한다.
- 50단어 정도를 사용할 수 있다.
- 2단어, 때로는 3단어를 이어서 문장으로 만든다.
- 틀리기도 하지만 대명사를 사용한다.

이럴 땐 전문가에게
- 가구나 숟가락 등 일용품의 이름을 알지 못하는 것으로 보인다.
- 2단어를 이어 붙이는 경우가 전혀 없다.
- 스스로 선택한 물건이나 놀이에 집중하는 경우가 그다지 없다.
- 엄마가 하고 있는 일을 도우려고 하지 않는다.
- 흉내 놀이를 하지 않는다.

참고문헌

R. Griffiths
The Abilities of Babies
(University of London Press, 1954)

A. Gesell
The First Five Year of Life
(London, Methuen, 1954)

C. Wells
'Adjustments in Adult Child Conversation:Some Effects of Interaction' in
H. Giles, W. Robinson & P. Smith (eds)
Language: Social and Psychological Perspectives
(Oxford, Pergammon,1980)

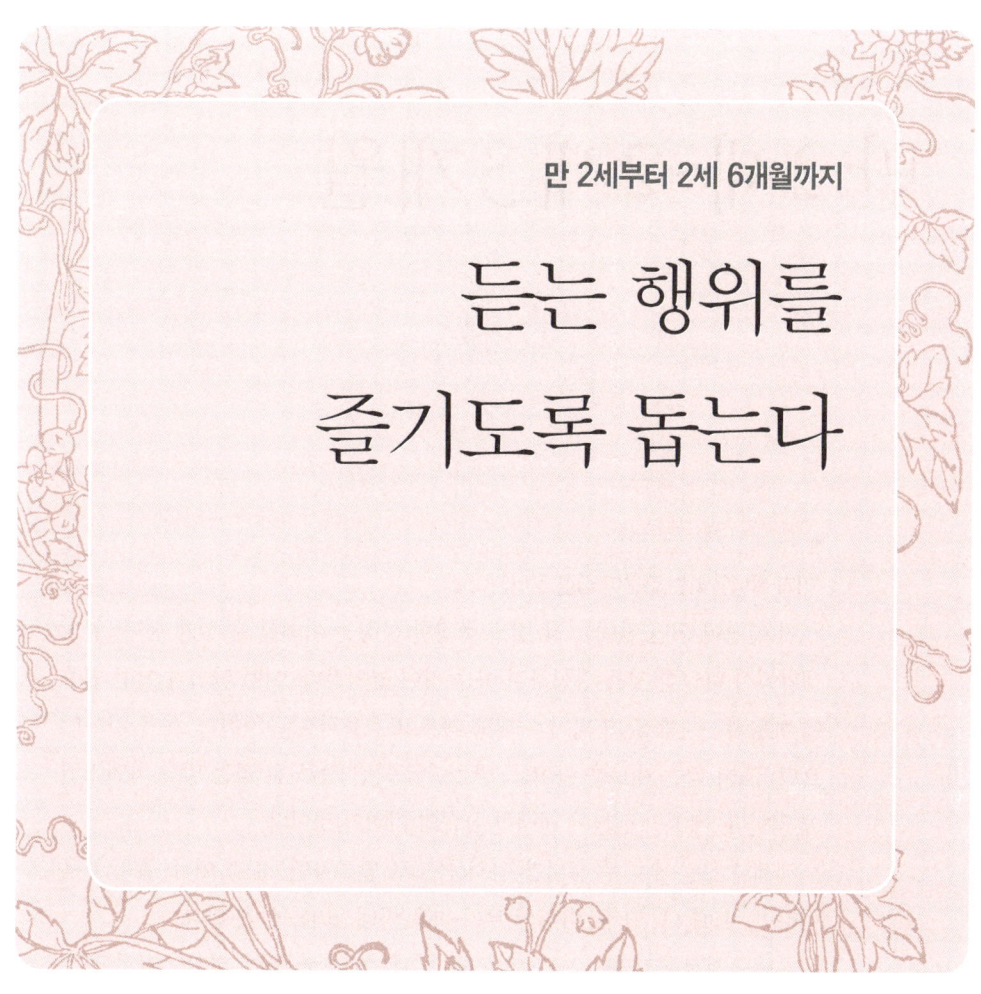

만 2세부터 2세 6개월까지

듣는 행위를 즐기도록 돕는다

듣는다는 것은 마음 편하고 재미있다고
생각할 수 있는 기회를 아이에게 듬뿍 제공해 주자.
되풀이나 동작이 따르는 동요가 제격이다.
언어의 울림을 느끼고 소리들이 어떻게 짝을 지어
언어로 만들어지는지 이해할 수 있으면 나중에
책을 읽는 데 도움이 된다.

만 2세~2세 3개월

📢 언어 발달

'이거 뭐야?' 하는 질문이 점점 많아진다

　이 연령이 되면 아이는 꽤 길고 복잡한 문장을 이해할 수 있게 된다. 일상생활에서 다양한 것을 경험하여 아는 것이 늘어간다. 어떤 단어가 어떤 범주에 해당하는지를 알게 되어 이해도 빠르고 효율적으로 익힌다. 옷을 갈아입으면 '조끼' 라는 새로운 단어를, 공놀이를 하면 '천천히' 라는 말을 자연스럽게 익힌다. 매일의 생활이 생생한 학습의 기회인 것이다.

　세세한 부분에 매우 흥미를 가져 몸으로 말하자면 '눈썹' 이나 '무릎', 옷이라면 '소매' 나 '단추' 따위의 보다 작은 카테고리를 알게 된다.

　개념도 점점 확장되어 '크다' 와 '작다', 혹은 '하나' 와 '많이' 까지도 알게 된다.

　동사도 더 많이 알게 된다. 그림 속 등장인물의 다양한 동작을 정확하게 가리킬 수 있을 것이다.

　말을 구사하는 방식도 크게 변화한다. 이 시기 첫 무렵에 사용하는 단어 수는 200단어 정도가 보통인데, 한층 더 늘어간다. 하루에 10단어를 익히는 아이도 있다. 대부분의 아이들은 단어가 둘 들어 있는 문장을 사용하고, 때로는 단어가 세 개 들어가는 경우도 있다. 2단어 문장은 사물이나 사람의 이름과 동작을 나타내는 단어의 조합이 대부분으로, "아기 코자"나 "공 굴러갔어" 등이다.

놀면서 누구에게랄 것도 없이 재잘재잘 이야기할 것이다. 마치 단어의 조합을 연습하고 있는 것처럼 말이다. 게젤 박사에 따르면 활동하면서 말하고, 또 말하면서 활동하는 것이다.

대체로 아이 쪽에서 대화를 시작하거나 이야기를 진전시키고 틀린 것을 바로잡을 수 있지만, 일 대 일이 아닐 때는 대화의 내용이 뒤죽박죽이 되기 쉬우므로 어른이 대화를 이끌어가야 한다.

자신이 흥미있어하는 것에 대해 얘기할 때가 가장 매끄럽다. 도움을 받고 싶을 때는 "손, 씻어"라는 식의 단문을 사용한다. 혹은 우리 집 딸아이처럼 "손가락, 끈적끈적"이라고만 말할지도 모른다.

단어 세 개가 들어간 문장도 늘어나고 다양한 쓰임새를 보인다. 지금까지 사용했던 두 개의 단어를 확장시켜서 "지니의 자동차"가 "지니의 커다란 자동차"로 된다. "엄마 씻는다" "머리 씻는다"의 두 개의 문장이 엮여서 "엄마가 머리 씻는다"로 된다. 또는 단어를 세 개 조합하여 "밥 더 줘"나 "곰돌이, 공, 찼다" 등으로 표현한다.

아이가 구사하는 대화 문장은 아직 어색하지만, 앞으로 몇 개월 내에 상당히 매끄러워진다. 어순도 바로잡아진다. 또 자신을 가리킬 때 이름을 붙여 말하기 시작할 것이다. 질문도 늘어나서 "이거 뭐야?" 하고 자주 묻는다. "엄마 어디?"라든가 "밥은 뭐야?"라고 알고 싶은 것을 왕성하게 묻는다. 그래도 통하지 않을 때는 알아줄 때까지 어른을 잡아당기곤 한다.

지금까지와 마찬가지로 언어의 발달은 다른 모든 분야의 발달과 연결되어 있다.

🔍 전반적 발달 양상

한쪽 발로 서거나 발끝으로 걸을 수 있다

이미 어느 방향으로든 걸어갈 수 있으며, 발끝으로도 걸을 수 있다. 웅크린 자세에서 손의 힘을 빌리지 않고 일어설 수 있으며, 여러 가지 놀이기구에도 능숙하게 올라가고, 의자에 올라가 물건을 가져오고, 한쪽 발로 설 수도 있다. 지금까지는 몸의 균형을 잡거나 컨트롤하는 데 온통 신경을 썼다. 이제 그것이 수월해진 만큼 주위에서 일어나는 일이나 지시받은 것에 집중하기 쉬워진다.

자신이 다른 사람과 분리되는 존재라는 것을 알고 다른 사람의 기분도 알게 된다. 아주 조금만 도와주면 그 뒤로는 혼자서 손을 씻을 수 있다고 주장한다.(피곤하거나 기분이 나쁠 때는 여전히 찰싹 들러붙어 어리광을 피운다)

다른 아이들과의 교류는 아직 미미하며 단순하다. 때로는 장난감을 함께 갖고 놀며 매우 초보적인 협력을 보인다.

👁 주의를 기울이는 힘

조건이 갖추어지면 어른의 지시에도 따를 수 있다

이 무렵의 아이는 주의력 측면에서 전환점을 맞는다. 특정한 조건 아래서라면 처음으로 어른의 지시에 따를 수 있게 되는 것이다. 그다지 집중하고 있지 않을 때는 어른이 목소리로 지시하는 대상으로 주의를 옮겨갈 수 있게 된다.

아직 한 가지 감각에만 주의를 기울일 수 있으므로 무언가를 하고 있을 때는 전혀 들리지 않는다는 것을 기억해 두자. 하던 행동을 멈추지 않으면 들리지 않으며, 듣는 것을 멈추지 않으면 하던 행동으로 되돌아가는 것도 불가능하다.

주의력이 흐트러지기 쉬워 밖에서 잡음이 들리거나 어떤 일이 일어나면 어른의 목소리에 귀 기울이는 것을 그만둔다.

주의력이 잘 발달할 수 없는 환경에서 자란 아이는 이 단계에 좀처럼 진입하지 못한다. 주의를 기울일 수 있는 시간이 매우 짧고, 게다가 어떤 것에 주의를 집중하는 동안은 지시받는 것을 전혀 들을 수 없으며, 관심이 여기저기로 옮겨 다닌다. 이 상태는 초등학교에서, 또 그 이후까지 지속되는 경우도 많아 학교에서 여러 가지 문제를 일으킬 수 있다.

내가 처음 만났을 때 4세였던 모리스는 나이에 비해 몸집은 컸지만 말은 많이 뒤처져 있었다.
두 개의 장난감 상자에서 장난감을 이것저것 마구 꺼내고는 엄마가 같이 놀자고 청하여도 모른 척했다. 항상 이런 상태이므로 엄마는 어떻게 해야 할지 궁리를 거듭하고 있었다.
다행인 것은 아이의 주의력은 주위 환경을 잘 정비해 주면 곧 발달한다는 것이다. 모리스의 엄마는 아이의 주의력 레벨을 인식하고 일 대 일의 조용한 시간을 만들어 아이의 주의를 끄는 대상에 대해 이야기하고자 애썼다.

아이는 이미 어느 방향으로든 걸어갈 수 있으며 발끝으로도 걸을 수 있다. 웅크린 자세에서 손을 쓰지 않고 일어설 수 있으며 한쪽 발로 설 수도 있다.

3주 후 모리는 하던 행동을 중단하고 엄마의 이야기에 귀를 기울일 수 있게 되었고 듣고 있는 내용도 훨씬 잘 이해하게 되었다.

🦻 듣는 힘

처음 듣는 소리가 나면 '무슨 소리야?'라고 질문한다

'말걸기 육아' 프로그램을 받고 있는 아이는 주위가 조용하면 듣고자 하는 소리만 선별하여 들을 능력을 충분히 발휘할 수 있을 것이다.

따라서 주위에서 들리는 소리가 어디에서 나며 무슨 소리인지 아주 잘 알고 있다. 새로운 진전은, 처음 듣는 소리에 대해 "무슨 소리야?"라고 질문할 수 있게 되었다는 것이다. 또한 들려오는 소리가 시끄럽고 싫을 때는 어른에게 그 느낌을 전달할 수 있다.

이 시기에 아이는 자신이 다른 사람과 분리되는 존재라는 것을 알고 다른 사람의 기분도 알게 된다. 아주 조금만 도와주면 그 뒤로는 혼자서 손을 씻을 수 있다고 주장한다.

만 2세 3~6개월

🔊 언어 발달

언어만으로도 세상사를 이해할 수 있다

　한층 더 많은 동사의 의미를 이해한다. 그림 속에서 "~을 하고 있는 것은 어느 아이지?" 하고 물으면 정확하게 손가락으로 가리키며 대답한다.

　질문도 잘 이해할 수 있게 되어 "어디 있지?"라고 어른이 물으면 그 방향을 보거나 그것을 집으러 가거나 하여 응답한다.

　음식물이나 식기, 가족 등의 분류를 더 잘 알게 된다. 가족에는 '할머니' 나 '언니' 등의 이름이 있다는 것을 이미 알고 있으므로 새로이 '아주머니' 와 만나면 손쉽게 의미를 이해한다.

　사물을 사용방법에 따라 이해하게 된다. 예를 들어 '먹는 것' 과 '입는 것' 을 혼동하는 경우는 없다.

　개념도 분명해져 색이나 크고 작은 것을 나타내는 단어를 알게 된다. 숫자는 이 시기가 끝날 무렵까지는 2나 3까지 알 것이다.

　가장 눈에 띄는 발달은 매일 매일의 생활의 흐름이나 다른 사람의 동작 등의 단서가 없이도 이야기의 내용을 안다는 것이다. 즉 언어만으로도 세상사를 이해할 수 있는 것이다. 예를 들어 장 보러 간다는 말만 듣고서도 신발을 신으러 간다. 예전이라면 당신이 장바구니를 꺼내 올 때까지 몰랐을 테지만 말이다.

언어 구사에서도 같은 정도로 성장한다. 아이의 언어 구사방법은 이전에 비해 응용력이 붙는다. 묻고 답하고 기분을 나타내는 데도 능숙해진다. 자신의 생각을 주장할 때도 말을 사용한다. 예전에는 끈적끈적한 손가락을 닦아 주는 어른의 손길을 밀어내는 것으로 자신의 의사를 표현했지만 이제는 "내가 할 거야"라고 분명하게 말한다.

또 하나, 언어 구사방법이 확장될 때 중요한 것은 새로운 단어의 의미를 이해하는 것이다. "그건 뭐야?"라는 질문이 물건에 대해서만이 아니라 언어에 대해서도 사용된다.

다양한 형태의 문법 표현을 쓸 수 있으므로 의미가 쉽게 전달되며, 어순도 어른과 같아진다. 문장을 바르게 만드는 문법을 열심히 받아들이고 있는 것이다.

아이의 질문은 한층 더 늘어서 무엇을 알고 싶어하는지 정확하게 알 수 있다. '어디?'라는 질문을 하고, '네' '아니오'라는 답을 필요로 하는 질문을 한다. 과거나 미래에 관해 말하는 경우도 점점 늘어난다.

음성에 의한 커뮤니케이션이 능숙해졌다고는 해도 이제 막 입문했을 뿐이므로 매끄럽게 대화를 이끌지는 못한다. '말걸기 육아' 시간에 매끄럽게 대화를 할 수 있다면 그것은 커뮤니케이션이 가장 잘 이루어질 수 있는 환경에 놓여져 있기 때문이다. 그 밖의 거의 모든 상황에서는 도움을 필요로 한다.

편안하게 주고받는 이야기에 따라오지 않는 경우도 많다. 아이의 주의력을 담는 그릇이 아직 한 가지 감각에 집중하는 것만으로도 가득 차기 때문이다. 또한 '말걸기 육아' 시간 이외에는 어른이 반드시 아이가 집중하고 있는 것에 관해서만 이야기하는 것은 아니므로 아이에게 있어 대화는 상당히 어려운 과제이다.

'숟가락'을 '숟가락'이라고 하듯이 어려운 음을 쉬운 음으로 대체하는 식의 발음은 여전히 대부분의 아이들에게서 보인다.

사교성도 생겨서 곁에 가족이 없을 때는 다른 사람과도 함께 놀 수 있다. 상당히 협력적으로 되어 자신이 하고 싶지 않아도 교섭에 응해 준다. 당신이 "비스킷은 밥 먹은 다음에 먹자. 지금은 안 돼"라고 말하면 아이는 알아듣는다. 이것은 아이가 현재의 일만을 생각하지 않는다는 하나의 예이다.

전반적 발달 양상

세발자전거의 페달을 굴리고 직소 퍼즐을 한다

이전에 비해 훨씬 더 뜻대로 몸을 움직일 수 있게 된다. 두 발을 모아서 점프할 수 있고, 놀이기구에 올라갈 수 있다. 가까스로 공을 찰 수 있지만 아직 힘은 약하고 몸을 기울여 균형을 잡아야만 한다. 세발자전거의 페달을 밟을 수 있게 된다. 장난감을 끌면서 능숙하게 걷는다.

눈과 손의 협조도 부드러워진다. 간단한 직소 퍼즐을 완성할 수 있으며, 쌓기막대 여덟 개를 쌓아올릴 수 있다. 쌓기막대로 만든 기차에 굴뚝을 올려붙이고, 쌓기막대 세 개로 다리도 만들 수 있다. 연필을 쥐는 방법이 노련해지고 어른이 하는 것을 보고 십자형을 그릴 수 있다. 빨강, 파랑, 노랑의 세 가지 색이라면 같은 것끼리 모을 수 있으며, 크기를 기준으로 물건을 추려낼 수도 있다.

자기 물건을 정리하고, 앞뒤판이 바뀌기 십상이지만 혼자서 옷도 갈아입는다. 숟가락뿐만 아니라 포크도 사용할 수 있으며, 어른의 도움 없이 손을 씻고 닦고 화장실에 혼자 갈 수 있다.

👁 주의를 기울이는 힘

아이가 말을 알아듣는다고 해서 지나치게 지시를 해서는 안 된다

아이는 예전에 비해 당신의 지시를 잘 받아들이지만, 그것은 무언가에 집중하고 있지 않을 때만이다. 이 새로운 능력을 키워주려면 조심스럽게 접근해야 한다. 전에도 말했듯이 이 능력은 극히 한정된 경우에만 발휘된다. 아이가 지시를 따른다고 너무 기쁜 나머지 당신이 이것저것 지나치게 지시를 하면 아이는 퇴행한다.

정말로 아이에게 지시해야만 할 때, 지켜야 할 몇 가지 사항이 있다.

- 만약 하던 행동을 그만두게 하고 테이블에 앉게 하려면 미리 여러 차례 말해 두어야 한다. 급하게 말해 보았자 2살짜리의 '무서운' 짜증이 터질 뿐이다.
- 아이는 당신에게 주의를 기울이고 있을 때만 지시를 듣는다. 아이가 바쁠 때는 안 된다는 얘기다.
- 지금 하는 행동을 더 재미있게 만들어 줄 것 같은 지시가 가장 좋다.
- 아이가 익숙한 옷 갈아입기의 순서와 관련된 지시라면 "다음은 바지"라고 그 직전에 말해 주는 것이 좋겠다.

재미있는 것은 아이가 자기 자신에게 지시를 내리기 시작한다는 것이다. 쌓기막대를 가지고 놀면서 "그건 여기, 그리고 저것을 올려놓아"라고 말한다.

👂 듣는 힘

귀, 코, 목의 질병으로 청력 장애가 일어나지 않도록 조심한다

주위가 조용하면 들을 수 있는 능력은 충분히 발휘될 것이다. 이전만큼 잘 들리지 않는 것 같으면 청력검사를 한다.

학령 전의 아이라면 귀, 코, 목의 질병은 흔한데 이것이 가벼운 청력 장애를 일으키는 경우도 많다. 문제가 없었던 아이의 청력이 떨어지는 경우도 있다. 이러한 청력 장애의 정도는 그날 그날 또는 시간에 따라 변화한다. 그 때문에 듣기가 잘 안 되어 아이는 혼란에 빠지고, 그 결과 보거나 만지는 것에만 집중하게 되기 쉽다.

두 발을 모아서 점프할 수 있고 놀이기구에 올라갈 수 있다. 가까스로 공을 찰 수 있지만 아직은 힘은 약하고 몸을 기울여 균형을 잡아야만 한다. 세발자전거의 페달도 굴릴 수 있다.

BABYTALK PROGRAMME

하루 30분
말걸기 육아

매일 30분 아이와 둘만의 시간에 집중한다

　이만큼 왔다고 느슨해지지 않도록 조심하자. 이 시간은 언어뿐만이 아니라 놀이나 주의력, 정서 발달에도 크게 도움이 된다.
　아이가 언어에 대한 이해를 키워가는 데 가장 효율적인 시간이 바로 이 30분이며, 이 시간은 아이의 정서적 성장에도 큰 영향을 준다. 영국과 미국에서 이루어진 많은 연구에서는 말이 늦은 아이들 중 다수가 정서적인 면에서도 문제를 안고 있다고 한다. 이것은 당연한 결과이다. 듣고 있는 이야기의 내용을 모르거나, 혹은 자신이 말하고자 하는 내용을 상대방이 알아주지 않을 때의 욕구불만이 어떤 것인지 상상해 보면 알 것이다.
　언어와 정서 발달의 관계는 '무서운 두 살'이라고 불리는 이 연령에서 특히 중요하다. 이 연령의 아이는 자신을 독립된 인간이라고 생각하게 된다. 따라서 자신을 주장하는 기분이 강해져 무언가를 지시받으면 곧잘 "싫어"라고 말한다. 그럴 때 아이에게 왜 안 되는지 설명하여 설득하면 아이도 화를 내지 않고 지나간다.(물론 꼭 필요한 경우가 아니라면 '안 돼'라고 말하지 않는 것이 가장 좋다)

말을 잘 이해하고 있는 아이에게는 이것이 간단하지만, 그렇지 않은 아이는 어른이 자신이 하고자 하는 행동을 방해하고 원하지 않는 것을 강요한다고 느낀다. 이것이 아이의 문제행동을 불러일으킨다.

아이들끼리의 상호작용도 각각의 아이의 말에 대한 이해와 표현 수준에 따라 달라진다. 미국의 연구에서는 아이들 사이에서의 인기도를 말에 대한 이해력을 기준으로 판단할 수 있다고 한다.

4세 된 단은 2세짜리 아이 수준으로밖에 말하지 못하여 나의 클리닉에 오게 되었다. 무엇보다 단에게 친구가 없다는 것 때문에 엄마는 무척 낙담하고 있었다. 엄마는 친구들을 집으로 부르고 재미있는 곳에 데리고 가는 등 노력했지만 언제나 싸움과 울음소리로 끝이 났다. 단과 엄마가 '말걸기 육아'를 시작하자 단은 급속하게 말이 늘어 친구들과 무엇을 하고 싶은지 이야기를 나누고, 싸우는 대신에 규칙을 정할 수 있게 되었다. 그렇게 되자 친구들 사이에서 인기도 끌게 되었다. 단은 6개월 후에는 언어 수준이나 친구들과 사귀는 모습에서 여느 아이들과 다를 바가 없었다.

사랑하는 어른이 자신에게만 몰두하고 있다고 느끼면 아이는 자신에 대해 자신감을 가진다. 어떻게 해서든지 애정을 얻으려고 하는 스트레스(슬프게도 많은 경우 제멋대로 구는 아이가 된다)를 느끼지 않아도 되는 것이다. '말걸기 육아'를 시작하고서 정서적으로 매우 안정된 아이들을 나는 지금까지 많이 보아왔다.

3세짜리 테디를 처음 보았을 때 무척 긴장하고 있어서 언제 폭발할지

모르겠다는 느낌을 받았다. 하는 짓도 어수선하고 마무리가 안 되는 느낌이었다. 엄마의 주의를 끌려고 미운 짓을 하고는 엄마에게 심하게 야단을 맞는 악순환이 되풀이되고 있었다.

하지만 '말걸기 육아'를 통해 매일 엄마와 놀 수 있는 시간이 있다는 것을 알자마자 테디의 상태는 놀랄 만큼 달라졌다. 며칠 후에는 제멋대로 구는 행동이 감쪽같이 사라졌다.

아이의 놀이는 어른의 도움으로 윤택해진다. 어른이 힌트를 주면 아이는 상상력을 작동시켜서 한 가지 장난감으로도 다양하게 놀 수 있게 된다.

나에게 언어 지도를 받는 아이는 이 연령이 가장 많은데, 놀아주는 사람이 없는 아이를 볼 때마다 나는 슬퍼진다. 어른한테 다양한 놀이방법을 배운 아이들에 비하면 지극히 한정된 경험밖에 하지 못하기 때문이다.

맨디는 까만 머리의 매우 귀여운 여자아이였다. 장난감도 많이 가지고 있는 듯했지만 매우 한정된 놀이방법만 알고 있었다. 예를 들어 인형집에 다가가도 단지 무턱대고 가구를 쌓아 올릴 뿐이다. 인형은 그 언저리에 밀쳐져 있어 진정한 의미에서 놀고 있는 게 아니었다.

스콧은 여러 사람이 돌보았지만 누구 한 사람 진정으로 놀아주지는 않았다. 클리닉에 처음 왔을 때는 장난감을 만지작거리기만 할 뿐, 어른이 놀아준다는 생각 따위는 하지도 않는 듯했다.

엄마가 '말걸기 육아'를 시작한 지 2주, 나는 스콧의 달라진 모습에 기뻤다. 스콧은 엄마한테 장난감을 건네주고는 엄마가 무어라고 말해 주겠지 하고 가만히 엄마를 지켜보고 있었다. 그리고 엄마의 생각을 곧바로 놀이에 끌어들였다. 두 사람은 함께 즐기며 놀 수 있게 된 것이다.

항상 함께 놀아주면 같은 경험을 주제로 대화의 내용이 풍부해진다.
이제 아이의 주의력은 새로운 단계에 들어서려 하고 있다. 어른이 그 사실을 알아채고 어떻게 도울 것인가를 생각하여 적용하면 아이는 훌쩍 성장한다. 그것은 일 대 일의 환경에서 가장 잘 진행된다.(반대로 그 사실을 알아채지 못하면 두 사람 모두 욕구불만이 쌓여서 짜증을 내게 된다. 예를 들어 아이의 주의력이라는 것은 한 가지 감각에만 기울어진다는 것을 모르면, 아이가 바쁠 때 대답을 강요하고선 말을 안 듣는 아이라고 생각한다)

시작하기 전 이것만은 챙기자

조용하고 방해물이 끼어들지 않는 장소여야 한다는 조건이 여전히 중요하다. 장난감은 곧바로 손이 닿을 수 있도록 늘 같은 장소에 두자. 아이가 찾아 헤매어 주의가 흐트러지지 않도록 말이다.

마루나 테이블 위에는 빈 공간이 있어 놀 수 있는 장소를 충분히 확보하도록 한다. 흉내내기 놀이에는 상당히 넓은 장소가 필요한 경우도 있다. 아이가 장난감을 하룻밤 그대로 놓아둬 달라고 말할지도 모르겠다.

어떻게 말을 걸까
아이가 주의를 기울이고 있는 대상에 함께 주목한다

'말걸기 육아' 시간에는 두 사람이 같은 대상에 주의를 집중하는 것이 가장 중요하다. 아이가 성장함에 따라서 대화 주제는 현재의 일뿐만 아니라 과거에 일어난 일이나 이제부터 일어날 일도 포함한다. 이것은 언어 발달에 바람직한 일이다.

어른이 복잡한 문장, 예를 들어 "공원에 도착하면~"이라든가 "장 보러 갔을 때 ~을 보았지"라는 문장을 사용해도 아이는 이해한다.

2세짜리 안드레아는 레스토랑에 간 다음날 처음으로 클리닉에 왔다. 레스토랑에 간 경험은 안드레아에게는 대단히 멋진 사건이었으므로 놀이에 끌어들이고 싶어했지만 어떤 순서였는지가 확실하지 않았다. 안드레아는 레스토랑에 들어오자마자 웨이터(내가 맡았다)에게 돈을 지불하고 나서 내게 빵을 건네주는 식으로 순서가 뒤죽박죽이었다.
레스토랑에서의 경험을 어느 누구도 정리하여 설명해 주지 않은 것이 분명했다.

과거에 일어난 일에 대해 이야기해 주는 것은
일상에서 일어나는 일을 아이가 명확하게
알게 하는 데 큰 도움이 된다.
레스토랑에 갔던 때의 일을 상기시켜 주는 식이다.

과거에 일어난 일에 대해 이야기해 주는 것은 일상에서 일어나는 일을 아이가 명확하게 알게 하는 데 크게 도움이 된다. 이러한 대화를 할 기회가 없었던 아이들이 노는 모습을 보고 있으면 자신들이 보거나 실행했던 일의 의미나 목적을 전혀 이해하지 못하고 있음을 알 수 있다. 그 결과 아이의 세계는 혼란스러운 것이 되어 버린다.

현재 이외의 일에 관한 대화는 항상 아이가 시작하도록 하고, 아이의 관심이 사라진 바로 그 순간에 끝내도록 주의하자. '말걸기 육아' 시간 동안은 '지금, 여기'에 관한 대화를 얼마나 나눌 것인지는 전적으로 아이에게 맡겨 주자.

이 같은 대화에는 다양한 내용이 들어 있다. 왜 그렇게 생각했는가, 또는 왜 그렇게 했는가 등의 이야기도 포함한다.

새로운 단어를 많이 사용하라. 단어수를 늘리는 것을 망설이지 말자. 아이의 흥미를 쫓아가고 있는 한 아이는 매우 자연스럽게 익혀 갈 것이다. 전과 마찬가지로 몸짓을 사용하고 그 순간에 일어나고 있는 일에 꼭 맞게 말하여 당신의 의도를 확실하게 전달하자. 예를 들어 쌓기막대로 만든 탑이 무너지는 순간 "흔들흔들흔들. 어어어, 무너졌네"라고 말하는 식이다.

이처럼 같은 대상에 주의를 기울인다는 것은 나중에 커뮤니케이션을 하고 사회생활에 참여하는 방법을 배우는 데 가장 기초가 되는 준비운동이다. 이 연령에서 다른 사람과 동일한 대상에 주의를 기울일 수 있으면 4,5세가 되어서 다른 사람의 생각이나 감정을 알고 정서적 교류를 할 수 있다고 연구자들은 말한다. 물론 그 반대의 경우도 성립한다.

놀이를 발전시키도록 도와주자

지금까지 줄곧 함께 즐겨 왔으므로 아이는 당신과 함께 놀고 싶다고 생각할 것이다. 함께 놀고 있을 때는 지금까지와 마찬가지로 아이가 주의를 기울이고 있는 대상에 관해 '실황방송'을 해 준다. 이것은 말을 배우는 데 여전히 유효한 방법이다.

아이는 경우에 따라서는 어른의 지시에 따라 주의를 기울이는 대상을 옮겨갈 수 있는 단계에 들어와 있다. 그래도 '말걸기 육아' 시간 중에는 그렇게 하지 않는 편이 좋다. 왜냐하면 아이가 가장 잘 배우는 경우는 아이가 선택한 대상에 어른이 맞춰 줄 때이기 때문이다. 아이가 지시를 들을 수 있게 되자마자 이것저것 시키고 싶어하는 부모를 나는 많이 보아 왔다.

나이젤은 말이 매우 불분명하여 4세 때 나의 클리닉에 오게 되었다. 장난감 상자에 다가갔지만 내가 입을 열자마자 손으로 자신의 귀를 틀어막았다. 나중에 부모와 놀고 있는 장면을 보고 그 까닭을 알 수 있었다.

두 사람이 동시에 나이젤에게 "와서 이걸 봐" "자, 이 직소 퍼즐을 해 봐" "그만 둬" "자, 이 막대를 쌓아 봐" 등의 말을 퍼부었다. 가족 모두가 안절부절 못하고 있는 듯 보였다.

특히 이 시기에는 어른이 내놓는 제안이 아이의 놀이를 윤택하게 만든다. 함께 의사놀이를 하고 있을 때는 처방전을 보여 주고, 점원 역할을 하고 있을 때는 저울을 사용하는 방법을 가르칠 수 있다.

놀이도구를 다양하게 사용하는 방법을 보여 주는 것도 좋다. 아이가 탑을 쌓을 수 있게 되었다면 이중으로 된 탑 쌓기 방법을 가르쳐 주는 것도 재미있을 것이다.

새로운 방법을 보여주고 난 후에는 조금 물러나서 아이 자신에게 하게 해 보자. 더 해 주기를 원할 때는 아이가 그렇게 말할 것이다.

어른이 놀이상대로서 아이의 신뢰를 얻고 있다면 아이는 도움을 요청하고자 할 때는 어른을 쳐다 볼 것이다. 그때를 기다려 개입한다면 어떤 문제도 일어나지 않는다. 아이가 무언가에 열중하고 있을 때, 새로운 것을 제안할 작정이라면 아이의 주의 집중의 정도를 살펴보는 등 세심하게 주의를 기울여라. 또한 제안하는 것에만 머무르고 결코 명령이 되지 않도록 하라. 만약 아이가 당신의 제안에 흥미를 보이지 않으면 결코 무리하게 강요해서는 안 된다.

놀이 중에는 지시하지 않는 것이 바람직하다는 것은 여러 연구에서 확인되고 있다. 캐나다의 조사에서는 지나치게 간섭하는 부모를 둔 아이들은, 아이에게 주도권을 갖게 하는 부모를 둔 아이들에 비해 언어 발달이 상당히 늦은 것으로 나타났다.

듣는 행위를 즐길 수 있도록 해 주자

듣는다는 것은 마음 편하고 재미있다고 생각할 수 있는 기회를 아이에게 듬뿍 제공해 주자. 되풀이나 동작이 따르는 동요가 제격이다. 언어의 울림

어른이 입을 열자마자 손으로 자신의 귀를 틀어막는 아이가 있었다. 아이가 지시를 들을 수 있게 되자마자 이것저것 시키고 싶어 아이의 관심과 상관없이 말을 쏟아부은 부모 탓이었다.

을 느끼고 소리들이 어떻게 짝을 지어 언어로 만들어지는가를 이해할 수 있으면 나중에 책을 읽는 데 도움이 된다. 아이의 이야기를 넣어 만든 가사로 바꾸어 노래를 불러 주면 무척 기뻐할 것이다.

이 시기에 또 한 가지 무척 좋아하는 장난은 기침이나 재채기 같은 것이다. 아이는 야단법석을 떨며 기뻐한다.

아이의 언어 발달을 돕기 위해 당신이 활용할 수 있는 방법은 무척 많다. 생생하고 활기찬 어조로 말하는 것은 몸에 배어 있을 것이다. 어른에게 말할 때보다 천천히 그리고 큰 소리로 말하는 것도 잊지 말자. 알아듣기 쉽게 하기 위해 문장이 끊어지는 곳에서 잠시 쉬어 주자.

'놀이 소리(의성어·의태어)'도 여전히 재미있어한다.

아이가 말하고자 하는 내용을 반복해 주자

아이는 말하고 싶은 것이 잔뜩 있지만 아직 표현할 수 있는 말이 모자란다. 지금까지와 마찬가지로 아이가 발음을 틀렸을 때는 그 말을 짧은 문장 속에서 여러 차례 들려 주자. "맞아, 저건 고릴라. 고릴라는 크지. 커다란 고릴라" 하는 식이다.

만약 아이의 문장이 혼란스럽거나 불완전할 경우는 말하고 싶어하는 내용을 납득이 가게 말해 주자. 아이의 대화 내용을 살찌워가는 데 큰 도움이 되므로 기회가 있을 때마다 실천한다.

이 모든 것을 자연스러운 대화 속에서 실행하는 것이 무척 중요하다. 철칙은 항상 '그렇구나'로 시작하는 것이다.

아이가 말한 내용을 알 수 없을 때는 무척 낙담할 수도 있다. 하지만 명심하라. 이 경우에도 알아듣지 못한 것은 어른의 책임이라고 아이가 생각하도록 해야 한다. 나는 항상 "미안, 잘 안 들렸어"라는 식으로 말한다. 그리고 필요하면 아이에게 손가락으로 가리키게 하든가 해서 아이가 말하고자 했던 내용을 내게 정확하게 전달할 수 있게 한다.

'말걸기 육아' 시간에는 짧은 문장을 사용하자

'말걸기 육아' 시간에 아이에게 말하는 방법은 다른 시간과는 다르다. 아이는 이제 꽤 많은 것을 알게 되어 순조롭다면 이 시간 외에도 활기차게 이야기할 수 있다. 그렇다고 해도 중요한 내용이 들어 있는 단어가 둘 내지 셋 정도인 아주 단순한 문장을 사용할 것이며, 발음도 미숙할 것이다. 그 때문에 이 시기의 아이가 하는 이야기를 낯선 사람은 이해하기 어렵다.

이 단계를 가능한 한 빨리 벗어나기 위해서는 '말걸기 육아'의 시간에 아이에게 건네는 문장의 길이를 짧게 하고, 새로운 단어를 계속하여 도입해야 한다. 단어는 3개 이내로 제한한다.

최근에 클리닉에 온 메리는 아주 영리한 여자아이였다. 구사하는 단어수나 문장을 만드는 능력도 괜찮았지만, 발음에서 틀리는 것이 많아 이야기를 알아듣기가 어려웠다. 엄마는 잘 알아들었으므로 메리가 말하는 것이 다른 사람에게는 잘 통하지 않는다는 사실을 모르고 있었다. 엄마가 메리에게 아주 긴 문장으로 이야기를 건넨 탓에 메리는 이야기의 의미를 따라잡는 것만으로도 벅찼던 것이다.

메리가 말하고자 하는 내용을 들려주고 짧은 문장으로 이야기를 걸도록 엄마가 조심했더니 메리의 말은 금세 알아듣기 쉬워졌다.

되풀이하는 것을 계속하라

되풀이는 여전히 유효한 방법이다. 아이가 모를 것으로 짐작되는 말을 사용할 때는 더욱 그렇다. 이것저것 다양한 단문에 사용하면 아이는 그 말을 금세 이해한다. 예를 들어 "얇게 썰기를 하고 있는 거야. 감자도 얇게 썰고 있어. 자, 감자 얇게 썬 것" 하는 식으로 말한다.

아이가 말한 내용에 살을 붙여 주자
　아이의 말이나 문장이 명확하지 않을 때 아이가 말하고자 하는 내용을 어른이 시범삼아 들려주면 도움이 된다고 앞서 말했다. 반드시 계속해 주자.
　앞장에서도 소개했지만 아이가 말한 내용에 조금 더 말을 덧붙여 주는 것도 큰 도움이 된다. "엄마는 시장"이라고 아이가 말하면 "그래, 엄마는 시장에 갔어. 새 구두를 사 왔지"라고 응답해 준다.
　이러한 응답 방식은 아이에게 무척 알기 쉽고 아주 신나는 일이다. 아이에게 문법과 단어의 의미 모두를 가장 익히기 쉬운 형태로 제공해 준다.
　어떤 경우에라도 철칙을 잊지 않도록 한다. 항상 '그렇구나'로 시작한다는 것. 아이가 말하는 방식을 고쳐 주고 있다는 느낌이 절대로 들지 않도록 하자.

어른이 놀이상대로서 아이의 신뢰를 얻고 있다면
아이는 도움을 요청하고자 할 때는 어른을
쳐다볼 것이다. 그때를 기다려 개입한다면
어떤 문제도 일어나지 않는다.

이 시기에 '해서는 안 될 것'

전과 마찬가지로 어떤 일이 있어도 아이가 말하는 방식을 고치거나 단어나 소리를 흉내내어 말하도록 시켜서는 안 된다. 우리들 어른의 역할은 가장 적절한 방법으로 아이에게 말을 거는 것뿐이다. 그렇게 하면 아이는 스스로 배운다. 아이에게 흉내를 내게 할 필요는 전혀 없다. 그런 짓은 아이의 입을 막을 뿐이다. "엄마는 내가 말하는 방식을 좋아하지 않는다"는 식으로 아이가 생각토록 할 필요는 없다.

아이에게 질문할 때는

형식만 질문으로 되어 있는 것 외에 몇 가지 해도 좋은 것들이 있다. 예를 들어 "재미있었어, 그렇지?"라는 식으로, 아이에게 대화의 실마리를 제공하고 있음을 알리는 것은 괜찮다. 일어난 일의 흐름을 생각나게 하는 것도 괜찮다. "커다란 백조 뒤에 무언가가 따라 왔었지, 생각나니?"라고 말하면 아이는 새끼 백조를 보았던 것을 기억해 낼 것이다. 그러나 이러한 질문은 될 수 있는 한 절제하고 아이가 대답하지 않을 때는 곧바로 어른이 스스로 대답한다.

대답하게 하는 것 자체가 목적인 질문은 절대로 하지 않는다. 그것은 자연스러운 커뮤니케이션이 아니라는 것을 아이는 잘 알고 있다.

부정적인 말도 되도록 피해야 한다. 이 시기에도 무언가를 금지할 때는 입으로 말하기보다 아이를 안고 다른 곳으로 이동하는 방식을 택하자. 또 해서는 안 되는 이유를 설명하는 시간을 충분히 가질 필요가 있다. 해서는 안 되는 일이 있다는 것, 그리고 싫고 좋고를 떠나 하지 않으면 안 되는 일도 있다는 것을 설명해야 한다.

특히 '안 돼'라는 말은 될 수 있는 한 사용하지 않도록 한다. 어른도 이 말은 좋아하지 않는다. 아이도 마찬가지이다. '안 돼'라고 말하지 않도록 노력하면 아이가 떼를 쓰는 횟수도 줄어들 것이다.

'말걸기 육아' 시간 이외에는
- 아이에게 하루의 일정을 말해 준다.
- 해서는 안 되는 일, 하지 않으면 안 되는 일의 이유를 분명히 설명한다.
- 무엇에 대해 말하고 있는지를 분명하게 아이에게 전달하고 대화에 참여시킨다.

이 시기에 탐색놀이와 흉내놀이가 본격화되는데, 흉내놀이는 본디의 모습을 제대로 갖추게 된다. 아이는 당신이 놀이에 끼어들면 무척 기뻐하고, 놀이를 확장시키는 제안을 크게 환영할 것이다. 그렇지만 아이가 혼자서 놀고 싶어하지는 않는지 살펴보는 것도 잊지 말자.

부정적인 말은 되도록 피한다. 이 시기에도 무언가를 금지할 때는 입으로 말하기보다 아이를 안고 다른 곳으로 이동하는 방식을 택하자. 또 해서는 안 되는 이유를 충분히 설명해야 한다.

놀이

탐색놀이

    놀이도구나 장난감을 탐색하고, 그것으로 무엇을 할 수 있을지 열심히 궁리한다. 몸을 생각대로 움직일 수 있게 되고, 눈과 손이 잘 협조할 수 있게 되어 폭넓은 발달을 보인다.

    지금까지와 같은 놀이를 계속하여 즐기지만 동작은 한층 기민해지고 정교해진다. 커다란 공을 차고 받을 수 있지만 아직은 상자 쪽이 더 차기 쉬울지도 모른다. 이 연령이 되면 많은 아이들이 세발자전거를 탈 수 있게 된다.

    쌓기막대를 갖고 놀 때는 능숙하게 균형을 잡아가면서 마지막 꼭대기에 여덟 개째를 올려놓을 수 있다. 크레용이나 연필을 자연스럽게 쥐고, 눌러 쓰는 힘도 강해지며, 가로선을 흉내내어 그을 수 있다. 분필이나 물감도 즐겨 사용한다. 구멍 뚫린 구슬에 끈이나 봉을 꿰는 것도 능숙해진다. 처음으로 가위에 열중한다. 잡는 방법을 가르쳐 주면 종이를 자를 수 있다. 장난감 드라이버나 나사못을 다루는 방법도 금세 익혀 전보다 오래 놀 수 있다.

    이 연령의 아이는 사물을 같은 종류끼리 모으거나 분류하는 것에 크게 흥미를 가진다. 그렇게 해서 다양한 것이 이 세상에 존재한다는 것을 안다. 크기, 형태, 색을 비교해 보고는 '가득'과 '텅빈' '딱딱하다'와 '부드럽다' 등을 안다. 서로 다른 것을 비교하는 것뿐만 아니라, 그림에 그려진 자동차나 동물과 동일한 장난감을 발견하면 그림을 확인하고는 기뻐한다.

대다수 아이들은 퍼즐을 무척 좋아하여 전보다 훨씬 오래 계속할 수 있다.

흉내놀이

이 연령 내내 흉내놀이를 활발하게 한다. 이 연령이 되면 눈에 익은 가사나 정원 일 등에 크게 흥미를 보인다. 어른이 왜 저 일을 할까, 어떻게 하는가를 무척 알고 싶어한다. 꽤 긴 시간 동안 가만히 지켜보고 기억한 것을 좋아라하며 놀이에 끌어들인다.(처음에는 틀리는 경우도 있다. 내 클리닉에서 식탁을 차리고 있던 조그만 여자아이는 거드름을 피우며 냅킨을 의자에 깔았다)

흉내놀이는 무척이나 세련되어진다. 처음에는 하나의 동작, 예를 들어 빗은 머리를 빗는 동작에, 컵은 마시는 동작에 사용하지만 이제는 전체의 흐름을 기억하여 앉아서 안경을 쓰고는 신문을 펼쳐드는 식으로 한다. 물놀이를 할 때는 장난감 접시나 포크 같은 것을 씻고 닦아서 정리를 하고, 인형에게 모자를 씌워서 유모차에 태우고는 산책하러 나갈 것이다.

이러한 흉내내기(모방)는 다른 사람의 행동을 따라해 보고 어떻게 느끼는가를 알아서 자신과 다른 사람을 구별하는 작업을 돕는다는 점에서 매우 중요하다.

인형의 역할도 달라진다. 처음에 인형이 부여받은 역할은 수동적인 상대였다. 그러던 것이 적극적인 역할로 전환된다. 곰인형은 한 잔 더 달라고 컵을 내밀고 인형은 뛰어올라서 공을 받는 식이다.

어른이 시범을 보여주면 자신의 놀이가 확장하므로 어른의 참여를 크게 환영한다. 인형은 목욕을 한 후에는 마실 것을 원할지도 모른다거나, 침대에 눕힌 후에는 잘 자라며 키스해 주면 어떻겠냐고 아이에게 제안해 보자.

상상놀이

상상놀이란 본 것을 재현하는 것뿐만 아니라 그것들을 조합하여 이야기를 만들어 내는 것으로, 이 시기 초기에 나타난다. 이때 아이의 이야기에 공감해 주는 어른이 있으면 한층 놀이가 풍부해진다.

아이는 한 사람의 인간으로서 경험을 쌓기 시작하고 다른 사람의 기분을 알기 시작한다. 그 결과 자신이 다른 사람이 된 양, 자신이 경험한 것뿐만 아니라 상상 속의 일을 연기하기 시작한다. 가장 흔한 것은 엄마나 아빠, 혹은 일상에서 자주 만나는 사람이 되어 보는 것으로, 그 경우는 인형이 아이 역할을 맡는다.

엄마가 되어 있을 때라면 장바구니를 들고 곰인형을 유모차에 태우고 장보러 가는 흉내를 낸다. 이 놀이를 하면 어떤 인물이 되어 그 사람이 하는 행동을 해 보고 어떤 기분일까를 이해하게 된다.

역할을 교대하여 장사꾼이 되었다가 손님이 되었다가 하는 것을 매우 좋아한다. 아이는 서로 다른 역할을 해 보고 그것이 어떤 것인지 느끼는 것이다.

인형과 인형집, 또 동물원이나 농장의 동물 등 모형을 가지고 오랫동안 놀 수 있다. 그림책 속의 인형에게 밥을 먹이는 놀이도 한다. 이 연령이 끝나기 전에 가게에 손님이 오거나 동물원에 구경꾼이 나타날지도 모른다.

놀이의 구성이 탄탄해져 다음날 곧바로 또 다시 놀 수 있도록 치우지 말고 하룻밤 그대로 놓아두라고 부탁하는 경우도 있다.

장난감 상자

탐색놀이와 흉내놀이에 도움이 될 만한 것들을 장난감 상자에 보충해 주자. 이전과 마찬가지로 생각지도 못한 놀이방법을 고안해 내어 당신을 놀라게 할지도 모른다.

탐색놀이용
- ▶ 다양한 크기와 색상의 종이
- ▶ 물감과 붓
- ▶ 분필
- ▶ 플라스틱으로 만든 가위
- ▶ 세발자전거
- ▶ 딱지
- ▶ 퍼즐
- ▶ 여러 가지 상자

흉내놀이용
- ▶ 금전출납기와 돈
- ▶ 냄비와 식기, 가스 레인지, 도마, 칼 등의 다양한 소꿉놀이 도구
- ▶ 원예나 가사용품

책꽂이

　부디 매일 아이와 함께 책을 보자. 독서 습관은 먼 훗날까지도 가장 알찬 재산이 된다.
　이 연령에서는 무엇보다 읽는 것을 강요하지 않도록 한다. 중요한 것은 책이라는 마법의 세계를 아이에게 보여 주고 둘이서 함께 즐거운 시간을 보내는 것이다. 아이는 중요한 것을 많이 알게 된다. 문장을 읽는 순서, 언어가 그림과 관련되어 있다는 것, 게다가 무엇보다 책은 재미있다는 것 등을 알게 된다.
　아이는 여전히 잘 알고 있는 일상에 관한 이야기를 매우 좋아한다. 이러한 책은 놀이를 할 때와 마찬가지로 과거와 미래의 일을 이야기하는 계기가 되고 말을 가르치는 데 훌륭한 기회를 제공한다.
　이야기는 조금 긴 것이라도 괜찮다. 실물 그대로의 명확한 그림이 좋겠다. 아이는 자세하게 묘사된 것을 좋아한다.
　몇 가지 책에 나오는 정해진 등장인물을 무엇보다 좋아한다. 사이가 좋은 친구처럼 되어서 등장인물의 기분을 요모조모 생각하며 즐기게 된다.
　자신이 등장하는 이야기라면 흥미만점일 것이다. 사진을 바탕으로 당신이 이야기를 만들어 들려주면 눈을 반짝이며 빨려들 것이다.
　동요도 여전히 좋아한다. 동요는 독서로 이행해 가는 여정에서 중요한 밑바탕이 되어 준다. 생생한 목소리로 리듬을 강조하여 불러 주자.
　이야기의 문장은 3단어 문장 정도가 좋다. 예를 들어 '할머니는 모자를 잃어버렸습니다' 라든가 '남자아이는 촛불을 껐습니다' 등이다.
　'크다' 와 '작다' '하나' 와 '많이' 등에 흥미를 가지고 그것이 그림으로 표현되어 있는 것을 좋아한다.

꼭 알맞은 책은 많이 있다. 몇 권 준비해 주자.(이 시기 새로운 책은 많이 필요하지 않다. 아이는 알고 있는 이야기를 여러 차례 되풀이해 주는 것을 아주 좋아한다)

읽을 만한 책들
1. 치카치카 군단과 충치 왕국/이진경 글, 그림/상상박스
2. 꽃밭/윤석중 글, 김나경 그림/파랑새
3. 바람이 불지 않으면/서한얼 지음/보림
4. 내가 좋아하는 것/앤서니 브라운 글, 그림/책그릇
5. 고양이는 나만 따라 해/권윤덕 글, 그림/창비
6. 파랑이와 노랑이/레오 리오니 글, 그림/물구나무
7. 두두에게 친구가 생겼어요/안네테 스보보다 글, 그림/중앙
8. 안돼, 데이빗!/데이빗 섀논 글, 그림/지경사

텔레비전과 비디오

전과 같은 원칙을 지키자.
- 텔레비전이나 비디오를 보는 시간을 하루 30분으로 제한한다
- 함께 보고 화제로 삼자.
- 책을 고를 때나, 텔레비전이나 비디오 프로그램을 고를 때나 기준은 같

다. 아이는 낯익은 등장인물이 자신과 같은 행동을 하는 것을 무척 좋아하며 그것이 반복되는 것을 마음에 들어한다.
- 동요나 음악에 강하게 이끌린다. 이 무렵이라면 유머, 특히 소란스럽게 떠들기도 무척 좋아한다.
- 책과 마찬가지로 사물의 크기와 숫자를 다루는 프로그램을 즐긴다.
- 짧은 이야기를 즐겨 들으며, 생생한 목소리와 극적인 표현으로 들려주는 이야기도 좋아한다.

엄마의 정성으로 만드는 간단 장난감 & 놀이

준비과정이 더 즐거운 손발 모양 뜨기
준비물: 커다란 도화지(전지), 접착테이프, 수채화 물감, 쟁반 여러 개, 물
① 먼저 더렵혀져도 괜찮은 장소를 고른다. 그런 장소가 마땅치 않다면 아주 큰 비닐을 바닥에 깔아놓는 것이 좋겠다. 놀이에 참가하는 사람들도 헌 와이셔츠 등 더렵혀져도 괜찮은 옷을 입는다.
② 바닥에 도화지를 깔고 움직이지 않게 접착테이프로 고정시킨다.
③ 여러 개 준비한 쟁반에 색색가지 물감을 짠다. 빨강, 노랑, 파랑 등 원색을 조금 되다 싶을 정도로 준비한다.
④ 아이의 손과 발에 물감을 묻혀 준비된 도화지에 여러 번 찍는다.

손가락 인형 만들기
준비물: 색색의 부직포, 스테이플러, 모양 눈알(eye), 유성 매직, 실과 바늘, 접착제나 글루건
① 먼저 만들려는 모양을 부직포에 대고 그린 뒤 두 장을 겹쳐서 자른다. 이때 바느질할 수 있는 여유분을 남기고 잘라야 한다.
② 두 장을 맞댄 상태에서 손가락이 들어갈 자리만 남기고 스테이플러로 고정시킨다. 손끝이 야문 아이들은 조금만 도와주면 혼자서도 할 수 있다. 보다 정교하게 만들고 싶다면 실과 바늘을 사용하는 것이 좋다.
③ 문방구에서 파는 눈알 모양을 글루건이나 접착제를 사용해서 붙인다. 접착제의 안전성 문제가 있어 이 과정은 어른이 맡는 것이 좋겠다.
④ 유성매직으로 얼굴이나 옷을 다양하게 그려 넣는다. 갖가지 등장인물을 만들면 재미있는 역할놀이에 제격이다.

summary

　여기 씌어져 있는 것은 평균적인 발달양상이다. 아기에 따라 제각각 발달의 정도는 다르다. 당신의 아기가 여기 씌어 있는 것을 모두 다 할 수는 없다고 해도 염려할 필요는 없지만, 2세 6개월에 아래서 제시한 '이럴 땐 전문가에게'에 해당되는 경우는 말 그대로 전문가에게 상담해 보길 권한다. 또 아기에 대해 의문나는 사항이 있으면 언제라도 보건소나 늘 다니는 병원에 데리고 가 보자.

만 2세 6개월 무렵의 아이들은
- 많으면 200단어 혹은 그 이상을 사용한다.
- 지금 일어나고 있는 일에 대해 혼잣말을 한다.
- '뭐야' 나 '어디?' 등의 질문을 한다.
- 3개 정도 단어로 된 문장을 말한다.

이럴 땐 전문가에게
- 한 단어밖에 말하지 않고, 사용하는 단어의 수가 늘어나지 않는다.
- 아이가 말하는 것을 알아듣기가 무척 힘들다.
- 함께 놀아 주기를 원하지 않는다.
- 흉내놀이나 상상놀이를 하지 않는다.
- 아주 단순하게 말하지 않으면 어른이 말하고 있는 내용을 이해하지 못하는 것처럼 보인다.
- 주의를 집중하고 있는 시간이 무척 짧다.

참고문헌

A. Gesell
The First Five Years of life
(London, Methuen, 1954)

J. Cooper, M. Moodley & J. Reynell
Helping Language Development
(London, Edward Arnold,1977)

R. Brown
A First Language- the Early Stages
(Cambridge, Mass., Harvard University Press, 1973)

R. McConkey, D. Jeffree, S. Hewson
Let Me Piay
(London, Souvenir Press, 1964)

R. Battin
'Psychological and Educational Assessment of Children With Language Learning Problems' in R. Rose & M. Downs (eds)
Auditory Disorders in School Children
(New York, Theime Stratton, 1987)

D. Johnson
Learning Disabilities
(New York, Grune and Stratton Inc,1976)

S. Baron-Cohen and H. Ring
'A Model of the Mind Reading System' in C. Lewis & P. Mitchell(eds)
Children's Early Understanding of the Mind
(Hove Erlbaum,1994)

만 2세 6개월부터 3세까지

새로운 개념은 대화속에서 자연스럽게 도입한다

아이와 당신만의 귀중한 30분을 무언가 강제로 가르치려 해서 낭비하지 않도록 주의하자. 새로운 개념들을 가르치려 애쓰는 대신 매우 자연스럽게 대화에 도입하자. 자동차를 갖고 놀면서 "파란 자동차와 노란 자동차", 블록놀이를 하면서 "긴 막대는 짧은 막대 옆에 놓으면 꼭 맞겠네" 하는 식이다.

만 2세 6~9개월

🔊 언어 발달

'왜' '어떻게 해서'라는 질문이 시작된다

이 시기가 되면 이해할 수 있는 단어 수가 급속하게 늘고, 나아가 복잡한 문장을 이해하게 된다. 일상적으로 사용하는 물건의 이름이나 동작에 관한 단어뿐만 아니라 '뜨겁다' '얇다' '높다' '낮다' 등 형용사까지 알게 된다. '위에' '안에' 등 장소를 나타내는 단어도 알아서 말을 들으면 정확하게 그쪽을 바라본다. 주위에서 얻는 힌트 없이 말만 듣고도 길고 복잡한 문장을 이해한다. 도서관에서 빌려 온 책이 눈앞에 없어도 아버지와 도서관에 간다는 것을 안다.

하지만 하나의 문장에서 아이가 소화할 수 있는 정보는 아직 두 가지에 머무른다. 저쪽 방에서 어떤 물건 하나를 가져오라고 당부할 수는 있지만, 컵과 숟가락을 가지고 오라고 말하면 어느 한 가지는 잊어버리고 만다.

다른 사람이 무엇을 알고 있고 무엇을 모르는가를 생각할 수 있게 된다. 이러한 능력의 발달은 가족 이외의 다양한 사람들과 대화할 때 매우 중요하다. 우유 배달 아저씨는 내가 우유와 오렌지 주스를 좋아하는 것을 알고 있고, 우편 배달 아저씨는 내가 항상 할머니로부터 그림엽서를 받는다는 것을 알고 있지만, 두 사람 모두 그 밖의 것에 대해서는 모른다는 사실을 아이는 인식하기 시작한다.

　이 시기 입 밖에 내어 말하는 언어도 빠른 발달을 보인다. 아직 불확실하지만 문법적으로도 올바르게 사용할 수 있게 된다.

　대명사는 꽤 적절하게 구사한다. '할 수 없다'는 부정형도 구사할 수 있다.

　이 같은 발달 덕에 아이가 말하는 문장은 점점 자연스러워진다. 또 재미있는 표현방법도 새롭게 보인다. "기차가 터널에서 나왔어. 산을 올라가서는 있잖아, 떨어져 버렸어"라는 식의 간단한 이야기를 만들기도 한다.

　자신이 한 낙서를 설명해 줄 수 있다. 제멋대로 엉킨 선으로밖에 보이지 않지만 아이의 설명에 따르면 기차 선로이다. 또 자신의 성과 이름을 말할 수 있고, "너는 남자아이야 여자아이야?"라는 질문에 제대로 대답할 수 있다.

　자신이 말한 것이 상대방에게 잘 전달되지 않을 때는 되풀이하여 말하거나 말하는 방식을 바꾸어서 전달하려 애쓴다.

　이 시기가 끝날 무렵, 즉 3세에 가까워질 무렵 부모가 머리를 싸맬 만한 일이 일어난다. '왜' '어째서'라는 질문이 시작되는 것이다. 아이는 '왜, 어째서'라는 간단한 말로 다양한 정보를 끌어들여서 대화를 진전시킬 수 있다는 사실을 알아차려 쉴 새 없이 써먹는다.

🔍 전반적 발달 양상

다른 아이들과 술래잡기를 할 수 있다

　언어와 커뮤니케이션의 발달은 다른 분야의 발달과 병행하여 이루어진다.

아이는 큰 몸동작도 능숙하게 컨트롤할 수 있게 된다. 두 발을 모아서 뛰고, 맨 밑 계단에서 아래로 뛰어내리며, 세발자전거를 타고, 공도 조금 세게 찰 수 있게 된다. 음악에 맞춰 몸을 흔드는 등 즐거운 일이 듬뿍 생긴다.

눈과 손의 협조가 진전되고 손끝도 민첩해져서 탐색놀이나 손끝을 써서 하는 놀이가 한층 세련되어진다. 세모나 네모 등 형태를 맞추고, 종이를 절반으로 접을 수도 있다. 그림 속의 세세한 부분까지 눈이 가서 관심을 보이는 어른에게 손가락질하여 가르쳐 준다.

아이가 스스로 할 수 있는 일도 크게 늘어난다. 숟가락과 포크를 쓸 수 있으며, 간단한 옷은 스스로 벗고 입을 수 있다. 단추도 어른의 손을 빌리지 않고 거의 스스로 채우고 풀 수 있다.

어른이 하는 제법 긴 동작을 전부 정확하게 흉내낸다. 예를 들어 커피를 컵에 따르고 크림과 설탕을 넣고 젓는 것까지 말이다.

만 3세 가까이 되면 다른 아이들과 공놀이나 술래잡기 등을 하며 놀 수 있다.

◉ 주의를 기울이는 힘

아이의 관심이 향하는 것을 기다려 입을 열고, 지시는 직전에 한다

이 시기에 아이의 주의 집중력에는 그다지 변화가 없다. 자신이 흥미를 갖는 물건이나 이야기에 집중하여 어른의 말을 전혀 듣지 않는 경우가 곧잘 있다. 때로는 어른의 목소리에 귀를 기울이고는 다시 이전에 하던 행동으로 돌아갈 수도 있지만 깊이 집중하고 있을 때는 절대로 무리이다.

여전히 한 번에 한 가지 일에만 집중할 수 있으며, 동시에 몇 가지 일을 생각하거나 실행에 옮기는, 어른이라면 무의식중에 할 수 있는 것이 가능하게 되는 것은 앞으로도 한참 지나서의 일이다.

아이는 아직 쉽게 주의가 흐트러진다. 하던 행동을 멈추고 당신에게 귀를 기울였다고 해도 소리가 나거나 누군가가 방에 들어오면 금세 마음이 딴 데로 간다.

아이가 지금 현재 주의를 기울이고 있지 않은 대상에 대해 이야기할 경우는 그 타이밍을 신중하게 선택해야 한다. 가능한 한 아이의 주의가 당신에게 향하는 것을 기다려 입을 열고, 지시를 하지 않으면 안 될 때는 바로 직전에 말한다. 예를 들어 외투를 보여 주면서 "외투를 입어" 하고 말한다.

듣는 힘

조용한 장소에서라면 듣는 데 어떤 문제도 없다

이제는 조용한 환경이라면 듣는 데 어떤 문제도 없을 것이다. 그래도 주위가 시끄러우면 어른에 비해 듣기 능력이 떨어진다. 소란스러운 장소에서는 아이가 그다지 반응을 보이지 않는다고 해도 놀랄 필요는 없다.

아이가 스스로 할 수 있는 일이 크게 늘어난다. 숟가락과 포크를 쓸 수 있으며 간단한 옷은 스스로 벗고 입을 수 있다. 어른이 하는 제법 긴 동작을 전부 정확하게 흉내낸다.

만 2세 9개월~3세

🔊 언어 발달

접속사를 사용하여 문장을 이을 수 있다

　대체로 만 3세 안에 언어에 대한 이해는 한 단계 더 발전한다. 아이는 동사나 형용사, 조사를 꽤 많이 알고, 행동을 보고 사람을 인식할 수 있게 된다. "어느 쪽 사람이 자고 있니?"라는 질문에 정확하게 대답할 수 있다. '왜'와 '어떻게 해서' 등의 질문의 차이도 분명하게 인식하여 적절하게 대답할 수 있게 된다.

　하나의 문장 속에 끌어들이는 단어 수가 점점 늘어나는데, 이것은 중요한 변화이다. 2세 9개월까지는 중요한 내용이 두 개 들어 있는 문장을 따라잡는 것이 고작이었지만, 이 시기가 끝날 무렵에는 세 가지 내용을 포함하는 문장을 이해하고 기억할 수 있게 된다. 예를 들어 "모자 줘" 또는 "네 구두는 2층에 있어"밖에 몰랐던 것이 3세에 가까워지면 "커다란 공을 아빠에게 건네 줘"라는 문장도 기억할 수 있게 된다.

　언어 발달에서 또 한 가지 중요한 점은, 완곡하게 돌려 말하는 것의 의미를 이해하게 된다는 것이다. 이것은 지적 발달의 표현이다. 대체로 3세 안에 아이는 "잠깐 기다려"라는 말을 들었을 때 기다려야 하는 시간이 그다지 길지 않다는 것을 알게 된다.

아이는 동물이나 사람, 장난감에 대해 한층 깊이 인식하게 된다. 색이나 형태, 크기에 관해서뿐만 아니라 어떤 일을 하는 것인가, 어떻게 관계할까 하는 가장 중요한 것을 알게 된다.

또한 다른 사람이 무엇을 알고 있고 무엇을 모르는지에 대해서도 인식하고 있으므로, 모르는 사람에게는 "저기 있는 것은 우리 아기야. 경희라고 불러"라고 말한다. 가족이라면 이런 설명은 필요 없다는 것을 잘 아는 것이다.

질문에 대한 내답, 특히 '어떻게?' 에 대한 대답에는 똑바로 귀를 기울인다. 아이는 하나의 '어떻게?' 에 대한 대답이 다음의 '어떻게?' 를 이끌어내고, '왜?' '어떻게?' 는 줄줄이 긴 시간 동안 계속될 수 있다는 대발견을 하게 된다.

아이가 말하는 방식에도 커다란 변화가 일어난다. 3세 안에 아이는 내용이 3개에서 4개, 혹은 더 많이 들어간 문장을 구사할 수 있게 될 것이다. "엄마는 페인트칠할 때 쓰는 붓을 사러 갔다"든가 "아빠는 나중에 기차로 서울에 간다" 등의 문장이다.

두 개의 문장을 조합할 수도 있게 된다. "모두 함께 공원에 갔어, 그리고 나, 장난감 트럭을 잃어버렸어" "내가 우유를 쏟았어, 그래서 아빠가 화났어"라는 식으로, '그리고 나' '그래서' 등의 접속사를 사용하는 경우도 있다.

대화가 매끄러워졌다고는 해도 문법의 오류는 아직 많이 보인다. 어쨌든 아직 말을 구사하는 데 완전히 숙달되어 있지는 않기 때문이다. 동사도 부정확하여 "먹지 않아 했다" 등 활용형을 틀리는 경우도 곧잘 있다.

이같이 새로운 말하기 방식으로 아이는 아주 최근의 재미있었던 사건을 이야기하거나 그림의 세세한 부분에 대하여도 이야기한다. 짧은 이야기도 할 수 있지만, 이 시기에는 아직 한 문장이나 두 문장으로 한정된다. 예를 들어 "자동차는 도로를 달려가서 트럭과 부딪쳤어"라는 짧은 이야기를 만들 수 있다.

3세 안에 말은 생각하기 위한 수단으로 자리잡고, 그것은 일생 동안 지속된다. 다른 사람과 말하고 있지 않을 때는 혼잣말을 많이 하여 마치 생각을 말로 정리하는 연습을 하고 있는 것처럼 보인다.

3세 무렵이 되면 이전처럼 어떤 행동을 표현한다기보다 생각을 명확히 하기 위해 말하고 있는 것처럼 보인다. 예를 들어 "이것은 모두 큰 것이니까 혜원이 꺼야. 이건 조그마니까 아기 꺼야"라고 말한다.

하고 싶은 것과 기분을 표현할 때 이외에 문제를 분명히 하기 위해서도 말을 사용한다. "나, 할 수 없어" "공을 잃어버렸어" "놀랐어"라고 말한다. 무언가를 하고 싶지 않을 때도 "나, 싫어"나 "안할 거야"라고 말한다.

말은 자신의 행동이 다른 사람에게 어떻게 비쳐졌을까를 생각할 때도 사용한다. 인정받고자 하는 욕구가 발동하여 "이제 됐어?"라는 질문을 할 것이다.

대체로 만 3세 안에 알고 싶은 것이 있으면 질문하면 된다는 것을 인식하게 되므로 끊임없이 질문하여 어른을 질리게 할 것이다.

유머나 조크도 등장한다.

이 시기에 아이는 암기하여 5까지의 숫자를 순서대로 말할 수 있게 된다. 쌓기막대로 다리를 만들 수 있으며 9~10개 정도를 사용하여 탑을 쌓을 수 있다.

🔍 전반적 발달 양상

컵으로 마시고 가위질도 잘 한다

　몸을 능숙하게 컨트롤할 수 있게 되어 일일이 머리로 계산하지 않아도 걷거나 뛸 수 있으므로 대화나 질문에 주의를 집중할 수 있게 된다.

　양 발을 교대로 내밀어 계단을 오를 수 있게 되고, 장난감을 든 채 뒷걸음질치거나 옆으로 걸을 수도 있다. 공을 휘둘러서 던지고 양 팔을 벌려서 받을 수 있다. 마침내 공을 세게 찰 수 있게 되어서 스스로도 무척 기뻐한다.

　세발자전거의 페달을 밟아 직선뿐만 아니라 곡선으로 달릴 수도 있다. 주위 환경과 자신의 신체의 관계를 가늠할 수 있게 되어, 어느 정도 틈이 있으면 들어갈 수 있는지 알아 울타리 밑을 빠져 나가거나 야트막한 울타리를 기어오른다.

　손의 움직임도 한층 세련되어진다. 엄지와 손가락 두 개로 연필 앞쪽을 쥐고, 다리를 그릴 요량으로 동그라미에 선 두 개를 그어 인물을 묘사하고자 한다. 원을 덧대어 그리고 여섯 가지 색과 그 명칭을 짝지을 수 있다. 암기하여 5까지의 숫자를 순서대로 말할 수 있게 된다.

　쌓기막대로 다리를 만들 수 있으며, 아홉 개에서 열 개 정도를 사용하여 탑을 쌓을 수 있다. 종이를 두 번 접을 수 있고 가위로 능숙하게 오리며 용기 뚜껑을 여닫는 것도 꽤 민첩해진다.

　아이는 놀잇감을 세련되게 조합한다. 자동차와 쌓기막대를 사용하여 전용 도로나 차고를 만든다. 기관차에 운전수를 태우고 트럭에 짐을 싣는다.

　일상에서 규칙적으로 반복되는 일은 잘 알고 있다. 상 차리는 것을 돕고 물병에서 흘리지 않고 물을 따른다. 컵으로 물을 마시고, 도움 없이 손을 씻고 닦을 수 있다. 옷 갈아입기도 능숙해지지만, 신발은 아직 오른쪽 왼쪽을 바꾸어 신을 것이다.

　다른 아이들과의 관계는 그냥 옆에서 노는 정도에 머물 때가 많지만, 점점 흥미를 가진다. 조금씩 함께 놀기 시작하고, 차례대로 해야 한다는 규칙을 인식하기 시작한다. 예를 들어 그네나 미끄럼틀, 공차기는 차례를 기다려야만 한다는 것을 안다.

아이는 단시간이라면 혼자 놀지만, 어른이 가까이서 지켜보고 있다는 사실을 인지하고 있어야 편안히 논다. 숨바꼭질에 어른이 참여하는 것을 무척 좋아한다.

👁 주의를 기울이는 힘

동시에 몇 가지 일을 할 수 있으려면 아직 시간이 걸린다

이 3개월 동안은 전에 비해 거의 변화가 없다.

👂 듣는 힘

말을 사용하여 소리의 의미를 왕성하게 알아간다

이제는 자신이 들은 소리의 의미에 대해 질문할 수 있으므로 주위에서 들려오는 소리가 무슨 소리인지 훨씬 잘 알게 된다.

BABYTALK PROGRAMME
하루 30분 말걸기 육아

매일 30분 아이와 둘만의 시간에 집중한다

하루 30분간의 '말걸기 육아' 시간은 아이가 성장하는 거의 모든 면에서 헤아릴 수 없이 큰 은총을 가져다 준다.

이 시간에는 어른이 아이의 주의력 수준을 여전히 세심하게 관찰해야 한다. 놀이를 다룬 부분에서 보았듯이 주의력의 발달과 관련하여 어른이 도움을 줄 수 있는 것은 많다.

특히 어른이 진지하게 놀이 상대를 해 주는 것은 아이에게 멋진 선물이다. 아이의 정서적 발달은 어른이 끊임없이 아이에게 마음을 기울이고 아이의 모험을 도와주며 칭찬하거나 격려하여 자신감을 갖게 해 줌으로써 이루어진다. 또한 이 시간은 평소 해서는 안 되는 사항을 확인해 두기 위해 당신과 아이가 서로 이야기를 나누는 기회도 된다. 아이가 떼를 쓰지 않도록 하려면 안 되는 이유를 설명해 주는 것이 으뜸이다.

아이는 때로는 할 수 있는 일을 일부러 할 수 없다고 말해 보기도 한다. 규칙을 시험해 보는 나이가 된 것이다.

야단쳐야 할 때는 그 행위를 야단치고 아이 자신을 야단치지 않도록 한다. "그런 짓을 하는 것은 바보 같은 일"이라고 말하는 것이 "너는 바보 같은 아이"라고 말하는 것보다 낫다.

가이는 3세 때 나의 클리닉으로 이끌려 왔다. 곧 들어가게 될 유아원에서 가이의 이야기를 알아듣기가 어렵지 않을까 하고 걱정되었기 때문이다.
가이에게는 매우 수다스러운 누나가 세 명이나 있고, 지금까지 한 사람의 어른하고만 지낸 시간이 거의 없었다는 사실을 알았다. 그 때문에 정식으로 대화를 할 기회가 그다지 없어 어떻게 대화를 시작하고 어떻게 차례대로 이야기하는지 기본적인 룰을 배우지 못했던 것이다. 그래서 자주 가족의 대화에 끼어들어서는 가족을 화나게 하고, 가족이 대답해 주면 이번에는 가이가 듣지 않아 한층 더 화를 돋우었다.
하지만 엄마와 일 대 일 '말걸기 육아'의 시간을 갖도록 하자 가이는 곧바로 대화하는 방법을 배워갔다. 3개월 후 가이는 유아원에 들어갔는데 아무런 문제도 일어나지 않았다.

이 '말걸기 육아' 시간은 아이의 끝없는 '왜' '어째서'에 아이가 만족할 때까지 대답해 주는 기회이다. 평소 바쁠 때 일일이 대답하는 것은 어렵지만, 이 시간에는 가능하다. 아이는 납득이 갈 때까지 질문함으로써 많은 것을 배운다.
또한 이 시간은 새롭게 단련한 대화능력을 시험해 볼 수 있는 멋진 기회이기도 하다.
나아가 이 시간이 아이에게 중요한 것은 이 무렵은 아래로 동생이 생길 연령이기도 하기 때문이다. 동생에 대한 질투나, 있을 곳이 없어진 듯한 쓸쓸함은 한 사람의 어른과 줄곧 함께 있을 수 있는 시간을 부여받는 것만으로도 크게 위로받는다. 어떻게 해서든 이 시간을 계속해서 갖자.

밑의 아이에게 시간을 뺏길 것 같으면 배우자가 집에 돌아와서 아기를 봐 줄 때까지 기다리든가, 하루에 30분 친구나 친척에게 와 달라고 부탁하자.

이 시기는 가장 어려운 시기이기도 하다. 아이의 마음에 신경을 써 주자.

아이가 둘 있으면 설령 같은 연령에 같은 발육단계라 할지라도 동시에, 더구나 같은 방법으로 두 아이에게 말을 가르치는 것은 곤란하다. 각각의 아이가 주의를 기울이고 있는 대상에 어른이 맞추어 줘야 하기 때문이다.

그렇다고는 해도 아이가 평생을 함께 할 형제자매를 갖는다는 이점을 과소 평가해서는 안 된다. 언어 면에서 말하자면 아이와 부모, 그리고 형제 사이에서 이루어지는 세 방향의 대화는 매우 중요한 능력을 키워주기 때문이다. 아이는 어차피 일 대 일이 아니라 경쟁하며 커뮤니케이션하는 것을 배워야 한다.

아이가 색이나 숫자, 형태 등의 개념에 흥미를 가지므로 그것들을 가르쳐 주면 학교에서 도움이 될 것이라고 생각하기 쉽지만, 이 '말걸기 육아' 시간을 무언가 강제로 가르치는 시간으로 변질시키지 않도록 주의해야 한다.

동생이 생기면 아이는 감정적으로 혼란을 느끼지만 형제자매를 갖는다는 이점도 크다. 아이와 부모, 그리고 형제 사이에서 이루어지는 세 방향의 대화는 커뮤니케이션 능력 발달에 매우 중요하다.

귀중한 시간을 낭비하지 않도록 하자. 이 개념들을 가르치는 대신 매우 자연스럽게 대화에 도입하자. 예를 들어 자동차를 갖고 놀면서 "파란 자동차와 노란 자동차", 블록놀이를 하면서 "긴 막대는 짧은 막대 옆에 놓으면 꼭 맞겠네"라고 말하는 식이다. 지금까지 나오지 않았던 새로운 단어, '엄청 크다' '코딱지만하다' 등도 재미있게 느낄 것이다.

이런 방법으로 개념을 나타내는 단어를 아이에게 들려주면 아이가 주의를 기울이고 있는 대상에 맞추어 따라간다는 철칙도 지킬 수 있다. 아이는 재미있으면 힘들이지 않고 배울 수 있기 때문이다. 어른의 구미에 맞춰 가르치려고 하면 좀처럼 진전이 없어 당신이나 아이 모두 낙담하는 원인이 된다.

내가 만난 아이들 중에는 색이나 형태의 이름 혹은 알파벳을 태엽 감긴 인형처럼 외워 말할 수 있지만, 그것이 무엇이며 어떻게 활용하는지 모르는 아이가 많이 있었다. 부모가 자연스러운 대화를 가르치는 대신 사물의 이름만을 아이의 머리에 집어넣으려 했기 때문이다.

3세 된 토비는 말이 매우 늦어서 나의 클리닉에 오게 되었다. 가장 자

개념을 가르치는 대신 자연스럽게 대화 중에 도입한다. 기차를 갖고 놀면서 "파란 기차와 노란 기차", 블록놀이를 하면서 "긴 막대는 짧은 막대 옆에 놓으면 꼭 맞겠네" 하는 식이다.

주 쓰는 말은 "나, 못해"였다. 엄마는 아이는 일찍 가르치면 일찍 배운다는 생각에 사로잡혀 토비가 5개월 때 하루에 몇 시간이나 걷는 것을 가르치고 1세가 되기 전부터 알파벳이나 색과 숫자, 형태의 이름을 가르치기 시작했다.

토비는 무척 공격적이고 욕구불만이 쌓인 아이로 자라 거의 모든 분야에서 발육이 늦었다. 엄마가 자신의 목표를 버리고 억지로 집어넣는 것이 아니라 아이의 흥미에 맞춰 이야기를 해 주기 시작하자 아이는 아주 편한 마음으로 배우기 시작했다. 토비의 행동은 곧 좋아지고 몇 개월 만에 언어 수준도 제 또래를 따라잡았다.

톰을 처음 본 것은 3돌을 앞둔 때였다. 톰에게는 학습장애가 있는 큰아버지가 있었는데 부모는 톰이 혹시나 큰아버지처럼 될까 염려하여 기회 있을 때마다 가르치고 알파벳을 소리 내어 외우도록 강제했다. 토비와 마찬가지로 톰도 그런 문자나 숫자가 무엇을 의미하는지 전혀 모르는 데다가 시간을 뺏겨서 놀이나 대화가 부족하게 되었다. 스스로 입을 열어 말하는 경우는 거의 없고, 지시받은 내용도 조금밖에 이해하지 못하므로 들은 것을 앵무새처럼 되풀이하여 말했다. 주의가 산만하고 흉내놀이도 거의 하지 않았다.
다행히 부모가 강제로 가르치는 것을 그만두고 톰이 주의를 기울이는 대상에 마음을 쏟자 곧 좋아지게 되었다.

강제로 집어넣는 대신 자연스러운 대화로 유도하면 아이는 다른 사람이 무엇을 알고 있는가, 그리고 그 사람이 대화에 끼어드는 데는 어떤 정보를 주어야 하는지를 체득해 간다. 이것은 대화에서 빼놓을 수 없는 요건이다.

예를 들어 당신이 새로 태어난 아기에 대해 다른 사람에게 어떤 식으로 말하는지 듣고서 아이는 이 사람은 우리 아기를 모르는구나 하고 인식한다. 수영을 즐겼던 오후 시간에 대해 할머니께 말씀드렸던 내용을 아이와 서로 이야기해 보면, 아이는 할머니가 사전에 무엇을 알고 있었고 무엇을 몰랐던가를 다시 한 번 상기해낼 수 있다. 커뮤니케이션을 원활하게 하기 위해서는 우리 모두가 이러한 정보를 필요로 한다.

자연스러운 대화 속에서 코멘트하고 질문하고 확인하면 언어가 다양하게 쓰이고 있다는 것을 아이는 인식하게 된다. 대화 속에서 갖가지 쓰임새가 갑자기 나타나도 아이는 상황을 쉽사리 인지할 수 있다.

새로 아기가 태어나 바쁘더라도 세탁 등의 가사일을 하면서 아이와 멋진 시간을 보낼 수 있다. 단, 당신과 아이 둘만 있고 주위가 조용하도록 신경을 쓰자.

만약 아이가 부모의 이혼이나 가족의 죽음 등 슬픈 일을 겪었다면 '말걸기 육아'의 시간은 더더욱 중요해진다. 아이가 그 일에 대해 어떻게 생각했는지 당신에게 말하고 질문할 수 있다. 아이는 자신이 잘못해서 나쁜 일이 일어났다고 믿는 경우가 많은데, 이 시간을 통해 아이의 잘못이 아니라고 안심시켜 줄 수 있다.

시작하기 전 이것만은 챙기자

이전과 다를 바 없다. 아이에게는 다양한 장난감이나 놀이도구가 필요하다. 탐색놀이용과 흉내놀이용을 준비해 주자. 장난감이 망가져 있지 않나 살핀 다음 아이가 바로 발견할 수 있는 장소에 둔다.

아이는 다양한 물건을 조합해서 논다. 예를 들어 쌓기막대로 자동차가 다니는 길을 만들고, 기차에 사람을 태운다. 장난감을 준비할 때는 그 점을 염두에 두자.

충분히 놀 수 있는 공간을 만들어 주자. 만약 가능하다면 도로나 활주로 등 아이가 만든 것을 하룻밤 그대로 둬 두도록 한다.

내 아들이 3세 때 아들과 그의 친구인 폴은 오후 내내 농장을 만드는 데 열중하여 동물들에게 울타리와 집을 만들어 주고 그 성과에 스스로들 좋아라했다. 그런데 불행하게도 폴의 아버지는 지나치게 정리정돈에 집착하는 분이어서 아이들이 장난감 농장을 그대로 두는 것을 허용하지 않았다. 아이들이 가까스로 완성하자마자 장난감을 치우라고 지시했던 것이다. 오후 늦게 내가 아들을 데리러 갔을 때까지 아이들은 둘 다 울음을 그치지 않고 있었다.

놀이를 확장시켜 주자

매일 시간을 내어 아이와 놀아 주는 것이 아이에게는 가장 큰 도움이 된다. 탐색놀이와 흉내놀이가 아주 왕성해지는 시기이므로 도움을 줄 수 있는 일은 많이 있다.

탐색놀이에 우선적으로 필요한 것은 적절한 재료이다. 크레용이나 여러 종류의 종이 등 그리기용 도구, 물장난이나 모래장난용의 장난감, 점토 등이다. 제각기 다른 크기와 형태의 용기나 점토용의 주걱도 필요하다. 너는 이런 것도 할 수 있어 하고 검은 종이에 하얀 크레용으로 그리거나, 아이의 손이나 발의 형태를 본떠서 그려 보여 주면 아이는 무척 좋아할 것이다. 물론 아이가 무언가 해 주기를 원하는 때를 포착하는 것이 중요하다.

아이는 종이를 자르거나 접고, 정교한 막대 쌓기 등 어려운 작업을 해 보고 싶어하므로 어른이 도와주면 대환영이다. 아이가 이미 마스터한 작업을 확장시켜 주자. 가위질을 제법 잘 할 수 있게 되었다면, 접어서 자르면 재미있는 모양이 된다는 것을 알려준다. 보여 주고 난 다음에는 아이의 손을 끌어서 한번 해 보게 한다. 도움이 필요하면 아이가 스스로 말할 것이다.

흉내놀이에서도 같은 방식으로 도울 수 있다. 옷이나 신발을 제공해 주면 놀이가 한층 즐거워진다. 아이가 지금까지 경험한 것, 예를 들어 치과 의사나 미용사와 관계되는 역을 보여 줄 수도 있다. 아이는 치과 선생님이나 미용사 아주머니가 무엇을 어떻게 하는지 알고 싶어한다. 미용사 아주머니가 어떻게 하여 바닥에 떨어진 머리카락을 청소하는지, 치과에서 양치용 물이 어떻게 나오는지 등을 어른이 먼저 보여 주면 이번에는 아이가 역할을 바꿔서 놀이에 적용해 볼 수 있다. 물론 아이가 흥미를 갖지 않으면 절대로 계속해서는 안 된다.

아이가 농장이나 동물원의 모형을 가지고 놀 때도 트랙터가 망가져서 수리해야 한다는 식으로 놀이를 발전시킬 수 있다. 단, 그러한 제안은 아이 자신이 경험하여 알고 있는 범위 안에서 하지 않으면 의미가 없다.

아이가 쌓기막대로 전용 도로를 만드는 등 놀이도구를 조합하기 시작하면 신호나 횡단보도를 만들어 주자.

이 시기가 끝날 무렵에는 아이는 공상의 인물을 놀이 속에 끌어들일지도 모른다. 어른이 그 공상에 참여해 주면 매우 좋아한다. 그러한 인물의 성격이나 행동을 상상 속에서 넓혀갈 수 있으며, 아이의 공상 속 친구의 행동은 어른에게도 매우 흥미로울 것이다.

어떻게 말을 걸까
아이의 관심이 쏠리고 있는 대상에 주의를 기울이자

아이는 순조롭게 성장했다면 당신의 지시에 꽤 잘 따를 수 있지만 '말걸기 육아' 시간에는 되도록이면 아이의 관심에 맞추는 쪽이 바람직하다. 아이와 최근에 있었던 재미나는 일이나 장래의 계획에 관해 활발하게 대화를 나누자. 하지만 '지금, 여기'에 관한 것과 그렇지 않은 것에 관해 어느 정도 이야기할 것인지는 전적으로 아이가 결정하도록 한다. 어느 쪽이 되든 언어 발달에는 훌륭한 도움이 되므로 염려할 필요는 없다.

대화하는 도중에 아이가 다른 대상으로 주의를 옮겨갔을 때는 곧바로 이야기를 중단한다. 이야기의 내용이 과거나 미래에 관한 것이든 현재에 관한 것이든 마찬가지이다.

아이는 다양한 것들을 할 수 있게 되었지만 그래도 주의를 기울이는 것은 아직 한 가지 감각에 한정되어 있다. 어른은 놀이시간 중이라도 '지금, 여기'가 아닌 것을 이것저것 생각할 수 있지만, 아이는 실제로 한 가지 것밖에 생각하지 못한다.

실로 많은 부모들이 아이에게 집중력이 없다고 불만스러워하지만 그것은 그 일에 대해 아이가 잘 알고 있지 못하기 때문이다.

마리아의 엄마는 마리아와 노는 데 꽤 많은 시간을 투자하고 있었지만, 한 가지 놀이를 끝내지 않으면 다음 놀이로 넘어가지 않았다. 어느 날 두 사람은 즐겁게 소꿉놀이를 하고 있었다. 잠시 후 마리아는 그 놀이가 지루해져서 그림 그리기 쪽으로 관심을 옮겨갔다.
엄마는 다시 한 번 소꿉놀이를 시키려 했지만 마리아는 물감 쪽만을 바라볼 뿐 엄마가 하는 말을 전혀 듣고 있지 않았다. 엄마가 문제점을 알아채고 마리아에게 놀이의 주도권을 맡기자 두 사람은 다시 즐겁게 놀 수 있었다.

3세인 루시의 경우는 정반대였다. 루시의 부모는 두 사람이 함께 루시와 놀아주고, 동생이 자고 있는 한정된 시간에 될 수 있는 한 많은 놀이를 하고자 했다. 딱하게도 루시가 한 가지 놀이를 채 끝내기도 전에, 그리고 "음, 잘 만들었어" 하고 스스로 감상할 시간도 주지 않고 루시의 부모님은 부지런히 정리하고 새 놀잇감을 펼쳤다.

이 시기에 아이와의 대화는 시간이 지남에 따라 수월해진다. 화제도 풍부해져 아이나 다른 사람이 한 일에 대해서뿐만 아니라 왜 그렇게 했는지, 그때 어떻게 생각했는지 등의 내용도 보태진다.

말을 들려줄 기회는 얼마든지 있다. 마음 내키는 대로 새로운 단어를 사용해도 좋다. 겁낼 필요는 없다.

아이의 흥미와 주의에 맞춰 구사하는 한, 아이는 눈 깜짝할 새에 이해할 것이다. 새로운 단어를 사용할 때는 되풀이하는 것이 도움이 되므로 여러

충분히 놀 수 있는 공간을 만들어 주자. 만약 가능하다면 도로나 집 등 아이가 만든 것을 하룻밤 그대로 둬 두도록 한다. "음, 잘 만들었군" 하고 스스로 감상할 시간이 필요한 것이다.

가지 단문에 넣어서 사용하자.

문법도 다양하게 사용해도 괜찮다. 단순한 문장에 구애받지 말고 꼭 알맞다고 생각되는 문장을 쓴다. 아이는 문법도 꽤 익혔기 때문에 여기서도 아이의 관심에 맞춘 장면에서 쓰도록 조심하면 급속하게 익혀간다.

듣는 행위를 즐길 수 있도록 마음을 써 주자

아이가 듣는 행위, 특히 목소리를 듣고 즐길 수 있는 기회를 많이 가질 수 있도록 노력하자. 반복되는 리듬이나 움직임이 있는 동요는 여전히 훌륭한 놀잇감이다. 익살스러운 말놀이 노래나, 기침, 재채기를 해서 장난하는 것도 재미있어한다. 깜짝 놀라거나 무서워하는 과장된 표현도 잘 먹힌다.

어른에게 말하는 것보다 약간 천천히 큰 소리로 이야기하고 다양한 가락을 붙이는 것을 잊지 말자. 아이가 가장 흥미를 보이는 이야기 방법이다. 자동차를 갖고 놀 때 '다다다' 라든가 '붕붕' 등 놀이소리도 계속 덧붙여 주자. 아직 당분간은 이런 소리를 즐기는 연령이다.

말걸기 육아 시간에는 너무 긴 문장은 사용하지 않는다

아이는 이미 모든 종류의 단어와 문법을 풍부하게 알고 있다. 그럼에도 하나의 문장에서 소화할 수 있는 정보량에는 한계가 있다. 이 시기가 끝나기까지는 아직 한 문장 속에서 소화할 수 있는 중요한 단어는 3단어까지인데, '할머니는 버스를 타고 상점에 간다' 라는 정도의 문장을 사용할 수 있다. 이 정도의 길이로 조정하면 아이의 이해력은 가장 빨리 신장한다.

문장 길이를 제한하는 데는 또 한 가지 중요한 이유가 있다. 아이는 동사의 활용이라는 문법을 구사하기 시작하지만 결코 쉽지 않은 이 문법을 올바르게 구사하기 위해서는 뭐니 뭐니 해도 짧은 문장을 사용하는 것이 제일이다. 긴 문장을 들으면 아이는 의미를 쫓아가기에만도 바쁘기 때문이다.

아이가 말하고자 하는 것을 대신 말하여 들려주자

아이가 문법을 제대로 구사하기 시작하므로 어른에게는 아이가 말하는 내용이 알기 쉬워진다. 아이가 틀린 문장을 말할 때 어른이 올바르게 말해 주면 크게 도움이 된다.

이 경우의 철칙을 기억해 보자. 어른이 말하는 방식은 늘 자연스러운 대화가 되어야 하며, 아이가 말하는 방식을 고쳐주는 듯한 느낌을 주어서는 안 된다. 그러기 위해서는 언제나 '그렇구나'로 대화를 시작한다.

아이는 아직 몇몇 발음을 틀리게 할 것이다. 발음 시스템이 전부 완성되려면 7세까지 기다려야 한다.

발음을 틀리게 한 단어를 짧은 문장 속에서 바르게 말해 주자. 아이가 "커다란 구뚝"이라고 말하면 "그렇구나, 아주 큰 굴뚝. 굴뚝이 하늘에 닿을 것 같네" 하고 말해 주면 된다.

이렇게 하면 아이는 단어 속에 들어 있는 모든 소리를 듣고 소리의 순서를 익혀 올바르게 말할 수 있게 된다.

여기서도 '그렇구나'로 시작하는 철칙을 잊지 말자.

아이가 말한 내용을 확장시켜 준다

아이가 말한 내용을 확장시켜 주는 것도 잊지 말자. 많이 해 주어야 좋다. 아이가 "피에로가 이상한 모자를 쓰고 있었어"라고 말하면 당신은 "그렇구나. 모자 꼭대기에 봉봉 사탕이 달려 있었지. 봉봉 사탕이 흔들리자 모두 웃었지"라고 말할 수 있다. 이런 식으로 확장해 주면 재미있는 대화가 되는 것이다.

이 시기에 '해서는 안 될 것'

아이가 말하는 방식을 고쳐주는 행동은 삼가야 한다. 주위의 어른들 모두 조심하도록 일러 두자. 아이의 발음은 아직 당분간은 미숙하다. 이것은 어떤 소리가 단어 중의 어디에 들어가야 하는지 분명하게 알지 못하기 때문이다. 또 한 가지 이유는 아이의 혀와 입술이 아직 완벽하게 협조하여 움직이기 어려워 어려운 발음이나 혼합음을 낼 수 없기 때문이다.

가장 바람직한 것은 어른이 정확하게 발음하여 아이에게 들려주는 것이다. 우리 클리닉에는 발음이 명료하지 않은 아이들이 끊이지 않고 찾아오지만, 그들은 자신들에게 문제가 있다고는 꿈에도 생각하지 않았다. 아이들은 다들 즐겁게 놀기 위해 왔다고 생각했다. 우리는 그 아이들에게 소리의 차이와 순서를 확실하게 인식할 수 있게 하는 방식으로 이야기를 걸었다. 그것이 가장 필요하기 때문이었다. 문제가 있다면 끝난 다음 놀이방에서 나가도록 아이들을 설득하는 일뿐이었다.

강제로 가르치려 하지 않는다

아이와 함께 시간을 보내고 아이가 하고 싶어하는 일을 하면 아이는 단어, 수, 문법, 개념, 사람과 교류하는 방법 등을 아주 자연스럽게 배운다.

어른들이 자기 나름의 방법을 아이에게 강요하고 특정한 단어나 생각을 가르치려 드는 경우가 많다. 하지만 그것이 아이에게 무의미하고 재미없는 한 좀처럼 학습이 진전되지 않는다. 부모가 강제로 가르치려 든 결과 색이나 형태, 숫자에 대한 이해가 뒤죽박죽이 되어버린 아이들을 우리는 많이 진료해 왔다. 부모가 억지로 가르치려 하는 것을 알아채어 결과적으로 배우는 행위에 서투른 아이가 되어버린 것이다.

한편 만 2세가 되기 전에 모든 색의 이름을 알고 있는 아이들도 있었다.

이 아이들은 색의 이름에 큰 흥미를 가졌고 부모도 그 사실을 알아차려 아이가 주도하는 놀이 속에서 자연스럽게 입에 올린 결과였다.

아기에게 질문할 때는

앞 장에서 언급했듯이 아이에게 일어난 일의 흐름을 상기시키는 질문방식을 취한다. "의자에서 내려온 다음 치과 선생님이 무엇을 했는지 기억하고 있어?"라는 질문은 일어난 일을 뚜렷하게 상기시킬 것이다.

하지만 이러한 질문에는 횟수를 제한하고 아이가 대답하지 않을 때는 어른이 스스로 대답하라는 단서조항이 따른다. 아이가 대답을 하지 않으면 아이 대신 "선생님은 코트를 집어 주고, 그러고 나서는 코트에 붙일 뱃지도 주셨지"라고 말해 준다.

아이에게 대답을 시키기 위해서 질문하는 것은 절대로 금물이다.

이제 막 3세가 된 마이크는 이야기를 정리해서 하지 못했다. 엄마는 어떻게 해서든 마이크에게 정리된 이야기를 시켜보려고 질문을 퍼붓고 있었다. "저건 커다란 버스니? 아니면 작은 자동차니?" "이건 검정

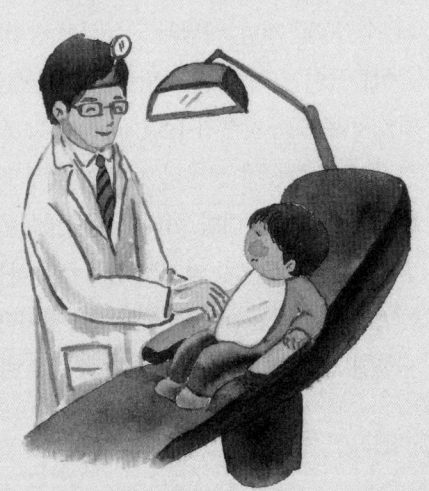

아이에게 일어난 일의 흐름을 상기시키는 질문방식을 취한다. "의자에서 내려온 다음 치과 선생님이 무엇을 했는지 기억나니?"라는 질문은 일어난 일을 뚜렷하게 상기시킬 것이다.

바지니? 아니면 하얀 장갑이니?" 하는 식이었다.

마이크는 내가 어디 대답하나 보려는 듯이 점점 자기 속으로 틀어박혀서는 다른 사람의 존재조차 무시하게 되었다. 그러나 엄마가 아이의 관심에 맞춰서 이야기를 걸도록 방법을 바꾸자 말자 마이크는 다른 사람과 함께 노는 매우 밝은 아이가 되었다. 알고보니 마이크는 상상력이 풍부한 아이디어와 멋진 유머 감각을 갖고 있었다.

"우유 줄까, 아니면 주스?"라는 식의, 당신이 대답을 알고 싶어하는 질문은 물론 괜찮다. "다음 차례는 곰돌인가, 아니면 엄마 차례?"라는 식의, 아이의 생각을 명료하게 하기 위한 질문도 같은 종류라고 할 수 있겠다.

어른이 그 대답을 실제로 모르는 사항에 대해 묻는 질문은 해도 괜찮다. 이것이 철칙이다.

'말걸기 육아' 시간 이외에는

아이가 할 수 있는 일은 될 수 있는 한 스스로 하게 하자. 그 경우 아이가 난관에 부딪쳐 신경이 날카로워질 만한 상황에서 도와줄 수 있을 정도로만 곁에 있어 주자.

- 왜 그렇게 해야 하는가, 혹은 해서는 안 되는가를 설명해 준다.
- 요리나 화분 가꾸기등 가사를 하고 있는 장면을 가능한 한 많이 보여 준다.
- 매일의 일상사를 통해 지금 무엇을 하고 있는지 이야기해 준다.
- 공원의 큰 놀이기구에서 놀게 해 준다.
- 다른 아이들 곁에서 놀게 한다.
- 미장원이나 치과 등에 간 다음에는 경험한 일을 재현해 볼 기회를 만들어 준다.

놀이

탐색놀이와 흉내놀이가 이 시기에 매우 활발해진다.

신체 컨트롤 및 눈과 손의 협조가 한층 진전되어 탐색놀이에서 다양한 놀이도구를 활용할 수 있다. 가위나 그림 그리기 도구도 한층 잘 다룰 수 있으며, 막대 쌓기, 커다란 구멍이 뚫린 구슬에 실 꿰기 등 장난감을 다루는 것도 세련되어진다. 놀이를 통해서 색, 형태, 크기, 재질에 대해 많이 배운다. 흉내놀이도 매우 풍성해지고 역할도 확장되어 어른과 교대로 치과 선생님이 되었다가 환자가 되었다가 한다.

아이와 놀아주는 데는 지금이 가장 중요한 시기이다. 탐색놀이에서는 아이에게 좋은 재료를 제공하고, 당신이 다양한 방법을 가르쳐 주면 놀이가 한결 풍성해진다.

아이를 가게나 공원뿐만 아니라 농장이나 동물원에 데려가 다양한 경험을 쌓게 해 주면 흉내놀이가 풍성해진다. 아이는 나중에 그것을 재현하여 많은 것을 배울 수 있다.

가정에서 엄마가 요리하는 모습이나 아버지가 정원을 돌보는 모습을 관찰할 기회를 아이에게 주자. 아이가 알고 싶어하는 다양한 역할을 어른이

해 보여서 역할을 확장시키는 것도 좋다. 도서관 직원이 어떻게 책에 스탬프를 찍는가를 보여 주고 장난감 스탬프를 줄 수도 있다.

같은 사람이 정기적으로 놀아 주는 것은 아이에게 무척 바람직하다. 앞서 한 놀이가 어떤 것이었나, 놀이가 반복되는 것인가 새로운 것인가, 아이가 어떤 경험을 하고 무엇을 한 번 더 해 보고 싶어하는가를 알고 있기 때문이다.

탐색놀이

세발자전거를 타고 공을 던지는 등 활동적인 놀이를 좋아한다. 모래 장난과 물놀이도 즐긴다. 모래나 물 그 자체를 갖고 놀기보다 놀이의 일부로 활용하는, 보다 복잡한 놀이 형태를 취한다. 예를 들어 물에 공을 띄우거나 모래로 자동차 길을 만드는 식이다. 그네나 미끄럼틀 같은 놀이기구도 좋아하지만 어른이 지켜보아야 한다. 다른 아이들 옆에서 노는 것에 흥미를 보이기 시작한다.

놀이 도구를 한층 잘 다룰 수 있게 된다. 가위로 꽤 반듯하게 자르며 종이를 접어 보이면 흉내낸다.

흉내놀이

실로 왕성해진다. 아이가 하는 양을 지켜보고 있을 때나 함께 할 때나 모두 즐겁다. 아이는 어른의 행동을 가만히 관찰하고는 매우 정확하게 흉내내어 오랫동안 논다. 예를 들어 곰인형의 옷을 빨아 말려서 다림질을 한 다음 입히는 흉내놀이를 한다.

다양한 역할을 해 보는 것을 좋아하여 옷차림까지 바꿔서 정말로 그럴 듯하게 한다. 엄마가 된 양 뾰족구두를 신고서 걷고, 아저씨가 된 양 파이프를 물어 본다. 소방관이나 간호사, 우편배달원 등의 모습으로 꾸미고는 무척 좋아한다.

머리를 다듬으러 간다는, 그다지 자주 경험하지 않는 일도 소재로 삼아 세세한 부분까지 재현하며 논다. 미용사가 된 요량으로 정성스럽게 빗질을 하고 케이프를 두르고 난 다음 머리카락을 자르는 장면까지 재현해 본다.

이러한 놀이는 주위의 세계를 인식하는 데 크게 도움이 된다. 기억을 더듬고 일어난 일의 흐름을 이해하여 생각하는 힘과 대화하는 힘을 키운다.

흉내놀이에 사용하는 도구는 그다지 진짜 같지 않아도 괜찮다. 토막끈이 청진기 대신이 되고 카드가 책이 된다.

대체로 만 3세 안에 도구를 사용하지 않고 흉내놀이를 할 수 있게 된다. 언어 능력이 자라 상상력을 발동시킬 수 있게 되었기 때문이다.

끈의 끄트머리에는 상상 속의 개가 묶여져 있으며, 버스를 운전하고 있는 셈 치고 손님과 이야기할 수도 있다. 때로는 현실과 상상의 구별이 애매하게 된다.

내 친구의 아들인 찰스가 자신이 만든 이야기에 겁을 먹고 말았다는 재미 있는 일화가 있다. 찰스는 조그만 남자아이가 숲에 갔다가 점점 어두워져 미아가 되었다는 이야기를 시작했다. 그런데 이야기 도중 찰스가 너무나도 무서워했으므로 엄마가 단지 이야기일 뿐이라고 일깨워준 다음 서둘러 해피 엔드로 바꾸어 마무리지었다.

이 시기에는 많은 아이들이 공상의 친구를 갖고 있다.

아이는 장난감이 있으면 한층 상상을 부풀려 놀 수 있다. 자동차용의 긴 도로나 비행기 활주로를 만들고, 버스나 전차에는 운전수나 승객을 태울 수 있다. 기차가 탈선하여 도움을 필요로 하게 되고, 아이가 가 본 적이 있는 역에 멈출지도 모른다. 또 동물들이 동물원에서 도망쳐 다양한 모험을 한 다음 무사하게 집으로 돌아간다는 스토리를 만들지도 모른다.

인형이나 봉제완구도 긴 줄거리가 있는 놀이에 사용할 수 있다. 옷을 갈아입히고 목욕을 시키고 밥을 먹이고 잠옷을 입히는 것이다.

손가락 인형도 마음껏 즐길 수 있다. 다양한 캐릭터를 가진 인물이 되어 즐거운 모험을 하는 것이다.

다른 아이들과는 대부분의 경우 옆에서 놀 뿐이지만 어쩌다가 흉내놀이에 끼워주어 교류가 시작된다. 예를 들어 차 마시는 놀이에 친구를 참여시켜 차를 마시라고 권하기도 한다.

장난감 상자

장난감은 탐색놀이와 흉내놀이용으로 나뉘는데, 여기서도 아이는 기상천외한 놀이 방법을 고안해 낼지도 모른다.

탐색놀이용
- ▶ 작은 공
- ▶ 작은 쌓기막대
- ▶ 점토용 밀대와 주걱
- ▶ 그네나 미끄럼틀 같은 옥외의 큰 놀이기구
- ▶ 블록 등 조립용 장난감

흉내놀이용
- ▶ 물놀이용의 배
- ▶ 인형집과 인형

▶ 차고와 자동차
▶ 모래장난에서 사용하는 탈것과 인형
▶ 농장과 동물 모형
▶ 비행장과 비행기 모형
▶ 공주놀이에 쓸 수 있는 옷
▶ 주위 어른의 신발이나 옷
▶ 운전수와 승객이 있는 기차와 트럭
▶ 크레인
▶ 장갑 인형과 손가락 인형

책꽂이

   지금까지 소개한 책은 여전히 즐겨 읽을 수 있다. 같은 그림책을 몇 번이고 되풀이하여 즐겨 볼 것이므로 여기서 새로 덧붙일 필요는 없다.
   아직 읽는 행위를 강제로 가르치려 해서는 안 된다. 그림을 설명해 주고 짧은 이야기를 읽어 주자. 아이가 스스로 책의 내용에 관해 말하기 시작하면 책의 등장인물이나 사건에 관해 아이 자신의 경험을 연결시켜 이야기해 준다. 이러한 대화의 대부분은 과거나 미래에 관한 것이므로 말을 익히는 멋진 기회가 된다.
   중요한 것은 함께 책을 즐기는 것이다. 앞 장에서 말했듯이 아이는 책이라는 것이 어떤 약속의 기반 위에 성립하고 있는가를 이해해 간다. 예를 들어 글자는 위에서 아래로 읽어 내려가는 것이라든가, 책에 그려져 있는 그림은 실물 대신이라는 것 등이다.

이러한 중요한 기초가 닦인 다음에야 때가 되면 아이는 매우 빨리 그리고 손쉽게 읽는 것을 배울 수 있다. 거꾸로, 이러한 기초 없이 읽는 행위를 강제로 가르치면 책 읽는 것을 싫어하고, 읽는다는 행위를 배우는 데 상당히 고생하게 되는 것이다. 이 시기에 중요한 것은, 다시 한번 강조하지만 당신과 아이 두 사람이 함께 즐기는 것이다.

아이는 아직 자신이 일상에서 경험한 것을 묘사한 책을 좋아하고, 등장인물의 기분을 표현하는 것도 좋아한다. 지금 무척 흥미를 갖고 있는 사물의 크기나 숫자, 색 같은 것이 많이 나오는 책도 무척 좋아할 것이다.

쉬운 이야기를 따라갈 만큼의 단어는 알고 있으며, 주위 세계에서 일어나는 일도 꽤 알고 있으므로, 현실과 공상을 구별하여 판타지도 충분하게 즐길 수 있다. 이야기 속에서 동물이나 탈것이 자신과 똑같이 걷거나 웃어도 현실은 그렇지 않다는 것을 아이가 분명하게 알고 있으므로 비로소 안심하고 즐길 수 있는 것이다.

인물마다 목소리를 달리하여 이야기에 현장감을 불어넣으며 읽어 주자. 하지만 아이가 공상 속에서 일어나는 일을 무서워하지 않도록 주의한다. 진짜와 그렇지 않은 것을 이야기해 주고 그래도 무서워하면 줄거리를 바꿔 즐거운 결말이 되도록 한다.

훌륭한 책이 많이 있다.

읽을 만한 책들
1. 큰일났다 상어다!/닉 샤라트 글, 그림/책그릇
2. 돌돌돌 내 배꼽/허은미 글, 김선숙 그림/웅진주니어

3. 잘잘잘 1 2 3/이억배 글, 그림/사계절
4. 동물원/이수지 글, 그림/비룡소
5. 색깔을 훔치는 마녀/이문영 글, 이현정 그림/비룡소
6. 미안해/샘 맥브래트니 글, 제니퍼 이처스 그림/중앙
7. 행복한 의자나무/량 슈린 글, 그림/북뱅크
8. 고양순/심미아 글, 그림/보림

텔레비전과 비디오

   지금까지와 마찬가지로 텔레비전이나 비디오를 보는 시간은 하루 30분으로 한정한다. 그리고 되도록 함께 보고 이야기를 나누거나 설명해 준다.
   프로그램을 선택하는 기준은 책을 고를 때와 마찬가지이다. 아이는 자신이 하는 행동과 같은 행동을 등장인물이 해 주는 것을 기뻐하며, 장면이나 행동도 반복이 있는 것을 좋아한다. 공상적인 이야기도 좋아하지만 책과 마찬가지로 무서워하지 않도록 조심한다.
   말놀이와 음악도 인기가 있고, 야단법석 코미디도 좋아한다. 아이의 흥미와 관련되는 프로그램도 즐겨 볼 수 있을 것이다.

summary

여기 씌어져 있는 것은 평균적인 발달양상이다. 아기에 따라 제각각 발달의 정도는 다르다. 당신의 아기가 여기 씌어 있는 것을 모두 다 할 수는 없다고 해도 염려할 필요는 없지만, 만 3세에 아래서 제시한 '이럴 땐 전문가에게'에 해당되는 경우는 말 그대로 전문가에게 상담해 보길 권한다. 또 아기에 대해 의문나는 사항이 있으면 언제라도 보건소나 늘 다니는 병원에 데리고 가 보자.

만 3세 무렵의 아이들은

- 이야기 듣기를 무척 좋아한다.
- 간단한 세 가지 내용(상자를 열고 자동차를 꺼내 아빠에게 보여주렴 등)을 포함하는 지시를 안다.
- 혼잣말로 지금 일어나고 있는 일을 길게 이야기한다.
- 일어난 일에 관한 대화에 끼어든다.
- 자신의 성과 이름을 말할 수 있다.

이럴 땐 전문가에게

- 당신이 말한 내용을 모르는 경우가 곧잘 있다.
- 가족 이외의 사람은 아이가 말하는 내용을 잘 알아듣지 못한다.
- 다른 사람은 어떤 사실을 모르고 있다는 것을 알아차리지 못한다.
- 곧잘 엉뚱한 이야기를 한다. 이야기에 흥미를 갖지 않는다.
- 여전히 단어가 둘이나 셋인 문장밖에 말하지 못한다. 질문을 전혀 하지 않는다.
- 다른 아이와 놀려고 하지 않는다. 집중할 수 있는 시간이 매우 짧다.

참고문헌

P. Levenstein & J. O'Hara
'The Necessary Lightness of Mother Child Play' in K. Macdonald (ed)
Parent Child Play: Descriptions and Implications
(State University of New York Press, 1993)

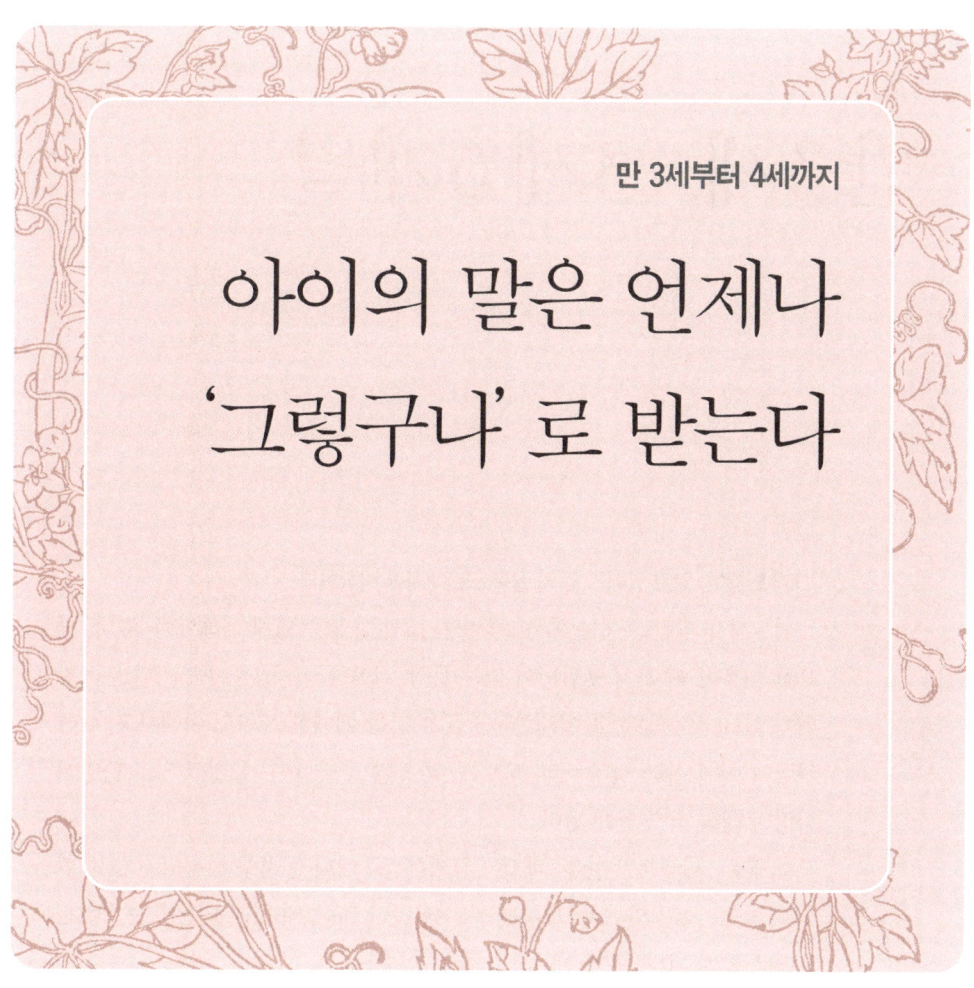

만 3세부터 4세까지

아이의 말은 언제나 '그렇구나' 로 받는다

아이는 이제 완전히 말에 익숙해졌지만 아직 문법이나
발음에서 틀리는 것이 있을 것이다. 하지만 절대로 아이가
말한 것을 고쳐 준다는 느낌을 주어서는 안 된다.
아이가 말한 단어나 문장을 정확하게 말해 되돌려주되
언제나 '그렇구나' 로 시작하는 자연스러운 대화로 이끌어간다.

만 3세 ~ 3세 6개월

📢 언어 발달

'그거 있잖아, 알고 있어?' 등의 질문으로 대화를 시작한다

만 3세가 되면 아이는 동사, 형용사, 조사 등을 폭넓게 이해할 수 있다. 중요한 내용이 세 가지 포함되어 있는 문장, 예를 들어 '곰돌이는 커다란 의자 위에 있다'라는 문장을 이해한다. '곧'이라는 애매한 표현도 이해하고, 다른 사람이 이미 아는 것과 아직 모르는 것도 잘 구별할 수 있게 되므로 다양한 사람과 대화할 수 있게 된다.

대체로 3세 6개월 안에 '배달' '끔찍한' 등 그다지 자주 사용되지 않는 단어도 알고, '아기의 노란 모자는 부엌에 있다'라는 네 가지 내용을 포함하는 문장을 알게 된다. 큰 진전이라고 할 수 있다.

'무엇 무엇과 같은'이라는 직접적인 비유도 알며, 만약 들은 적이 있다면 간접적인 비유도 이해한다.

그러나 아직 아이는 문자 그대로 받아들이는 경우가 대부분이다. 최근 내 친구가 재미있는 이야기를 해 주었다. 친구가 아들 찰스를 할머니댁에 데리고 갔는데, 할머니가 문을 열어 주면서 "살이 쪄서 코르셋하고 씨름하고 있었어"라고 말했다. 찰스는 "코르셋과 어떻게 씨름을 한단 말이야" 하고 깔깔 대고 웃더니, 다음 날도 그 생각을 떠올리며 혼자 킥킥대었다고 한다.

언어에 무척 흥미를 갖고 잘 알게 되었으므로 이제 노래나 이야기 속에 나오는 구절을 마음대로 바꿀 수는 없다. 그런 짓을 하면 불평을 듣게 된다.

아이는 자신이 던진 질문에 대한 대답을 언제나 잘 듣고 있는 건 아니다. 자신이 생각한 대로의 대답이 나오는가 아닌가에 마음이 쏠려 있기 때문이다. 예를 들어 "식물의 구근이 어떻게 하여 꽃이 되는가?" 하는 질문을 받고 자세하게 설명해 줘도 "공원에는 꽃이 많이 있지"라는 반응만 보이는 식이다.

이 시기의 첫 무렵, 아이가 말하는 문장에는 중요한 내용이 3단어 또는 그 이상 들어간다. 예를 들어 "엄마는 자동차를 타고 일하러 갔어"라는 식의 문장이다. 또 우스갯소리를 하면 모두가 웃는다는 것을 알아서 유머러스한 말을 자주 쓰지만 반드시 그 내용을 이해하고 말한다고는 할 수 없다.

'그리고'나 '그래서'로 문장을 연결시키는 진전도 보인다. "가게에 갔어, 그리고 풍선을 샀어" "뜨거웠어. 그래서 떨어뜨렸어"라는 식이다. 과거형도 올바르게 사용할 수 있게 된다.

이 무렵에는 어순도 틀리지 않게 된다. 부정형의 종류도 늘어난다. '그렇지만' '만약' '그리고 나서' 등을 써서 더 많은 문장을 잇는다. "비가 그쳤으니까 밖에 나가자" "그네를 타고, 그리고 나서 미끄럼을 타자" 등이다.

이러한 발전 덕에 말을 의도대로 사용하여 표현하고 세세한 부분까지 말할 수 있게 된다. "초콜릿이 들어있는 커다란 과자"가 먹고 싶다는 말을 힘들이지 않고 할 수 있다.

때로는 다른 사람의 대화에까지 흥미를 갖는다. 얼마 전 슈퍼마켓에서 조그만 남자아이가 개에 관해 말하고 있는 사람들의 이야기를 귀 기울여 듣고 있다가 그 사람들과 스쳐 지나가게 되었을 때 불쑥 목소리를 높여서 "우리 집에도 개가 있어. 러스티라고 불러"라고 말하는 것을 본 적이 있다.

이 시기에 언어는 사고의 수단이 되고, 언어를 사용하여 문제를 해결하며, 계획을 세울 수 있게 된다.

대화를 진전시키는 기술도 많이 늘어 이야기를 시작하고 지속시키며 끊어진 대화를 다시 잘 잇기도 한다. 대체로 3세 6개월 안에 대화를 시작하는 방법도 무척 세련되어져 "그거 알아?" 하며 말문을 열기도 한다. 모르는 사람이나 다른 아이들과의 커뮤니케이션도 아주 매끄러워진다. 다른 사람이 가진 지식을 추측하고, 그 사람이 모르고 있는 것을 어떻게 전달하면 좋을지를 알게 되었기 때문이다.

대화의 규칙도 잘 알아서 언제 질문을 받게 될지, 혹은 이미 말한 내용을 좀더 분명하게 전달해야 할지 어떨지도 안다.

재미있는 것은 친구와 놀고 있을 때 가끔 자신과 상대방에게 교대로 말을 거는 경우가 있다는 것이다. 예를 들어 자신을 향해 먼저 "나, 이거 여기 놓을게"라고 말하고, 다음에 친구를 향해 "그리고 너는 저기에 놓아"라고 말한다.

낮고 쉰 듯한 목소리로 거인이 되었다가 높은 목소리로 아이가 되는 등 목소리나 말하는 방식을 바꾸어 '~가 된 셈치고 하는 대화'도 할 수 있다.

🔍 전반적 발달 양상

멈추지 않고 모퉁이를 돌 수 있다

눈부신 발달을 보이는 것은 언어뿐만이 아니다.

이 연령의 아이는 활발한 바깥놀이를 매우 좋아한다. 큰 공을 찰 수 있고, 작은 공을 1,2미터 던질 수 있다. 깡충깡충 뛰고 두 번째 계단에서 뛰어내릴 수 있다. 달리는 몸동작도 유연해져 모퉁이를 돌 때 멈추는 일도 없다. 장난감을 밀거나 끌면서도 달릴 수 있다.

눈과 손의 협조, 손끝의 민첩성이 좋아지므로 새롭게 다양한 경험을 할 수 있다. 대체로 3세 6개월 안에는 가위로 거의 똑바르게 자를 수 있게 된다. 또 다이아몬드형을 본떠 그릴 수도 있다.

자신의 일상사를 혼자서 처리할 수 있게 되어 숟가락과 포크를 사용하여 먹고 손이나 팔, 얼굴을 씻고 닦을 수 있다.

어른에게 인정받는 것을 무척 좋아하여 장난감을 정리하고 친구에게 장난감을 빌려주는 등 정해진 규칙을 지키려고 애쓴다.

👁 주의를 기울이는 힘

무언가를 하다가도 스스로 주의를 옮겨갈 수 있다.

이 시기의 첫 무렵 눈에 띄는 발달이 이루어진다. 아이는 무언가 하고 있을 때라도 누군가가 말하면 그 쪽으로 스스로 주의를 옮겨갈 수 있다. 어른이 아이의 이름을 불러서 주의를 끌지 않아도 누군가가 말을 하면 스스로 알아채고 그것을 듣기 위해 하던 행동을 멈추고 그 쪽으로 주의를 옮기는 것이다.

아직 주의를 재빠르게 옮겨갈 수는 없다. 사람이 말하고 있다는 사실을 알아채고 나서 그 순간 자신이 하던 행동을 멈추기까지 조금 시간이 걸린다. 하던 일에 집중하고 있을수록 더 시간이 걸리고, 듣고 나면 하던 일로 금세 주의를 되돌린다.

👂 듣는 힘

이제 듣는 행위에 부자유를 느끼는 일은 없다

  '말걸기 육아'를 계속해 왔다면 듣고자 하는 소리를 선별하여 듣는 데는 전혀 문제가 없을 것이다. 설령 예전에 청력이 떨어졌던 시기가 있었더라도 조용한 환경에서 듣는 기회를 많이 제공하고, 듣기 쉽고 매력적인 음성을 들려주면 난청의 영향을 최소화할 수 있다.

만 3세가 지나면 아이는 활발한 바깥놀이를 매우 좋아한다. 큰 공을 찰 수 있고, 작은 공을 1.2미터 던질 수 있다. 달리는 몸동작도 유연해져 모퉁이를 돌 때 멈추는 일도 없다.

만 3세 6개월~4세

🔊 언어 발달

아이는 일상대화를 거의 대부분 따라갈 수 있다

아이는 대체로 만 4세 안에 언어를 기본적으로 습득한다. 놀라운 일이다. 겨우 4년이라는 짧은 기간에 수천이나 되는 단어의 의미를 이해하고 사용할 수 있게 되고, 그 언어체계 속의 기본적인 문형도 모두 습득한다. 아이는 이 시기에 이미 완전하게 말을 통한 커뮤니케이션을 할 수 있다.

아이의 언어 이해능력은 급속하게 깊어진다. 4세 안에는 명사, 동사, 형용사, 조사 등 기본형 모두를 포함하는 수천 단어의 의미를 안다. 자주 들을 기회가 없는 '액체' '독수리' 등의 단어도 안다. 더 중요한 것은 '큰 쌓기막대는 문 뒤의 빨간 상자 속에 있다'와 같은 문장을 이해할 수 있다는 것이다. 이렇게 되면 일상의 대화에서 아이가 따라가지 못하는 것은 거의 없게 된다. 그 결과 아이는 누군가로부터 직접 이야기를 듣고 있을 때뿐만 아니라 거의 모든 시간에 걸쳐 새로운 말의 의미와 문법구조를 들으면서 배울 수 있게 된다.

아이가 말을 어떻게 구사하는가를 들어 보아도 말에 대한 이해가 크게 나아졌다는 것을 알 수 있다. 4세 안에 아이가 구사하는 어휘수는 약 5천 단어이다. 가끔 틀릴 때도 있지만 기본적인 문법구조는 모두 사용할 수 있다.

'하지 않았다'라는 과거의 부정형이나 '곰돌이의 코트'라는 소유형 등 한층 성숙된 문형을 많이 사용한다.

계획을 세우고 문제를 해결하기 위해 말을 사용하게 되고, "영규도 부르려고 생각해"나 "밖에서 놀고 싶은데 비가 올 것 같아"라고도 말한다.

아이의 말은 아직 미숙한 부분도 있지만 훨씬 알기 쉬워졌다. 어려운 발음을 쉬운 음으로 대체해서 말하거나 생략하여 말하는 현상은 여전히 보인다. 이런 현상은 앞으로 2년이나 그보다 조금 더 오래 지속될 것이다. 어려운 발음을 올바르게 말할 수 있게 되려면 7세까지 기다려야 하는 아이도 있다.

이 시기의 아이는 자신의 언어 구사능력에 스스로 흥분하여 대단한 수다쟁이가 된다. 최근에 일어난 일이나 장래의 계획도 줄거리를 세워서 말할 수 있으며 긴 이야기도 할 수 있지만, 사실과 공상을 구별 못해 두 가지가 뒤죽박죽 섞이기도 한다. 그럴듯한 변명이나 지어낸 이야기를 아이 자신이 믿어버리기도 한다. 주스를 엎질러 놓고는 거인이 굴뚝을 타고 내려와 주스병을 엎었다고 자신 있게 이야기하는 식이다.

자신의 이름과 주소 등 사실에 기반한 사항도 말할 수 있다.

이 무렵 질문이 가장 왕성해지고 질문하는 내용도 달라진다. 이전에는 원인과 결과가 단순하게 짝지어지는 "저게 왜 젖어 있는 거야?"라는 질문을 했지만, 점차 주위의 세계를 더 알고자 던지는 질문이 많아진다. "참새는 어떻게 해서 날 수 있어?" 등의 질문을 곧잘 하는 것이다.

아이는 사회에 관심을 갖게 되고 대화에 무척이나 능숙해진다. 상대의 이름을 부르거나, "저기 있지, 좀 물어보고 싶은 게 있는데"라고 말을 꺼내는 등 세련되게 대화를 시작한다. 화제를 바꾸거나 다른 활동을 시작함으로써 무리 없이 대화를 마무리지을 수도 있다.

상대가 이해하지 못하는 모습을 보이면 금세 알아차리고는 되묻기 전에 반복하거나 알기 어려운 이야기나 문장을 다른 표현으로 바꿔 말하기도 한다. 입을 열 타이밍을 잡아채는 것도 어른 못지않다. 다른 사람들의 대화에 끼어들 때도 틈을 잘 기다려 화제를 쫓아간다. 길게 대화할 수 있고, 상대방의 말에 고개를 끄덕이거나 맞장구를 치기도 한다.

사회성이 급속하게 발달하여 대화의 상대가 누군가에 따라 어조를 바꾼다. 아기에게는 부드럽게 말하고, 놀이 그룹의 리더 같은 힘센 상대에게는 정중하게 '안녕?'이나 '고마워' 등을 사용하지만, 집안에서나 가까운 친구와 놀 때는 잊어버리곤 한다.

상대가 대화의 주제에 관해 어느 정도 알고 있는지는 꽤 잘 파악하게 되었지만, 아직 완벽하지는 못하다. 예를 들어 자신이 주말에 바다로 놀러 갔던 일을 놀이방 선생님은 모른다는 사실을 잊어버리고 갑자기 "그리고 파도가 점점 커졌어요"라고 말해 선생님을 당황하게 만든다.

말을 다양한 목적으로 사용한다. "네가 먼저 미끄럼을 타면, 나는 그네를 탈게"라는 식의 거래도 할 수 있다. "무엇을 만들지 내가 결정하게 해 주면

이 시기의 아이는 대단한 수다쟁이로, 그럴듯한 변명이나 지어낸 이야기를 스스로 믿어버리기도 한다. 주스를 엎질러 놓고는 거인이 굴뚝을 타고 내려와 주스병을 엎었다고 자신 있게 얘기하는 식이다.

이 쌓기막대를 전부 줄게"라고 협상도 할 수 있다. "안 시켜주면 이거 전부 가져가 버릴 거야'하고 위협할 수도 있다. "맨 처음에는 이 네모 위에 놓는 거야'하고 규칙도 정할 수 있다. 나아가 필요하면 알리바이도 증명한다. "분명히 영규일 거야. 나는 바깥에 있었단 말이야."

또 자신의 행동에 대해 생각하고 그것을 어떻게 판단하고 있는지를 말로 표현한다. 자신이 한 것에 대해 '서툴렀다'고 비판하거나 '잘 되었다'고 칭찬도 한다.

아이는 말놀이를 무척 좋아한다. 조크도 매우 좋아하여 사람들이 재미있어하는 것을 알아차리면 의미도 모르면서 자주 써먹는다. 샤워할 때 팔을 휘두르면서 '비야 비야 오너라' 하고 노래를 부르는 식의 익살 떨기도 즐긴다. 때로는 거드름 피우듯이 말해 보고는 깔깔대며 웃는다.

🔍 전반적 발달 양상

깡충깡충 뛰거나 공중제비를 멋지게 해낸다

바깥에서 활발하게 논다. 달려가서 공을 원하는 방향으로 차고, 튀어오르는 공을 잡고, 방망이도 휘두를 수 있게 된다. 발끝에 중심을 두고 달리고, 달리면서 급하게 방향을 꺾을 수도 있다. 사다리나 나무에 올라가는 것도 무척 좋아한다. 한 발로 뛰고 깡충깡충대며, 허리를 구부려 바닥에 있는 조그만 물건을 집을 수 있다. 제자리에 선 자세에서 혹은 달리면서 뛰어오를 수 있으며 공중제비까지도 넘을 수 있다. 세발자전거 타기도 노련해져 속도를 마음대로 조절할 수 있다.

어른과 같은 방법으로 연필을 쥐고, 한 손으로 종이를 누르면 잘 써진다는 것도 안다. 머리, 다리, 팔, 눈과 몸뚱이가 있는 인물을 그리고 간단한 집의 형태도 그릴 수 있다. 십자형을 흉내내어 그릴 수 있고, 종이를 세 번 접어 각을 세울 수 있으며, 쌓기막대는 10개 쌓을 수 있다. 외워서 10까지 말할 수 있을지도 모른다. 그렇지만 아직 3이상의 수의 개념은 이해하지 못한다.

매일 스스로 할 수 있는 일도 늘어난다. 까다로운 단추 잠그기 외는 거의 혼자서 옷을 갈아입을 수 있다. 잼을 버터나이프로 바를 수 있다. 이도 혼자서 닦을 수 있다. 우체통에 편지를 넣으러 가는 심부름도 즐겨한다.

만 4세 무렵까지 아이는 마치 에너지 덩어리처럼 잠시도 가만히 있지 못한다. 의지가 분명해져 종종 지나친 행동을 한다. 무척이나 건방져져서 "엄마가 너무 싫어. 엄마 말 같은 건 듣지 않을 테야"라고 소리치지만, 자신의 감정을 누르고 협력해 줄 때도 있다.

아이는 흉내내기나 농담, 익살을 떨어서 좌중의 인기를 독차지하는 것을 아주 좋아한다. 그만큼 과시욕이 강한 것이다.

👁 주의를 기울이는 힘

직전에 지시받은 것은 잘 이행한다

주의를 기울이는 행위는 아직 한 가지 감각회로에만 한정되어 있다. 만 4세 가까이 되어, 혹은 조금 더 뒤에 비로소 자신의 현재 행동과 관계없는 내용을 누군가가 말하는 것을 들을 수 있게 된다.(이것은 학교에서 문제없이 적응해 나가는 데 꼭 필요한 능력이다. 학교에서도 공부하면서 선생님의 지시를 들어야 하니까)

아이가 지금 하고 있는 활동에서 다른 활동으로 옮겨갈 경우에는 미리 시간을 두고 부추길 필요가 있다. 또한 필요한 지시는 그 직전에 하면 잘 듣는다. "점심 먹기 전에 손을 씻어요"라는 지시는 손을 씻어야 하는 시점의 직전에 말하는 것이 가장 바람직하다.

듣는 힘

설령 난청의 시기가 있었더라도 영향을 최소한으로 줄일 수 있다

3세 5개월까지와 마찬가지이다. '말걸기 육아'를 계속해 왔다면 듣고자 하는 소리를 선별하여 듣는 것은 전혀 어렵지 않을 것이다. 설령 예전에 청력이 떨어진 시기가 있었다 하더라도 조용한 환경에서 들을 기회를 많이 제공하고, 듣기 쉽고 매력적인 목소리를 들려주면 난청의 영향을 최대한 줄일 수 있다.

아이는 이제 말을 다양한 목적으로 사용한다. "네가 먼저 미끄럼을 타면 나는 그네를 탈게"라는 식의 거래, "무엇을 만들지 내가 결정하게 해 주면 이 쌓기막대를 전부 줄게"라는 협상도 할 수 있다.

BABYTALK PROGRAMME
하루 30분
말걸기 육아

매일 30분 아이와 둘만의 시간에 집중한다

다른 아이들과의 교류가 매우 중요해진다. 놀이 그룹이나 유아원 등에서 시간을 보내고, 집에 놀러 오는 친구들로부터 많은 것을 배운다.

그렇다고 해도 당신하고만 지내는 시간도 소중하다. 부디 계속해 주길 바란다. '말걸기 육아'는 말을 배우는 데 가장 적절한 장이다. 아이의 주의력 수준을 파악하고 있는 어른과 함께 있다는 것은 크게 도움이 된다. 아이가 새로운 놀이를 생각해 내는 데 도움을 주고 놀이의 폭을 넓혀 주는 등 많은 것을 해 줄 수 있기 때문이다.

어른이 항상 자신이 하는 말에 귀를 기울여 주고 지켜보아 준다는 신뢰감은 아이에게 헤아릴 수 없이 큰 안심감을 준다. 그럴 때 해서는 안 되는 일이나 했으면 하고 바라는 사항에 대해 서로 이야기를 나눌 수 있으므로 두 사람 모두 신경질적이 되지 않고도 문제를 해결할 수 있다. 어떤 질문에도 대답해 주는 어른이 존재한다는 사실은 아이에게 비할 데 없이 멋진 일이다.

시작하기 전 이것만은 챙기자

아이와 당신 두 사람만이 조용한 장소에 있다면 다양한 활동이 가능하다. 아이는 베란다 창가에 화분대를 놓고 참새 모이대를 만들고 요리 등을 하면서 엄마와 함께 지내고 싶다는 생각도 한다. 산책이나 외출도 멋질 것이다.

집에 있을 때는 물감이나 점토 같은 창작 놀이에 쓸 물건이나 탐색놀이, 흉내놀이에 도움이 될 만한 물건을 준비해 두자.

이 시간이 이 연령의 아이에게 중요한 이유가 또 한 가지 있다. 3세부터 4세 아이의 절반 이상이 같은 소리나 단어를 여러 차례 되풀이하여 말하는 시기가 있다. 그것은 머리 속에는 말하고 싶은 것이 잔뜩 쌓여 있는데 그것을 전부 표현할 만큼의 언어를 확보하고 있지 못하기 때문에 일어나는 현상이다. 표현하고 싶은 것을 말하려고 애쓰다 보면 반복이 일어나는 것이다.

생각하는 데 집중하고 있기 때문에 아이 자신은 같은 말을 반복하고 있다는 사실을 전혀 깨닫지 못한다. 이 단계는 아주 정상적인 것이며, 아이의 언어능력이 발달함에 따라 몇 주일 또는 몇 개월에 걸쳐 사라진다. 사정이 이런데도 주위의 어른들이 불필요하게 소동을 피우거나 낙담하는 경우가 많다.

아는 사람 특히 친척 가운데 말을 더듬는 이가 있으면 부모는 아이가 말을 더듬기 시작했다고 속단하여 패닉 상태에 빠진다. 결코 바람직한 결과를 낳지 못하는데도 곧잘 범하기 쉬운 실수는 아이를 돕겠다는 생각으로 "다시 한 번 말해 봐, 천천히" "말하기 전에 심호흡을 하고"라는 식으로 부모가 조바심을 내는 것이다. 아이는 아무런 의식도 안 하고 있었는데 말이다. 이것이 오히려 갈등과 말 더듬기를 초래할 수도 있다.

이전과 마찬가지로 아이가 자신의 말하기 방식을 스스로 의식하지 않게 하는 철칙이 이 시기에도 매우 중요하다. 스트레스가 전혀 없는 커뮤니케이션을 경험함으로써 아이는 이 시기를 무난하게 통과할 수 있다. 스트레스가 없는 자연스러운 커뮤니케이션이 '말걸기 육아' 시간의 지향점이라는 것을 떠올리면 이 시간이 왜 중요한지 알 수 있을 것이다.

아이는 경쟁적으로 말할 필요가 없으며 말할 시간은 얼마든지 있다. 방해받을 일도 없고, 질문에 답하거나 무언가 말하지 않으면 안 되는 부담도 없다. 여러 번 강조했듯이 '말걸기 육아'의 가장 중요한 원칙은 일관하여 커뮤니케이션의 부담을 느끼지 않게 하는 것이다. 바로 그 때문에 '말걸기 육아'를 경험한 아이는 커뮤니케이션에 능숙하게 되는 것이다.

마이클은 3살 된 귀여운 곱슬머리 아이였는데, 엄마가 아이를 급히 진찰해 달라고 부탁했다. 엄마는 마이클이 말을 더듬기 시작한 탓에 패닉 상태에 빠져 있었다. 엄마에게는 말을 더듬는 형제가 둘 있어 그 어려움을 잘 알고 있었다. 엄마는 마이클에게 천천히 말하라고 일렀지만 마이클은 한층 더 말을 더듬게 된 것 같았다.

마이클은 장난감 상자에 들러붙어서 재잘재잘 이야기하기 시작했다. 표현하고 싶은 것이 잔뜩 있는 듯, 어떤 특정한 단어를 15번이나 되풀이했다. 하지만 스스로는 전혀 인식하지 못하고 있었으며, 엄마와는 달리 전혀 긴장하고 있지도 않았다.

마이클의 엄마는 이 현상이 정상적인 발달단계에 속한다는 사실을 듣고 구원받은 기분이 되었다. 그리고는 몇 주일 후 전화를 걸어와서 마이클이 이제는 거의 더듬지 않게 되었다고 이야기해 주었다.

이 시기에 효과가 있는 방법이 또 한 가지 있다. 아이의 말이 빠르면 당신이 말하는 속도를 늦추는 것이다. 그렇게 하면 아이도 전혀 의식하지 않은 채 천천히 이야기하게 된다.

어떻게 말을 걸까
아이가 주의를 기울이고 있는 대상에 주목하자

아이가 당신의 지시에 따라 주의를 옮겨갈 수 있게 되었어도 '말걸기 육아' 시간은 언제나 아이에게 주도권을 갖게 한다. '지금, 여기'에 관해 이야기할 것인지, 아니면 미래나 과거에 관해 이야기할 것인지도 완전히 아이에게 맡긴다. '여기'나 '지금'에 관한 화제라면 무리하게 바꾸려 하지 말고 자연스럽게 '실황방송'을 한다. 아이가 장난감을 빙글빙글 돌리고 있으면 "어머, 빙글빙글 돌고 있어. 꼭지를 누르니까 도는구나"라는 식으로 말하면 된다.

되풀이해 말하지만 아이에게 강제로 가르치려 해서는 안 된다. 지금 흥미를 갖고 있는 바로 그 대상에 관해 이야기를 들려주면 아이는 대단히 많은 것을 스스로 배운다. 아이가 색이나 수 등의 개념에 흥미를 갖기 시작했다면 그 사실도 아이가 책을 고르는 방법이나 대화를 통해 알 수 있다. 부모가

아이는 베란다 창가에 참새 모이대를 만들고 요리를 하면서 엄마와 함께 지내고 싶어한다. 부모가 함께 놀아 준 아이는 조기교육을 받은 아이보다 학교 시험에서 좋은 성적을 얻는다.

함께 놀아 준 아이는 조기교육을 받은 아이보다 학교 시험에서 좋은 성적을 얻는다는 것이 명백하게 밝혀져 있다.

만 3세가 된 벤은 2단어 또는 3단어로 된 문장밖에 말하지 못할 뿐 아니라 말을 우물거려서 클리닉에 이끌려 왔다. 아버지는 벤에게 강제로 가르치는 것을 좀체 포기하려 하지 않아 나와 꽤 많이 논쟁을 벌였다. 3주일 후 나는 두 사람이 매우 즐겁게 놀고 있는 모습을 보았다. 벤은 다양한 형태의 쌓기막대를 골라서 구부러진 길을 만들려 하고 있었다. 아버지는 벤이 하고 있는 것을 보고 "좋은 생각이야. 짧은 사각막대는 길다란 사각막대 옆에 꼭 맞겠다. 둥근 것은 신호등으로 쓰면 안성맞춤이겠네" 하며 쌓기막대의 형태에 관해 이따금씩 말을 보탰다. 형태를 나타내는 명칭에 대한 이해가 줄곧 뒤죽박죽이었던 벤이었지만, 한 시간도 되지 않아 제대로 된 명칭을 익혔다.

듣는 행위를 여전히 즐길 수 있도록 신경 써 주자

듣는다는 행위가 대단히 즐겁다고 생각할 만한 경험을 많이 하도록 해 주자. 아이는 음악에 맞춰 노래하고 춤추고 손으로 박자를 치며 즐길 수 있게 된다. 되풀이가 있는 노래도 매우 좋아한다.

책을 읽어주면 사람의 목소리를 듣는 멋지고 즐거운 경험을 하게 된다. 놀이 그룹을 만들 수 있으면 '의자 뺏기 게임'과 같은, 소리를 들으면서 노는 게임도 즐겨 할 수 있다.

그림을 그릴 때도 재미있는 소리를 붙여 본다. 동그라미를 그리면서 "빙글빙글", 지그재그에는 "지그재그 지그재그"라는 식이다. 물놀이나 탈것 놀이에 따르는 소리도 아이들이 좋아한다. 수도꼭지에서 '슈슈' 하고 물이 나와서 '쏴쏴' 하고 흘러가는 것이 재미있다.

마음 편히 활발하게 얘기하자

이제 문장의 길이에 대해서는 고려하지 않아도 된다. 마음 편히 활발하게 이야기하자. 아이는 모르는 단어가 있으면 그 의미를 묻고, 한 번 더 듣고 싶을 때는 그렇게 요청할 수 있을 만큼 자랐다.

새 단어도 많이 사용하자. 이미 언어에 대한 지식이 넓혀져 있으므로 아이의 관심에 맞춰만 주면 손쉽게 학습한다.

아이에게 새로울 것이라고 생각되는 단어는 몇 가지 문장 속에서 사용하여 들려주면 쉽게 이해한다. "이건 오랑우탕이야. 오랑우탕은 원숭이랑 같은 종류지. 오랑우탕은 무척 상냥한 얼굴을 하고 있네"라는 식이다.

아이가 말을 더듬기 쉬운 시기가 아니라면 특별히 천천히 말할 필요도 없고 목소리를 크게 할 필요도, 가락을 붙일 필요도 없다. 아이는 완전히 말에 익숙해져서 흥미를 보이며, 듣는다는 행위는 즐거운 것이라고 인식하고 있다.

아직 문법에서 틀리는 것이 있고 발음에도 미숙한 점이 있을 것이다. 그럴 때는 아이가 말한 것을 분명하게 되풀이해 주면 좋겠다. 그렇더라도 철칙은 절대 잊지 말자. 자연스러운 대화로서 되돌려줄 것, '그렇구나'로 시작할 것을 꼭 기억하자.

아이가 말한 내용을 확장시켜 주자

대체로 당신은 이 방법을 의식하지 않고도 적용할 수 있게 되어 있을 것이다. 지금까지 해 왔듯이 아이가 말한 내용에 조금 더 정보를 보태어서 대화를 확장시키자. 아이가 "재미나는 성에 갔었지"라고 말하면 "그래, 갔었지. 그리고 곰이 넘어져서 코를 부딪혔지. 가여운 곰돌이. 정말로 쾅 하고 부딪혔어"라는 식으로 덧붙여 본다.

질문에 대답할 때도 더 다양하게 덧붙일 수 있다.(아이의 흥미가 지속되고 있는지 살펴보는 것은 물론이다) "왜 참새가 작은 나뭇가지를 운반하고 있어?"라고 물어오면 둥지 만들기에 대해 설명할 수 있다. 이러한 대화는 아이 쪽에서 왕성하게 진전시키게 된다. 하나가 끝나면 또 다음 질문을 하고, 설명이 충분하지 않으면 분명하게 알 때까지 질문을 멈추지 않는다.

놀이를 확장시켜 주자

탐색놀이를 돕는 데는 적당한 장난감이나 놀이도구를 준비하여 다양한 활용방법을 보여 주는 것이 제일이다. 한동안 흥미를 가졌던 놀이에 새로운 재료를 덧붙여 주면 한층 재미있어진다. 예를 들어 쓰는 데는 펠트펜, 그림을 그리는 데는 스폰지 등이다. 물감에 풀을 섞으면 다른 질감으로 표현되고, 작은 나뭇가지나 빗, 칫솔을 써서 그려도 아주 재미있을 것이다.

플라스틱 점토를 사용하여 다양한 종류의 형태를 찍어 제각각의 모양을 만들어 보는 것도 좋아할 것이다. 또 나무껍질 등의 다양한 재료 위에 종이를 대고 위에서부터 크레용으로 문질러 질감이 나타나게 하는 놀이도 새롭다. 잡지에서 사진을 오려내어 스크랩북을 만들거나 티슈를 뜯어 꾸깃꾸깃 구긴 것을 색지에 붙여 콜라쥬를 만드는 방법 등도 가르쳐 보면 어떨까.

이처럼 재료를 갖추어 주는 것은 정말로 중요하다. 적당한 놀이 재료를 제공하는 것만으로도 유아기 후반에 한층 더 활발하게 발달을 촉진시킬 수 있다는 연구도 있다.

나아가 당신이 다양한 재료를 어떻게 하여 사용하는가를 보여 주고 능숙하게 사용할 수 있도록 도와주면 그 효과는 헤아릴 수 없이 커진다. 둘이서 창조적인 놀이를 듬뿍 즐길 수 있다. 아이에게는 엄마와 함께 해서 즐겁고, 나아가 다양한 표현을 들을 수 있는 멋진 기회가 된다. 예를 들어 나무껍질을 탁본할 때는 '파편' '벗기기 쉽다' '도드라진다' '뚜렷하다' '돋을새김' 등의 단어를 쓸 수 있다.

이전에도 했듯이 아이가 이미 소화시킨 놀이를 확장시킨다. 점토를 다룰 수 있게 되었다면 물건을 눌러 찍어 형을 떠 본다. 가위를 잘 다룰 수 있게 되었다면 형태를 따라 오리는 것을 가르친다.

아이가 만든 것을 보고 감탄하고 칭찬해 주면 아이는 놀라울 정도로 자신감을 가진다. 자신이 그린 그림이 벽에 붙어 있고 공작물이 창가에 진열되어 있으면 아이는 무척이나 기뻐한다.

간단한 바둑 게임이나 카드놀이의 상대를 해 주는 것도 좋겠다. 다른 아이들과 놀기 전에 어른이 규칙을 설명해 주면 크게 도움이 된다.

흉내놀이에서도 어른은 비슷한 도움을 줄 수 있다. 낡은 스커트나 신발은 그럴싸한 옷치장이 될 수 있으며, 커다란 상자나 원통을 꺼내 와서 집이나 소방서, 차고로 삼을 수도 있다.

일상 외의 재미나는 체험도 듬뿍 시켜주자. 아이는 나중에 재현해 보고 그것이 어떤 것인지 자기 나름대로 이해한다.

이전과 마찬가지로 당신이 놀이를 확장시키는 제안을 하면 아이는 환영한다. 아이가 소방관이 된 흉내를 내면 당신은 소방차에 탑승하고 호스를 감는 흉내를 내 보인다. 가게 놀이에서는 상품을 가게 뒤편에 쌓거나 상품을 가져와서 진열대에 정리하는 것을 보여 준다.

하지만 당신에게 굉장히 멋진 아이디어가 잔뜩 있다고 해도 아이에게서 놀이를 빼앗아서는 안 된다. 아이에게 주도권이 있어야 한다는 철칙을 잊지 말자. 아이의 놀이에 지나치게 개입하는 부모는 아이의 성장을 늦춘다는 미국의 연구도 있다.

만약 놀이 동료가 있으면 그 아이들에게도 도움을 준다. 놀이하기에 꼭 알맞은 공간을 만들어 적어도 30분 동안은 놀 수 있도록 한다. 상자나 쌓기막대와 같은 재료를 많이 준비하여 보트나 비행기 등을 만들 수 있게 하면 즐겨 놀 것이다.

아이들 사이에 의견이 갈라지면 개입해도 괜찮다. 아직 아이들은 그다지 노련하게 협상할 수 없으니까.

아이에게 질문할 때는

이 단계의 아이에게는 주의 깊게 선별한 질문을 던져주면 세상사를 잘 생각하여 깊이 파고드는 데 도움이 된다. 퍼즐을 하면서 쩔쩔 매면 "거꾸로 해 보면 어떻게 될까"라고 말해 줄 수 있고, 쌓기막대로 놀고 있으면 "큰 것을 이 작은 것 아래에 놓으면 어떻게 될지 한번 해 볼래?"라고 말한다.

질문 횟수를 제한하고 아이가 대답하지 않을 때는 대신 당신이 대답하라

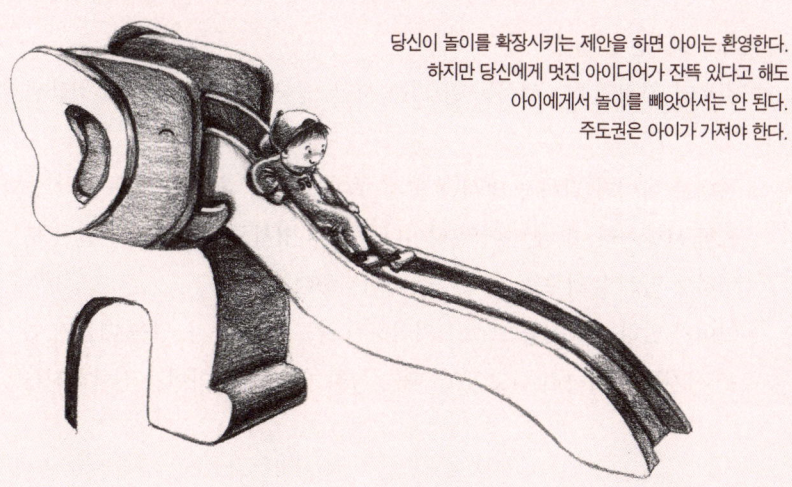

당신이 놀이를 확장시키는 제안을 하면 아이는 환영한다.
하지만 당신에게 멋진 아이디어가 잔뜩 있다고 해도
아이에게서 놀이를 빼앗아서는 안 된다.
주도권은 아이가 가져야 한다.

는 철칙을 다시 한번 강조한다.

또 있다. 대답을 시키기 위한 질문은 하지 않는다는 것. 아이는 언어발달의 정도가 어떻든 간에 당신의 생각을 알아채 금세 소극적으로 되어버린다.

니콜라스가 차를 마시러 왔을 때의 일이다. 놀고 있는 니콜라스에게 잠깐 말을 걸어 보았다. 둘 사이의 대화가 활기를 띠어 니콜라스가 언어 면에서 훌륭한 발달을 보이고 있음을 알게 되었다. 니콜라스의 엄마는 깜짝 놀랐다. 평소에는 낯선 어른과 친해지는 데 시간이 꽤 많이 걸려 수줍음을 많이 타는 아이라고만 믿고 있었던 것이다.

나는 아주 간단한 비밀을 니콜라스의 엄마에게 가르쳐 드렸다. 지금 일어나고 있는 일에 대해서만 말할 뿐, 질문은 아무것도 하지 않았던 것이다. 엄마는 나이 드신 친척의 일을 떠올렸다. 언제나 팔장을 끼고 상대방의 얼굴을 빤히 쳐다보며 "그런데 뭐 할 얘기 없어?" 하고 이야기를 시작하는 분이었다. 엄마는 그때 자신이 어떤 느낌이었는지를 기억해 내고 질문 당하는 것이 싫은 까닭을 깨달았던 것이다.

이 시기에 '해서는 안 될 것'

이전부터 지적해 온 '해서는 안 되는 사항' 중 몇 가지는 여전히 적용된다.

- 절대로 아이가 말하는 방식을 고쳐 주어서는 안 된다. 이것은 무척 중요한 사항이다. 만약 아이의 말이나 문장이 명확하지 않으면 당신이 분명하게 말해 들려주는 것이 가장 바람직하다.
- 아이가 말하는 방식을 스스로 의식하지 않도록 해 주자. 말을 더듬기 쉬운 시기를 통과하려 하고 있을 때는 특히 중요하다. 아이가 전달하려는

내용에 응답하는 것이 중요하지, 전달방법에 마음을 뺏길 필요는 없다.

'말걸기 육아' 시간 이외에는
- 아이에게 놀 수 있는 시간과 장소를 제공한다.
- 하고 싶어할 때는 충분히 스스로 할 수 있게 해 준다.
- 주의력 레벨에 신경을 기울이자.
- 다른 아이와 놀 기회를 많이 만들어 준다.
- 만약 가능하다면 실외에서 많이 놀도록 해 주자.
- 자연과 친해지도록 하여 새로운 것을 한껏 발견하게 해 주자.

놀이

이제 놀이는 서로 협력하여 행하는 사회적 활동이 되고, 놀이방법도 다양해진다. 단지 곁에서 놀기만 할 때도 있지만 아이는 친구와 노는 것을 좋아하게 된다. 언어능력이 발달함에 따라 계획을 다듬고 규칙을 정할 수 있게 되어 점차 다른 사람과 협력하는 것을 배워간다. 차례를 지키고 자신의 생각을 설명하며 다른 사람이 말하는 것을 듣고 교섭하거나 이해하는 것을 배운다. 이 모든 것이 인생을 살아가는 데 중요한 능력이다.

놀이를 할 때도 저마다의 취향이 강하게 드러나서 어른이 된 다음 어떤 분야에 흥미를 갖게 될 것인지 짐작할 수 있다. 미술, 음악, 과학 등 아이의 일생에 걸친 관심이 이 시기에 싹트는지도 모른다.

또 한 가지 중요한 것은 창조적인 놀이가 활기를 띤다는 것이다. 이것은 아이가 장난감이나 놀이도구의 특성을 잘 파악한데다가, 말로써 이렇게 하자, 저렇게 하자 하고 창조성이 풍부하게 생각할 수 있게 되었기 때문이다.

3세부터 3세 6개월까지

탐색놀이

　아이는 바깥놀이를 매우 좋아한다. 세발자전거를 타고 달리고 뛰어오르고 공을 찬다. 물놀이와 모래장난도 변함없이 좋아해 다양한 용기에 부었다가 쏟았다가 하며 논다. 이들 용기는 다른 장난감, 예를 들어 트럭을 사용한 놀이를 할 때도 동원되어 놀이는 한층 복잡해진다.

　아이는 이러한 재료의 크기, 무게, 재질, 용량 등에 대해 많은 것을 배운다. 점토처럼 형태를 만드는 재료도 즐겨 다룰 수 있게 되어 소꿉놀이용 음식물이나 동물 우리를 만들기도 한다. 어떤 물체를 점토에 찍어 누르면 형태가 만들어진다는 것을 알아 이것저것 시도해 본다.

　이런저런 잡동사니나 상자, 함지박은 집 안팎 모두에서 훌륭한 건축재료가 된다.

　아이는 화분 가꾸기나 요리 등 실제의 가사일을 해 보고는 대단히 기뻐한다. 갈색으로 구워져 나온 비스킷이나 화분에 심은 구근에서 피어난 꽃을 볼 때의 기쁨은 비할 데 없이 크다. 누에나 배추벌레를 보고 감탄하며, 올챙이가 개구리로 변신하는 것을 보고는 정말로 놀란다.

흉내놀이

　흉내놀이는 아이들이 각각의 역할을 담당하는 사회적인 놀이로 발전한다. 예를 들어 점원과 손님을 교대로 연기하며 장보기 놀이를 한다. 아직 어떻게 하며 놀면 좋을지 모르는 것이 많이 있으므로 처음에는 짧은 시간에 끝난다. 협력은 이제 막 시작되었을 뿐이다. 아직 줄거리도 변변히 없다. 줄거리가 나타나는 것은 한참 후의 일이다.

　같이 놀 친구가 없을 때는 아이는 예전과 마찬가지로 '의사선생님 놀이'

등을 재현하여 노는데, 어른이 끼어들면 기뻐한다. 이야기나 텔레비전 프로그램에서 알게 된 기차나 괴물이 되어 놀기도 한다. 장바구니나 장난감 돈 등 실물과 닮은 재료는 대환영이다.

도로나 차고, 농장이나 동물원을 활용한 흉내놀이는 점점 알차져 여러 아이들이 함께 즐길 수 있다. 한 아이가 농부가 되어 트랙터를 운전하고 다른 한 아이는 가축을 돌본다.

이 연령의 아이는 아주 간단한 카드놀이나 숫자 맞추기 같은 게임도 즐겨 할 수 있게 된다. 규칙을 배우는 데도 흥미를 가지고 나름대로 지키려 애쓴다.

3세 6개월부터 4세까지

탐색놀이

활발한 바깥 놀이를 무척 좋아한다. 이 무렵에는 자신의 힘을 시험해 보는 것을 좋아하여 가능한 한 높이 뛰어 보고 선 자세로 세발자전거를 굴리는 대담한 재주를 부려 본다.

각양각색의 재료를 활용하여 다양한 창작활동을 왕성하게 펼친다. 색을 칠하고 그리는 것도 매우 좋아하지만 이제까지와는 다른 재료를 사용하는 데 흥미를 가진다. 감자나 고구마를 잘라 그 단면에 그림을 그려 찍어 보고, 종이 조각으로 콜라쥬를 하거나 탁본 뜨기 등을 해 본다.

요구르트병이나 상자 등 버려진 폐품들을 사용하여 소방서나 성과 같은 훌륭한 건축물을 만든다. 요리나 화분 돌보기에도 여전히 관심을 가진다.

퍼즐은 이전보다 어려운 것에 도전한다. 연결 블록을 써서 보다 복잡한 것을 만든다. 조그만 재료를 사용하여 보다 섬세한 것을 만든다.

쌓기막대로 어떤 형태를 만들 때도 협동작업을 위한 탄탄한 계획을 세우고, 여러 명의 아이가 협력하여 선로를 만들기도 한다.

항상 사이가 좋을 수는 없어서 말싸움도 자주 한다. 이 연령은 아이들 사이에서나 어른에 대해서도 협력적인가 싶으면 어느새 공격적으로 변하고는 한다. 그래도 남을 배려하는 마음이 생겨나서 아주 어린 아이나 풀이 죽은 친구에게는 특별히 상냥하게 대한다.

간단한 카드나 윷놀이 등 여러 사람이 함께 하는 게임도 인기가 있다. 커다란 상자나 쌓기막대는 언제든지 환영받는 놀잇감으로, 가게나 비행기 등 무엇이든 된다.

3세 무렵부터 보였던 자연에 대한 흥미는 이어진다. 씨앗에서 싹이 트는 모습, 구근에서 꽃이 피는 모습, 올챙이나 나비를 관찰하는 데 열중한다. 참새가 모이선반에서 모이를 쪼아먹는 모습을 즐겨 관찰하고, 송충이나 거미에 대해서도 무척 흥미있어한다.

상상놀이

집단 흉내놀이가 왕성해진다. 아이는 사회적으로 성장하여 장시간 놀고 분명하게 결말을 지어서 마무리짓는다. 아마도 병원이나 미장원에 간다는 실제 경험에서 아이디어를 얻겠지만, 책이나 텔레비전 프로그램에서도 영향을 받는다.

공룡이나 괴물 등 공상 속의 주역도 나타난다. 불이 난 상황을 전제하여 건물 안의 사람들을 구출하고 불을 끄는 놀이도 할 수 있다. 흉내놀이가 발전하여 소방차가 하늘에서 구하러 온다는 판타지로 나타나는 경우도 있다.

이러한 극적인 놀이는 의상이 있으면 한층 재미있어지는데, 아이는 목소리나 동작을 만들어내어 연기하는 재미를 배운다.

장난감 오두막집도 등장한다. 본부가 되었다가 산이 되었다가 괴물이 사는 집이 되는 등 다양한 역할에 사용한다.

집단 흉내놀이가 왕성해진다. 아이는 사회적으로 성장하여 장시간 놀고 분명하게 결말을 짓는다. 병원이나 미장원에 갔던 실제 경험에서 아이디어를 얻고, 책에서도 영향을 받는다.

장난감 상자

장난감은 놀이의 종류에 따라 나뉘지만 생각지도 못한 쓰임새가 있을지도 모른다.

탐색놀이와 창작놀이용
  ▶ 공작용 점토
  ▶ 병, 구두끈 등 잡동사니

▶ 모종과 구근
▶ 참새 모이선반
▶ 실외용의 커다란 상자
▶ 원통, 상자, 요구르트 빈병
▶ 물감
▶ 펠트펜
▶ 그리기용 스폰지
▶ 판화용 스탬프
▶ 종이 티슈
▶ 좀더 어려운 퍼즐

상상놀이용
▶ 긴 이야기에 활용할 수 있는, 실물을 닮은 인형
▶ 장난감 오두막집
▶ 모래장난용의 모형 집과 나무, 사람
▶ 소방관이나 의사 등의 의상
▶ 목마
▶ 농장이나 동물원 모형
▶ 바닥에 깔 지도

사회적인 놀이용
▶ 주사위 놀이 등의 판 게임
▶ 카드 게임
▶ 볼링 게임

책꽂이

책 읽기에 아주 좋은 시기이다. 다양한 것을 가르쳐 주고 공상을 자극하는 책이 제공하는 흥미진진한 즐거움을 아이가 아는 시기인 것이다.

책을 고르는 데 아이의 취향이 강하게 나타나므로 책을 사기 전에 도서관에서 살펴보아 취향을 알아두는 것도 좋겠다. 내 딸과 큰아들은 내가 읽어 주는 것은 무엇이든 좋아했지만 둘째 아들은 취향이 뚜렷하여 같은 책만 되풀이하여 읽어달라고 하는 바람에 놀란 적이 있다.

일상생활과 관련된 이야기를 여전히 매우 좋아하지만 공상적인 이야기도 즐기게 된다. 단, 이 연령의 아이는 주위 세계의 다양한 현상들에 대한 경험이 적으므로 사실과 공상의 구별이 아직 어렵다는 사실을 알아 두자.

무서운 이야기를 읽을 때는 어른의 도움이 필요하다. 아이는 이제 막 말을 익혔을 뿐으로 문자 그대로 받아들인다. '눈 이불' 라는 식의 문장은, 자신이 좋아하는 이불과 추운 바깥과의 관계를 알지 못하는 만큼 아이는 고개를 갸우뚱거릴 것이다.

〈세 마리 아기돼지〉 같은 옛 이야기는 대단히 좋아한다. 되풀이되는 문구와 리듬을 무척 좋아하기 때문이다. 이런 이야기에는 놀라게 했다가 웃게 했다가 하는 요소가 여러 차례 되풀이하여 나온다. 마치 어른이 좋아하는 음악을 되풀이하여 듣는 것과 같아서, 들으면 들을수록 재미있어진다.

아이는 다음에 무엇이 나올 것인지 예측하는 것을 대단히 좋아하므로 어른이 아주 조금 표현을 바꾸기라도 하면 그냥 지나치지 않는다. 이야기를 완전히 소화하고 나면 아이 쪽에서 당신에게 이야기를 들려주려 할지도 모른다.

 자연현상 중에서 잘 알고 있는 내용을 담은 책도 즐겨 볼 수 있다. 개구리를 본 적이 있다면 올챙이가 개구리로 성장하는 과정을 묘사한 책을 대단히 좋아할 것이다.

 이 무렵의 아이는 아주 세세하게 묘사한 그림을 보는 것을 좋아하는데, 개중에서도 어떤 특정한 부분에 집착하는 모습을 보인다. 색과 수, 닮은 것과 다른 것 등 개념에 관한 것을 다루고 있는 책에도 흥미를 가질 것이다.

 활자에도 흥미를 갖기 시작한다. 책 속의 단어가, 입말로 사용하는 단어와 관계있다는 사실을 알기 시작했기 때문이다. 나아가 특정한 문자가 특정한 소리를 나타낸다는 사실을 인식한다. 만약 아이가 자연스럽게 문자를 의식하게 되어 이것은 무슨 글자냐고 물어온다면 그것은 그것대로 멋진 일이다. 하지만 그렇다고 절대로 억지로 가르치려 하지는 말자. 이 시기에는 독서는 즐겁다고 전달할 수 있으면 그것으로 충분하다.

 계속하여 매일 함께 책을 보는 것이 중요하다. 이 연령에 적합한 책은 많이 있다. 다음에 예시하고 있는 것은 극히 일부이며, 이 연령의 아이는 이미 뚜렷한 취향을 갖고 있다.

읽을 만한 책들
 1. 무엇을 할까?/정해영 글, 그림/논장
 2. 색동저고리/이승은, 허헌선 글, 인형/파랑새
 3. 소중한 우리 몸 이야기/해바라기 기획, 심은경 그림/토피
 4. 얼굴이 빨개져도 괜찮아/로르 몽루부 글, 그림/살림어린이
 5. 거짓말/고대영 글, 김영진 그림/길벗어린이
 6. 우리 엄마는 슈퍼맨/앤젤라 캐컬리스터 글, 알렉스 T. 스미스 그림/내

인생의책

7. 꽃 할아버지의 선물/마크 루디 그림, 이야기/북하우스
8. 나는야, 한밤중의 슈퍼 영웅!/앤 코트링거 글, 알렉스 T. 스미스 그림/중앙
9. 다섯 살은 괴로워/제이미 리 커티스 글, 로라 코넬 그림/애플비
10. 다정한 손길/샌디 클레븐 글, 조디 버그스마 그림/내인생의책
11. 짧은 귀 토끼/다원시 글, 탕탕 그림/고래이야기
12. 어깨동무 내 동무/남성훈 글, 그림/문학동네어린이
13. 조금만/타키무라 유우코 글, 스즈키 나가코 그림/한림
14. 퐁퐁이와 툴툴이/조성자 글, 사석원 그림/시공주니어
15. 구름빵/백희나 글, 그림/한솔수북
16. 용기/버나드 와버 글, 그림/반디
17. 그런데 임금님이 꿈쩍도 안 해요!/오드리 우드 글, 돈 우드 그림/보림
18. 꼬마 늑대 장루/안톤 크링스 글, 그림/물구나무
19. 내 친구 개/햇살과나무꾼 글, 이준섭 그림/아이세움
20. 벼가 자란다/도토리 기획, 김시영 그림/보리
21. 쌀밥 보리밥/강무지 글, 김정선 그림/아이세움
22. 점/피터 레이놀즈 글, 그림/문학동네어린이
23. 고집쟁이 해님/제리 크람스키 글, 로렌조 마토티 그림/문학동네어린이
24. 나 너 좋아해/신순재 글, 차정인 그림/돌베개어린이
25. 난 토마토 절대 안 먹어/로렌 차일드 글, 그림/국민서관
26. 간식을 먹으러 온 호랑이/주디스 커 지음/보림
27. 쏘피가 화나면—정말, 정말 화나면…/몰리 뱅 글, 그림/케이유니버스

텔레비전과 비디오

아이는 텔레비전 속에서 진행되는 내용을 충분히 따라갈 수 있게 되어 텔레비전은 더욱더 비중이 커진다. 텔레비전은 좋은 정보원이자 즐거움의 원천인 동시에 공상의 근원도 된다.

아이는 텔레비전 시청에도 취향을 갖게 되는데 아주 강하게 아이를 끌어당기는 정해진 프로그램이 있는 것 같다.

아이는 시리즈로 되어 있어 낯익은 인물이 등장하는 이야기를 좋아한다. 차례차례 사건이 일어나고 더구나 앞으로 어떻게 전개될지 예측이 되는 이야기는 특히 너무나도 좋아한다. 공상적인 사건도 즐길 수 있지만, 현실과의 구별이 어렵다는 사실은 기억해 두자. 어른의 도움이 필요할지도 모른다. 이 경우 '~한 셈으로'라는 말이 크게 도움이 된다. 아이는 문자 그대로 받아들인다는 사실도 잊지 말자. "거인의 다리는 나무둥치 같았습니다"라는 식의 묘사에 갈피를 잡지 못할 것이다.

동요나 음악도 즐겨 듣고 조크나 소동피우기도 좋아한다.

아이는 이 시기에 자연에 큰 관심을 가진다. 텔레비전이나 비디오는 이 점에서 아주 큰 도움이 된다. 일상적인 생활이나 책, 사람들의 이야기에서는 볼 수 없는 멋진 것들을 텔레비전이나 비디오를 통해 듬뿍 체험할 수 있기 때문이다. 꽃이 피는 모습이나 애벌레가 나비로 탈바꿈하는 장면을 텔레비전에서는 고속으로 볼 수 있다. 세계 구석구석의 동물의 생태를 볼 수도 있다. 함께 보고 어떤 질문에라도 대답해 주자.

이 점에서 텔레비전이나 비디오는 큰 가치를 지니지만 그래도 보는 시간을 반드시 제한해야 한다. 하루 1시간이 한도이다. 텔레비전의 자극적인 화면은 장시간 아이를 붙들어 놓지만 텔레비전은 질문에는 대답해 주지 않는다. 단어의 의미도 설명해 주지 않는다. 하물며 어느 것이 현실이고 어느 것이 공상인지 텔레비전이 아이에게 가르쳐 주지는 않는다.

책을 고르는 데 아이의 취향이 강하게 나타나므로 책을 사기 전 도서관에서 살펴보아 취향을 알아두는 것도 좋겠다. 무서운 이야기를 읽을 때는 어른의 도움이 필요하다.

summary

여기 씌어져 있는 것은 평균적인 발달양상이다. 아기에 따라 제각각 발달의 정도는 다르다. 당신의 아기가 여기 씌어 있는 것을 모두 다 할 수는 없다고 해도 염려할 필요는 없지만, 만 4세에 아래서 제시한 '이럴 땐 전문가에게'에 해당되는 경우는 말 그대로 전문가에게 상담해 보길 권한다. 또 아기에 대해 의문나는 사항이 있으면 언제라도 보건소나 늘 다니는 병원에 데리고 가 보자.

만 4세 무렵의 아이들은
- 아이가 말하는 내용이 잘 모르는 사람에게도 통하게 된다.
- 최근에 있었던 일에 대해 이야기한다.
- 긴 이야기에 귀를 기울이고 스스로도 이야기하며, 끊임없이 질문한다.
- 말로 협상이나 거래를 한다. 주소와 이름을 말할 수 있다.
- '드세요'나 '고맙습니다' 등 인사말을 사용한다.

이럴 땐 전문가에게
- 당신이 말한 내용을 모르는 것 같은 모습을 보일 때가 많다.
- 부탁받은 일을 하지 않는다. 그다지 질문을 하지 않는다. 몇 분 이상 집중하는 경우가 없다.
- 입말이 뚜렷하지 않고 동사의 활용형 등 문법을 별로 구사하지 않는다.
- 당신이 없는 장소에서 일어난 일에 대해 분명하게 설명하지 못한다.
- 다른 아이와 놀려고 하지 않는다.

참고문헌

M. Bornstein
'Maternal Responsiveness; Characteristics and Consequences
New Directions for Child Development, 43(1989)

H. Gottfried & I. Caldwell(eds)
Play Interaction
(Lexington Mass., Lexington Books)

D. Singer & J. Singer
The House of Make-Belive
(Harvard University Press,1990)

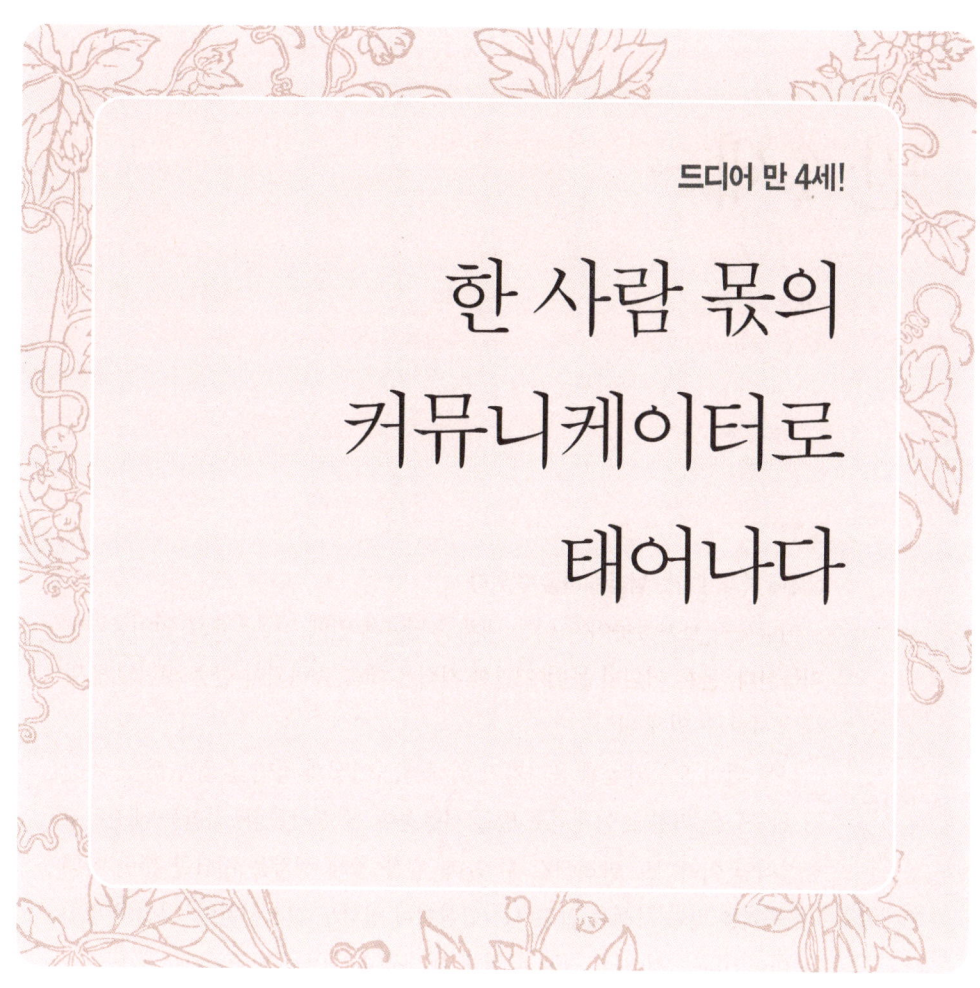

드디어 만 4세!

한 사람 몫의 커뮤니케이터로 태어나다

아이는 대체로 만 4세 안에 기본적인 언어 능력을 획득한다.
말을 사용하여 친구들과의 놀이계획을 세우고,
공상적인 이야기로 발전시킨다. 길고 복잡한 대화에도 낄 수 있고,
상황이나 대화상대에 따라 말하는 방식을 바꿀 수도 있다.
수수께끼나 조크도 무척 좋아한다.

만 4세 ~

🔊 언어 발달

상대에 따라 말하는 방법을 바꿀 수 있다

지금까지 보아왔듯이 아이는 대체로 만 4세 안에 기본적으로 언어능력을 획득한다. 물론 어휘와 문법에 관한 지식은 계속 축적되어 한층 세련되게 말을 구사할 수 있게 된다.

나무 위의 오두막집에 올라가기 위해서는 어떻게 하면 좋을까 하는, 자신과 친구들을 위한 놀이계획도 말을 사용하여 잘 생각한다. 역할을 배정하고 공상적인 이야기도 발전시킬 수 있다. 말을 통해 생각을 전달할 뿐만 아니라, 주역을 맡는 차례를 결정하는 협상이나 상담도 진전시킨다. 자신의 경험을 이야기하는 것이나, 그때 어떻게 생각하고 무엇을 느꼈던가를 표현하는 것도 정교해진다.

길고 복잡한 대화에도 낄 수 있고, 상황이나 대화 상대에 따라 말하는 방식을 바꿀 수도 있다. 선생님과 이야기할 때와 어린 동생과 이야기할 때 말하는 투를 구분하는 것이다. 예의도 차릴 줄 알게 되어 '드세요'나 '고맙습니다'라는 인사를 스스로 챙기는 경우가 늘어난다. 말하고 싶을 때는 어른의 주의를 끌려고 노력한다.

다른 사람들의 대화에 참여하려 할 때도 이야기 중간에 뛰어들지 않고 대화의 흐름을 살펴 적당한 틈새에 끼어든다.

수수께끼나 조크를 무척 좋아하고, 길고 복잡한 이야기 듣기도 좋아한다.

이처럼 훌륭하게 성장했지만 말을 구사할 수 있게 된 지가 그리 오래지 않아서 미숙한 점도 많다. 5세가 되어도 문법을 틀리게 말하는 것은 당연하며, 미숙한 발음도 보인다. 자신의 화제를 다른 사람이 어느 정도 알고 있는가에 대해 항상 인식하고 있는 것은 아니어서, 때때로 듣는 사람이 아이가 무슨 이야기를 하고 있는 걸까 하고 갈피를 잡지 못할 경우도 있다. 때로는 다른 생각에 빠져 말을 걸어도 모른 척한다.

전반적 발달 양상

그네나 미끄럼틀에서 능숙하게 논다

이 1년 동안 다른 분야에서도 크게 성장한다. 활발하고 생기가 넘쳐서 그네나 미끄럼틀 등 커다란 놀이기구에서도 아주 잘 논다. 대체로 5세 안에 음악에 맞춰 춤추고 공을 기민하게 다룰 수 있게 된다.

몸의 움직임을 자유롭게 컨트롤할 수 있게 되면 손에 물건을 들고 계단을 내려갈 수 있다. 그림을 그릴 때도 무엇을 그렸는지 알기 쉬워진다.

이 연령에 스스로 글자를 쓰는 아이도 있다. 바느질하기라는 새로운 능력을 익혀 바늘땀이 듬성듬성하기는 해도 꿰맬 수 있다. 친구와 노는 것도 점점 더 좋아하고 서로 잘 협력한다.

👁 주의를 기울이는 힘

두 가지 감각을 써서 주의를 집중할 수 있다

대체로 만 4세 안에 스스로 주의를 옮겨갈 수 있게 된다. 마침내 두 가지 감각을 써서 주의를 집중할 수 있게 되므로, 누군가가 말을 걸었을 때 지금 하고 있는 일을 멈추거나 말하는 사람을 쳐다보지 않고서도 이야기를 들을 수 있게 된다. 매우 뜻깊은 진전이다.

두 가지 감각을 사용한 주의 집중은 처음에는 짧은 시간에 머물지만 점점 길어진다. 이것이 가능하다는 것은 아이가 학교에 갈 준비가 되었다는 것을 뜻한다. 교실에서 하는 학습에는 자신이 하고 있는 작업에 대한 지시를 귀로 들을 수 있어야 한다는 절대조건이 필요하다.(완전해지려면 1년 더 걸린다)

아이는 길고 복잡한 대화에도 낄 수 있고,
상황이나 상대에 따라 말하는 방식을
바꿀 수 있을 만큼 자랐다.
예의도 차릴 줄 알게 되어 "고맙습니다"라는
인사를 스스로 챙기는 경우가 늘어난다.

BABYTALK PROGRAMME
하루 30분 말걸기 육아

매일의 체험을 잘 이해해 가는 것이 중요하다

　매일 아이와 함께 지내는 이 시간이 너무나 기다려져서 새삼스럽게 계속하시라고 부탁할 필요도 없기를 기원한다. 굳이 시간을 특별히 내지 않아도 요리나 물건 정리 등 가사를 함께 하거나 수영장 혹은 도서관에 함께 가는 것도 괜찮다.

　이 시간은 아이의 질문에 대답해 주고, 생활 속에서 일어나는 여러 가지 일에 대해 이야기를 나누며 그때 어떻게 느꼈는지를 파악하는 멋진 기회가 된다. 이것은 부모의 이혼이나 가족의 죽음, 귀여워하던 애완동물의 죽음 등 불행한 사건이 있었던 경우에 특히 중요하다. 아이의 생각을 표현하게 해 주고, 일어난 일을 설명하며, 아이에게는 어떤 책임도 없다는 것을 분명하게 알게 해 주는 것이 아이를 위해 중요하다.

　책 읽기도 반드시 계속해 주자. 이것도 포기할 수 없는 즐거운 습관이 되어 있기를 바란다. 이미 책 읽는 취향이 뚜렷해져 있을 테니까 도서관에서 책을 고르는 것도 이 연령에서는 아이에게 맡겨 주자.

　아이의 언어 발달은 계속 진전되고 있어 당신이 도와줄 일이 많이 있다.

지금까지와 마찬가지로 사용하는 단어나 문장의 복잡성 등에 신경을 쓰지 않아도 된다. 모르면 모른다고 아이가 말한다.

아이가 말한 내용에 살을 붙여 확장해 주자. "점심을 먹은 다음 공원에 갈 거야?" 하고 아이가 물으면 당신은 "그래, 동생과 아버지도 올 테니까 그 다음에 모두 함께 간식을 먹자꾸나" 하고 자연스럽게 응답해 주면 된다.

만약 문법이 틀린 것을 알았다면 지금까지처럼 당신이 대화 가운데서 올바른 문장을 사용하여 들려주자. 여전히 많은 발음 오류에 대해서도 마찬가지이다.

이야기 상대가 더 많이 알고 있을 것으로 아이가 잘못 추측했을 때는 거들어 주자. 나의 어린 친구 찰스는 일전에 조가 어떻게 해서 물구덩이에 빠졌는지를 내게 설명해 주었다. 그때 찰스의 어머니는 조가 사람인지 애완동물인지 내가 알지 못한다는 사실을 찰스에게 일깨워 주었다.

다른 아이들과 노는 기회도 늘어갈 것이다.

텔레비전 시청은 아직 하루 1시간으로 제한해 두자. 어린이 프로그램은 즐겨 볼 수 있으며 도움도 된다. 공상을 자극하고 현실에서는 볼 수 없는 자연의 멋진 모습을 경험할 수 있다. 함께 텔레비전을 보며 질문에 대답하고 모르는 부분을 설명해 주고 지금 본 것을 화제로 삼으면 얻는 것이 한층 많아진다.

그럼에도 아이는 더 놀고 사람과 교류하며 대화하고 매일 일어나는 일을 실제로 체험하여 잘 이해할 시간이 많이 필요하다. 텔레비전에 투자할 수 있는 시간은 1시간이 고작이다.

놀이

흉내놀이는 친구와 서로 협력하는 사회적 활동이다.

활발한 놀이를 아주 좋아하고 자전거나 공을 능숙하게 다룬다. 3세 무렵 시작된 창조적인 놀이도 좋아하여 쌓기막대 등의 재료를 사용하여 그럴싸한 작품을 만든다.

다른 아이와 노는 것도 대단히 중요하다. 흉내놀이는 함께 계획을 세우고 서로 협력하는 훌륭한 사회적 활동이다. 규칙을 만들고 지키는 능력도 발달한다. 공상은 넘쳐 흘러서 책이나 텔레비전 프로그램에서 본 내용을 연기하기도 한다.

이제 유치원으로

유치원이나 어린이집에 관해 많이 들려주자

이 나이에서 가장 큰 사건은 많은 아이들이 유치원 등의 집단보육에 참가하기 시작한다는 사실일 것이다. '말걸기 육아'를 해 왔다면 아이는 주의를 기울이는 힘, 듣는 힘, 언어능력이 충분히 발달한 상태에서 집단생활을 무척 좋아하고 모든 활동에 즐겨 참여할 수 있을 것이다.

정식으로 읽기와 쓰기, 계산을 가르치는 데 가장 바람직한 시기가 언제인가를 둘러싸고 벌어지고 있는 논쟁은 조기교육 열풍을 타고 날이 갈수록 뜨거워지고 있다. 내 경험을 바탕으로 말하자면 대부분의 아이들에게 그것은 늦으면 늦을수록 좋다고 생각한다.

부모가 반드시 마음에 새겨 두어야 할 것은 아이를 집에서 충분히 놀게 하고 수영장이나 공원, 도서관에 가는 경험을 듬뿍 시켜 주는 것이다. 아이는 이 시기에 집에서 읽고 쓰고 계산을 하고 싶어할지도 모른다. 물론 상관없다. 아이에게는 선택의 자유가 있다는 사실만 잊지 않는다면 말이다.

집단보육에 참가한다는 대모험을 앞두고 당신이 아이에게 해 줄 수 있는 일은 많이 있다.

유치원이나 어린이집에 대해 많이 들려주고 시간을 충분히 들여서 모든 질문에 대답해 주자. 그 옛날 당신이 유치원에 갔을 때의 이야기를 들려주면 무척 흥미로워할 것이다.

아이는 생활 속에서 일어나는 모든 일에 대해 당신이 어떻게 느끼는지를 알아챈다. 이 사실을 절대로 잊지 말자. 당신이 유치원에 가는 것이 아이에게 전향적이고 즐거운 경험이 될 것이라고 믿으면 아이도 마찬가지로 생각할 것이다.

아이는 무력한 신생아에서 눈 깜짝할 사이에 '대화의 달인'이 되었다. 이 급속한 진보를 통해 부모는 기쁨과 놀라움을 동시에 맛보았을 것이라고 생각하며 그러기를 기원한다.

아이에게 어떻게 말을 걸어 관계를 맺으면 아이의 가능성을 최대한으로 키울 수 있는지 이해했길 바란다. 그리고 즐겁게 실천해 왔으리라 믿는다. 이 시간을 통해 두 사람이 함께 있음으로써 즐거운 관계가 구축되었다면 무엇보다 기쁜 일이다. 지금부터 일생 동안 큰 도움이 될 것이다.

'말걸기 육아' 시간 동안 당신과 아이는 즐거웠는지? 대답이 긍정적인 것이라면 내가 이 책을 쓴 목적은 달성되었다.

이제부터 앞으로도 줄곧 좋은 일이 있기를 바란다.

보다 상세하게 알고 싶을 때 도움이 되는 참고문헌

■ 언어에 관하여

E. Lenneberg, *The Biological Foundations of Language* (New York, Wiley, 1967)
S. Pinker, *Language Development and Language Learnability*
   (Cambridge Mass, MIT Press, 1984)
N. Chomsky, *Aspects of the Development of Syntax*
   (Cambridge Mass., MIT Press, 1965)
G. Altmann, *The Ascent of Babel* (Oxford University Press, 1997)
D. Crystal (ed), *The Cambridge Encyclopaedia of Language*
   (Cambridge University Press, 1997)
S. Pinker, *The Language Instinct-the New Science of Language and Mind*
   (London, Penguin, 1994)

■ 언어 발달에 관하여

C. Snow & C. Ferguson (eds), *Talking to Children* (Cambridge University Press, 1997)
J. Bloom, *Stability and Change in Human Characteristics* (New York, Wiley, 1964)
H. R. Shaffer (ed), *Studies in Mother-Child Interaction*
   (London, Academic Press, 1997)
C. Gallaway & B. Richards (eds), *Input and Interaction in Language Acquisition*
   (Cambridge University Press, 1997)
D. Messer, *The Development of Communication* (Chichester, Wiley, 1994)
E. Bates, I. Brotherton & L. Snyder, *From First Words to Grammar*
   (Cambridge University Press, 1988)
K. Nelson, *The Acquisition of a Shared Meaning System*,
   (New York, Academic Press)
M. Bullowa (ed), *Before Speech* (Cambridge University Press, 1979)
J. Bruner, *Child's Talk* (New York, Norton, 1983)
Kaye, *The Mental and Social Life of Babies* (University of Chicago Press, 1982)
S. Bochner, P. Price & J. Jones, *Child Language Development* (London, Whurr, 1997)

■ 유아의 인지와 발달에 관하여

J. D. Osofsky (ed), *Handbook of Infant Development* (New York, Wiley, 1987)
C. Gramrud (ed), *Visual Perception and Cognition in Infancy* (1985)
J. Mehler & E. Dupoux, *What Infants Know: the New Cognitive Science of Infant Behaviour* (Cambridge Mass., Blackwell, 1994)
R. Feldman & B. Rune (eds), *Fundamentals of Human Behaviour*
　(New York, Cambridge University Press, 1985)
R. Griffiths, *The Abilities of Babies* (University of London Press, 1954)
C. Bremner, A. Slater & L. Butterworth, *Infant Develpment: Recent Advances*
　(Psychological Press, Taylor & Francis, 1997)
A. Gesell, *The First Five Years of Life* (London, Methuen, 1966)
P. Mussen (ed), *Carmichael's Manual of Child Psychology* (New York, Wiley, 1989)

■ 놀이에 관하여

D. Singer & J. Singer, *The House of Make-Believe* (Harvard University Press, 1990)
E. Matterson, *Play with a Purpose for the Under Sevens* (third edition)
　(London, Penguin, 1989)
K. Macdonald (ed), *Parent-Child Play* (State University of New York Press. 1993)
R. McConkey, D. Jeffree & S. Hewson, *Let Me Play* (London, Souvenir Press. 1964)

BABYTALK
Copyright ⓒ Dr Sally Ward 2000
The Right of Dr Sally Ward to be identified as the author of this book has been asserted
by her in accordance with the Designs and Patents Act, 1998
All right reserved

Korean translation copyright ⓒ 2002 by Mago Books.
Korean translation rights published by arrangement with Sheil Land Associates, Ltd.
through Eric Yang Agency, Seoul.

이 책의 한국어판 판권은 에릭양 에이전시를 통해 Sheil Land Associates Ltd. 사와 독점계약한
도서출판 마고북스에 있습니다. 저작권법에 의하여 한국 내에서 보호를 받는 저작물이므로
어떠한 형태로든 무단 전재와 무단 복제를 금합니다.

베이비 토크

1판 1쇄 펴냄 2003년 6월 5일
1판 37쇄 펴냄 2024년 7월 20일

지은이 샐리 워드
옮긴이 민병숙
펴낸이 노미영

펴낸곳 마고북스
주소 서울시 영등포구 여의나루로 12, 2-1107 (여의도동)
전화 02-523-3123 팩스 02-6455-5424
이메일 magobooks@naver.com
등록 2002. 1. 8 제22-2083호

ISBN 978-89-90496-04-1 13590

· 값은 뒤표지에 있습니다.
· 잘못 만든 책은 바꾸어 드립니다.